매혹적인 영화인문학

■ 일러두기
1. 이 책에서 잡지와 신문은 《 》, 영화와 노래는 〈 〉, 단행본은 『 』, 단편 소설과 시, 논문 등은 「 」로 표기했다.
2. 외국어는 국립국어원 외래어 표기법을 따르되 일부 우리말로 굳어진 것은 관용을 따른다.
3. 이 책에 실린 영화와 연극의 이미지는 구글(Google)에서 가져왔음을 밝힌다.

매혹적 영화인문학

윤정용

고두미

책머리에

쓰고 또 쓰면서 배우는 것들

글쓰기를 제대로 배워 본 적도 없고 문학과 영화에 대한 전문적인 지식이 없음에도, 무모하고 용감하게 영화와 책을 주제로 또 책을 내놓는다. 그냥 하는 말이 아니라 이 책은 영화평론집이라고 부르기에는 전문성이 많이 부족하고, 영화에세이라고 부르기에는 가독성이 현저히 떨어진다. 그래서 걱정이 앞선다. 그런데 이미 일을 저질렀다. 두렵고 창피하다. 이제 두려움과 창피함은 온전히 내 몫이다. 감내할 일만 남았다. 감내하련다.

그래도 위안을 삼자면, 이 책을 채우고 있는 부실하고 엉성한 조각글들을 다시 읽고 고치면서 많은 공부를 했다. 동시에 글쓰기가 얼마나 어려운 일인지, 얼마나 부족한지, 앞으로 얼마나 많은 공부가 더 필요한지 새삼 깨달았다.

책을 내기 전에는 막연하게 '좋은 글을 정말 많이 쓰고 싶다'는 소박한 생각을 가졌다. 하지만 글을 쓰면 쓸수록 그게 얼마나 어려운 일인지 깨닫는다. 어쩌면 영원히 도달할 수 없는 '불가능한 일'일지도 모른다는 생각이 요즘 들어 자꾸 든다. 앞으로 잘 쓰지는 못해도 최소한 많이, 그리고 열심히 써보려 한다. 그렇게 많이 쓰다보면 언젠가는 잘 쓸지도 모르니까 말이다.

이 책에 실린 글 대부분은 2016년 가을부터 2019년 여름까지 시전문 계간지 『딩아돌하』의 '문화산책' 코너에 연재한 글들이다. 많이 부족한 글에 귀한 지면을 허락해주시고 좋은 말씀을 많이 해주신 『딩아돌하』의 여러 선생님들께 정말 큰 은혜를 입었다. 부족한 글들을 책으로 엮어 주신 류정환 선생님께도 감사의 말씀을 드린다.

  끝으로 항상 옆에서 가장 따뜻한 조언과 날카로운 비평을 해주는 진수에게 고마움과 사랑을 전하며, 더 부지런히 많이 보고 읽고, 깊게 생각하고, 치열하게 쓰겠다는 다짐을 남긴다.

2019년 초가을에
윤정용

차례

〈아가씨〉: '아쉬운 개작' 또는 '창조적 변형'___9
평범하고 일상적인 셰익스피어___28
김지운, 스타일을 넘어서다___43
콘래드의 소설과 영화___57
'치유의 미학'으로서 고레에다 히로카즈 가족 영화___70
〈남한산성〉: 역사를 기억하는 방식___90
〈고령가 소년 살인사건〉: "대만의 신산한 근현대사를 읽다"___107
〈레이디 맥베스〉: 잔인하고 끔찍한 해피엔딩___125
트럼프 시대의 미국 영화들___137
전규환 영화: '도시의 이면 엿보기'___158
'은유'로서의 삶은 가능한가___176
떠나는 이의 뒷모습이 아쉽다___185
영화, 과거를 기억하고 기록하다___193
대통령에게 필요한 것은___201
감정 통제 사회___209
'미안하다'와 '죄송합니다' 사이___219
체코를 바라보는 두 개의 시선, 스토파드와 쿤데라___230
조르바, 영원한 자유인으로 남다___240
가족의 초상 또는 가족의 이면___252
홍상수의 남자들 and/or 여자들___262

〈아가씨〉:
'아쉬운 **개작**' 또는 '창조적 **변형**'

1.

　세라 워터스의 『핑거스미스』(2002)는 1860년대 영국 런던 뒷골목과 시골 저택, 상류 사회, 정신 병원, 외설물 전문 서점을 배경으로 악한들과 상류층 인물들이 펼치는 음모와 사랑, 그리고 배신을 다루고 있다. '소매치기들'(finger smiths)의 품에서 자란 아이와 유산 상속을 노리는 사기꾼들의 모습을 통해 겉으로는 화려하고 도덕적으로 보였던 빅토리아 시대의 어두운 사회상을 보여주고 있다. 레즈비언과 게이 역사 소설의 연구자이기도 한 워터스는 『핑거스미스』를 포함해 여러 작품을 발표했다. 그녀는 발표하는 작품마다 평단과 독자들로부터 모두 높은 평가를 받았는데, 이 작품도 출간 당시부터 큰 화제가 되었다. 그러나 이 작품이 최근 더욱 주목을 받게 된 것은 얼마 전에 개봉한 박찬욱 감독의 영화 〈아가씨〉(The Handmaiden, 2016)의 '원작 소설'이라는 사실이 사람들에게 알려지면서부터다. 이 글에서는 주로 소설 『핑거스미스』와 이를 바탕으로 한 영화 〈핑거스미스〉를 비교 분석하고, 영화 〈아가씨〉가 『핑거스미스』를 어떻게 '개작' 또는 '변형'했는지 살펴보려 한다.

2.

　『핑거스미스』는 700쪽이 넘을 정도로 방대한 원고량으로 보면 자칫 지루

할 수도 있지만, 추리소설 형식을 갖추고 있어서 독자들이 긴장을 늦출 틈을 주지 않는다. 이 작품은 크게 3부로 구성되어 있다. 전체적으로 하나의 사건을 각각의 다른 화자가 자신의 관점에서 이야기를 전한다. 제1부와 제3부의 화자는 '하녀' 수전 트린더고, 제2부의 화자는 '아가씨' 모드 릴리다.

빈민가에서 태어나 그곳에서 자란 수는 고아다(원래 이름은 수전이지만 사람들은 그녀를 수라고 부른다). 하지만 그녀는 자신을 딸처럼 보살펴주는 석스비 부인을 어머니처럼 생각하기 때문에 실제 어머니에 대한 그리움이 거의 없다. 그러던 어느 날 젠틀먼이라 불리는 리처드 리버스가 수에게 한 가지 제안을 한다. 리처드는 자신이 한 젊은 상속녀와 결혼을 하려 하는데 그녀의 환심을 살 수 있도록 수에게 도와달라고 부탁한다. 그는 자신의 계획이 성공한다면 그녀에

소설 『핑거스미스』가 각 부에 따라 화자를 달리하는 반면 영화 〈핑거스미스〉는 수전의 이야기와 모드의 이야기를 번갈아 보여준다. 등장인물의 호흡을 통해 장을 구별 짓기보다는 오히려 장면의 교차 편집을 통해 구별 짓는다. 이런 교차 편집은 영화에 속도감과 긴장감을 부여한다.

게 상당한 보상을 하겠다고 그녀를 꼬드긴다. 결국 수는 리처드의 제안을 받아들이고 그의 계획대로 가짜로 꾸민 추천장을 들고 상속녀 모드가 사는 브라이어 저택으로 들어간다. 수는 처음에는 리처드의 계획을 돕지만, 모드의 삼촌이 그녀를 괴롭히는 것을 본 뒤에는 그녀를 동정하며 성심성의껏 잘 보살핀다. 수는 마음으로뿐만 아니라 몸으로 모드에게 다가간다. 리처드의 계획대로 모드와 수는 브라이어 저택을 무사히 빠져나온다. 그리고 모드는 그와 비밀리에 결혼한다. 수는 이제 리처드가 약속한 대로 돈을 받을 것으로 생각했지만, 오히려 모드와 리처드의 계략으로 정신병원에 갇히는 신세가 된다.

제2부는 모드의 이야기다. 제2부는 제1부에 비해 조금 지루해 보일 수도 있다. 모드는 정신병원에서 태어나 그곳에서 간호사들의 도움으로 자란다. 그러던 어느 날 그녀는 한 신사의 손에 이끌려 브라이어 저택으로 들어간다. 신사는 다름 아닌 그녀의 삼촌 릴리 씨다(나중에 밝혀지지만, 릴리 씨는 모드의 어머니를 정신병원에 감금시킨 인물이다). 이제 모드는 정신병원에서 태어난 고아가 아니라 하루아침에 모드 아가씨가 되었다. 하지만 그녀는 전혀 기쁘지 않다. 왜냐하면 그녀는 삼촌이 온 정성을 기울이는 책 만드는 일을 도와야 하기 때문이다. 일도 그렇지만 삼촌은 그녀에게 너무나 엄격하다. 그녀는 겉으로는 삼촌에게 복종하지만, 속으로는 저택을 떠날 생각을 늘 갖고 있다. 그러던 어느 날 브라이어 저택을 방문한 리처드가 그녀에게 접근해서 저택을 빠져나갈 계획을 제안한다. 그의 계획은 이렇다. 둘이 가짜로 결혼한 뒤, 그녀와 하녀 수의 신분을 바꿔 수를 정신병원에 감금시키고 그녀가 받을 유산을 그와 나누는 것이다.

모드는 수가 자신을 속이고 있다는 것을 알면서도 그녀를 미워하지 못하고 오히려 그녀의 따뜻함에 이끌린다. 심지어 그녀는 수에게 점점 의존한다. 그렇기 때문에 그녀는 더욱 양심의 가책을 느낀다. 리처드의 계획대로 모드와 리처드는 무사히 저택을 빠져나와 결혼한 뒤 수를 정신병원에 감금한다. 모드는 아무것도 모른 채 정신병원에 갇힌 수에 대해 양심에 가책을 느끼는 동시에, 교활한 리처드에게 적대감을 드러낸다. 리처드가 자신을 런던의 호텔이 아닌 싸구려 여관과도 같은, 수가 살았던 석스비 부인 집으로 데려가자 그녀는 분개한다. 석스비 부인을 비롯한 그곳에 사는 모든 사람들은 리처드의 명령에 따라 그녀를 철저히 감시한다. 모드는 감시가 소홀한 틈을 타서 탈출해 옛 지인에게 도움을 요청하지만 아무도 그녀를 도와주지 않는다. 결국 그녀는 도와줄 사람이 아무도 없다는 것을 깨닫고는 다시 석스비 부인의 집으로 돌아간다. 석스비 부인은 다시 돌아온 모드를 따뜻하게 맞이하며 그녀에게 '중요한 비밀'을 알려준다.

제3부는 제1부의 후속 이야기다. 수는 정신병원에 강제로 감금된 후 자신은 아가씨가 아니라 하녀라고 항변하지만 그 누구도 그녀의 말에 귀를 기울이지 않는다. 대신 그녀에게 정신적·물리적 고통만이 가해질 뿐이다. 수는 처음에는 저항하지만 결국 굴복하고 자신이 리처드와 모드에게 속았음을 알고 분개한다. 특히 그녀는 모드에게 더 큰 적개심을 드러낸다. 수는 자신이 병원을 탈출하기 위해서는 정신병원의 의사나 간호사들이 원하는 대로 따라야 한다고 생각하고 그들의 비위를 맞추며 탈출할 기회를 엿본다. 그러던 중 병원에서 브라이어 저택에서 일했던 하인 찰스를 우연히 만난다. 수는 찰스에게 도움을 요청하고 그의 도움으로 가까스로 병원을 탈출한다. 수는 찰스와 함께 자신이 살던 런던의 랜트 스트리트로 간다. 그녀는 찰스를 통해 석스비 부인에게 편지를 전하려 했지만 실패하고, 결국 위험을 무릅쓰고 자신이 직접 집 안으로 들어간다. 그녀는 석스비 부인에게 리처드와 모드가 한패가 되어 자신을 정신병원에 감금시켰고, 그 때문에 그곳에서 엄청난 학대와 고통을 받았다고 호소한다.

수는 모드를 보고 분노하지만, 모드는 그런 수를 애처롭게 바라본다. 모드는 진심으로 걱정하며 리처드가 돌아오기 전에 떠나라고 애원한다. 석스비 부인마저 수에게 모드의 말대로 떠나라고 하자 수는 석스비 부인을 서운하게 생각한다. 수는 모드가 처음부터 자신을 속여 고통스러운 상황으로 이끌었고, 자신의 모든 것을 빼앗았다고 비난한다. 모드는 브라이어를 벗어나기 위해서는 리처드의 제안을 받아들일 수밖에 없었다고 수에게 용서를 구한다. 그러면서 만일 수가 자신에게 미리 말했더라면 훨씬 더 좋았을 것이라고 안타까워한다.

그때 리처드가 집안으로 들어온다. 그는 수, 모드, 석스비 부인과 실랑이를 벌이다가 칼에 찔려 죽는다. 경찰이 들이닥쳤고 심문 과정에서 함께 있던 존이 석스비 부인이 리처드를 죽였다고 말하고 그녀는 자신의 죄를 인정한다. 석스비 부인은 살인죄로 교수형에 처해지고, 수는 석스비 부인의 유품을 정리하다가 그녀의 드레스 안에서 편지를 발견한다. 편지에는 수와 모드의 신분이 뒤바뀌었다는 내용이 적혀 있다. 즉 수의 어머니 메리언 릴리는 자신의 딸과 석스비 부인의 딸을 바꾼 뒤, 열여덟 번째 생일날, 모든 재산을 수와 모드에게 똑같이 상속하라는 내용의 편지를 써서 석스비 부인에게 건넸고, 그 편지를 여태 석스비 부인이 갖고 있었다.

수는 석스비 부인이 갖고 있던 편지로 모드의 진심을 알게 되고 모드를 찾아 브라이어로 떠난다. 그녀는 합승 마차 차장으로부터 브라이어 저택에서 있었던 일들을 전해 듣는다. 즉 모드가 떠난 뒤 릴리 씨는 병에 들었고, 다시 돌아온 모드가 그를 병간호했고, 그가 죽은 뒤에는 브라이어 저택의 모든 사람이 떠났다. 수는 혹시나 하는 마음으로 저택 안으로 들어간다. 그녀는 서재에서 모드를 발견한다. 모드와 수는 서로의 진심을 확인하며 화해한다.

모드는 마지막으로 수에게 비밀을 들려준다. 모드는 어렸을 때부터 삼촌의 일을 도왔다. 그 일은 수를 포함한 다른 사람들에게는 '사전편찬'이라는 고상하고 위대한 일로 알려졌지만, 사실은 외설 소설을 쓰는 일이었다. 모드는 어릴 때부터 그 일을 도왔고, 조금 더 커서는 여러 신사들 앞에서 외설 소설을 낭독했다. 수가 분노하며 서가를 넘어뜨리려 하자 모드는 그 일이 지금까지 자신이 해 온 일이고 지금도 하는 일이라며 수를 만류한다. 대신 두 사람은 서로에게 진심 어린 '깊은 사랑'을 느낀다. 모드는 자신이 쓴 글자들을 하나씩 수에게 보여주기 시작한다.

3.

소설 『핑거스미스』는 이처럼 각 부에 따라 화자를 달리한다. 하지만 원작소설과 달리 동명 영화 〈핑거스미스〉(2005)는 수전의 이야기와 모드의 이야기를 번갈아 보여준다. 소설에서는 수가 화자일 때 호흡이 조금 더 빠른 편이었다. 영화에서도 수의 초점 쇼트가 모드의 초점 쇼트보다는 호흡이 조금 더 빠르다. 하지만 영화에서는 전체적으로 등장인물의 호흡을 통해 장을 구별 짓기보다는 오히려 장면의 교차편집을 통해 구별 짓는다. 이런 교차편집은 영화에 속도감과 긴장감을 부여한다.

영화는 런던의 뒷골목 랜트 스트리트를 보여주면서 시작한다. 사람들은 교수형을 구경하기 위해 돈을 내고 석스비 부인 집으로 들어간다. 석스비 부인의 집은 꼭대기 층이라서 교수형 장면이 잘 보인다. 돈을 받는 소녀는 바로 수전(수) 트린더다. 석스비 부인은 수가 교수형이 집행되는 장면을 못 보게 눈을 가린다. 수는 자신의 어머니가 교수형에 처해져 죽은 것으로 알고 있고, 그 후 런던의 뒷골목 랜트 스트리트에서 '좀도둑'으로 자란다. 석스비 부인은 수를 딸처럼 여기고 수 또한 석스비 부인을 엄마처럼 따른다.

장면은 갑자기 정신병원으로 넘어가, 카메라는 고집 센 한 소녀, 모드를 잡는다. 모드는 자신의 어머니가 정신병원에서 자신을 낳다가 죽은 것으로 알고 있다. 모드는 정신병원에서 '미친 귀부인의 딸'로 자랐다. 어느 날 한 신사가 그녀를 찾아온다. 그는 모드의 삼촌 릴리 씨다. 그는 고집 센 모드를 못마땅하게 여기지만 자신의 저택이 있는 브라이어로 데려간다. 가정부는 모드에게 장갑을 주며 릴리 씨의 명령을 따르라고 충고하지만, 모드는 장갑을 내던

지며 반항한다. 반항의 대가로 그녀는 릴리 씨로부터 체벌을 당한다. 결국 모드는 릴리 씨에게 복종하며 그의 비서가 된다. 시간이 흘러 모드(일레인 캐시디 분)는 소녀에서 '아가씨'로 변신한다. 처녀가 된 수(샐리 호킨스 분)는 글을 읽지 못하고 도둑질을 비롯해 허드렛일을 하면서 살아간다. 그럼에도 석스비 부인은 수를 '보석'처럼 아낀다.

모드는 한편으로는 책과 관련된 릴리 씨의 일을 돕고, 다른 한편으로는 독서회에서 책을 낭독한다. 어느 날 모드는 릴리 씨로부터 리처드 리버스(루퍼트 에반스 분)라는 화가가 브라이어에 도착할 것이라는 소식을 듣는다.[1] 리버스의 방문 목적은 릴리 씨의 책에 들어갈 삽화를 그리고, 모드에게 그림을 가르치기 위해서다. 리버스가 브라이어에 도착하고 독서회가 열린다. 독서회 후 리버스는 모드와 이야기를 나누며 그녀의 마음을 떠본다.

리버스는 랜트 스트리트로 돌아와 수에게 제안을 한다. 사람들은 그를 젠틀맨이라 부르지만 사실 그는 도박으로 전 재산을 날리고 도둑질과 탈세로 돈을 번다. 그는 브라이어에서 있었던 일을 이야기하며 자신의 계획을 말한다. 즉 그에 따르면, 모드가 대단한 상속녀고, 자신이 그녀와 결혼하면 막대한 유산을 상속받게 될 것인데, 그러기 위해서는 누군가가 자신이 그녀와 결혼할 수 있도록 도와야 한다. 바로 그 일을 리버스는 수에게 제안한다. 수는 리버스의 제안을 받아들이고, 그는 그녀에게 하녀 연습을 시킨다. 리버스는 자신이 모드와 결혼한 뒤에는 모드를 정신병원에 넣을 것이라고 말한다. 수는 리버스의 계획에 따라 '수전 스미스'가 되어 브라이어로 들어간다.

수는 모드를 직접 만나 보고 리버스의 계획이 수월할 것으로 생각한다. 반

---

[1] 소설 『핑거스미스』에서는 리처드 리버스는 주로 리처드로 호칭되고, 영화 〈핑거스미스〉에서는 리버스로 호칭된다. 따라서 이 글에서도 원작 소설에서는 리처드로 영화에서는 리버스로 각각 호칭한다.

영화 〈아가씨〉는 『핑거스미스』에 '기반을 둔' 것이 아니라 '영감을 받았다'(inspired)고 엔딩 크레딧에 명시하고 있다. 보통 어떤 영화가 원작 소설에 '기반을 둔' 것보다 좀 더 창의적일 때 크레딧에서 '각색되었다'(adapted)고 명시한다. 각색은 당연히 기반을 둔 것보다는 원작에서 더 자유롭고, 영감은 각색보다도 훨씬 자유롭다.

면 모드는 수에게 글을 읽어보라고 시험해보지만, 수는 글을 제대로 읽지 못한다. 하지만 시간이 지나면서 수는 모드가 리버스의 말처럼 미치지 않았다고 생각하고 오히려 그녀를 가엾게 여기며 그녀의 시중을 든다. 모드가 악몽에 시달리자 수는 그녀와 한 침대에서 같이 잠을 자며 그녀를 달래주고, 결국 그들은 특별한 관계로 발전한다. 모드는 수에게 자신의 드레스를 주고, 수는 모드에게 카드 점을 봐준다. 어느덧 수는 리처드의 계획을 잊고 모드와의 생활에 만족해한다.

그때 리버스가 브라이어에 도착하고, 수는 모드에게 리버스의 계획을 말해주고픈 충동을 여러 번 느끼지만 포기하고 결국 리버스의 계획을 따른다. 리버스는 릴리 씨의 책에 들어갈 삽화를 그리는 동시에 모드에게는 그림을 가르친다. 자신의 계획에 수가 망설이자 그는 수를 협박한다. 결국 수의 도움으로 리버스와 모드의 관계는 진전되었고, 마침내 리버스는 모드에게 청혼한다. 모드는 리버스의 청혼에 대해 망설이며 수에게 조언을 구한다. 수는 리버스의 청혼은 모두 가짜이기에 거절하라고 말하려 하지만, 결국 그렇게 하지 못하고 리버스의 청혼을 받아들이라고 말한다. 모드는 수에게 리버스의 청혼을 받아들이는 대신 런던에 함께 가자고 부탁한다. 수는 모드를 가엽게 여기며 그녀의 부탁을 들어준다. 수와 모드는 결혼식 전날 밤 사랑을 나눈다. 수는 결혼식 날 먼저 떠나는 리버스를 창밖으로 바라보며 모드에게 모든 것을 고백해야 한다고 마음먹지만 결국 말하지 못한다. 그녀는 "내가 사랑한다고 말했다면 그녀도 그렇게 말했을 것이다"라고 자책한다.

수와 모드는 한밤중에 릴리 씨 몰래 브라이어를 빠져나와 그들을 기다리고 있던 리버스와 만난다. 그들은 함께 배를 타고 강을 건너 결혼식이 있을 교회로 간다. 결혼식이 끝난 뒤 리버스와 모드가 첫날밤을 보내기 전, 수와 모드는 또다시 사랑을 나눈다. 수는 모드에게 또다시 진실을 말하지 못한다. 원래는 결혼식 뒤 바로 런던으로 떠날 예정이었지만 그들은 며칠 더 머문다. 런던으로 떠나기 전 정신병원 담당자들이 방문해서 수에게 모드(리버스 부인)에 대해 이것저것 묻자, 그녀는 모드를 더욱더 안타깝게 여기고 진심으로 슬퍼한다. 수는 모드의 부탁대로 그녀를 기쁘게 하려고 숙녀용 드레스를 입는다. 런던의 정신병원에 도착하자 기다리고 있던 병원 관계자들은 모드가 아닌 수를 병원에 강제로 입원시키려 한다. 수는 처음에는 저항하지만 결국 굴복하고 만다. 그리고 이 모든 게 처음부터 리버스와 모드의 계획이었음을 뒤늦게 깨닫는다.

장면은 정신병원에서 다시 브라이어로 넘어간다. 즉 원작 소설로 보자면 제1부에서 제2부로 넘어가는 셈이다. 모든 장면은 모드의 시점 쇼트로 진행된다. 독서회에서 근엄한 표정을 짓고 있는 신사들 앞에서 모드는 낯 뜨거운 외설 소설을 낭독한다. 그 자리에 리버스도 참석해 있다. 독서회가 끝난 후 리버스는 모드에게 지금 하는 일, 즉 한편으로는 릴리 씨의 외설 소설 쓰기를 돕고 다른 한편으로는 여러 사람들 앞에서 그런 외설 소설을 낭독하는 일에 대해 어떻게 생각하는지 마음을 떠본다. 리버스는 모드가 그 일을 아무런 감정 없이 기계적으로 하고 있다고 이미 확신한다. 리버스는 한밤중에 모드에게 그녀의 어머니 유산에 대해 논의하자는 편지를 전한다. 그는 자신의 계획을 모드에게 들려준다. 리버스의 계획에 따르면, 먼저 모드가 브라이어 저택을 나가기 위해서는 자신과 결혼해야 한다. 그리고 그들의 결혼을 도와주고 그녀 대신 정신병원에 들어갈 하녀가 필요하다. 새로운 하녀를 들이기 위해서는 지금의 하녀 아그네스를 내쫓아야 한다. 모드는 아그네스를 쫓아내는 것도 마음에 걸리지만, 새로운 하녀를 정신병원에 보내는 것에 마음이 내키지 않았다. 그러나 리버스가 막대한 유산으로 그녀를 설득하자, 결국 그녀도 그의 계획을 받아들인다.

리버스의 계획대로 새로운 하녀 수가 도착한다. 수는 모드에게 추천서를 보여주는데, 추천서에는 "그녀가 우리를 부자로 만들어 줄 거예요. 그녀는 당신이 되어야 해요"라고 적혀 있다. 모드는 수를 정신병원에 보내는 것에 처음에는 망설이지만, 수 또한 자신을 속이고 있기에 자신도 그녀에게 양심의 가책을 가질 필요가 없다고 마음을 다잡는다. 하지만 그녀는 수와 함께 지내면서 천천히 그녀에게 이끌린다. 심지어 기계적으로 하던 일, 즉 외설 소설 쓰는 일을 돕고 낭독하는 일에서 '사랑의 참된 의미'를 느끼기 시작한다. 모드는 잠자는 수의 모습에서, 야외 그림 수업 중 잠들어 있는 수의 모습에서 사랑의 감정을 느끼기 시작한다. 모드는 수를 정신병원에 보내는 것에 대해 양심의 가책을 느낀다. 반면 리버스는 수 역시 모든 것을 알고 있기에 그럴 필요가 없다고 모드를 설득한다.

결혼식 전날 밤 모드는 수와 침대에 누워 있다. 그녀는 수가 자신에게 비밀을 털어놓기를 간절히 바라고 있고, 수 역시 무언가를 그녀에게 말하려고 하지만, 결국 그들은 서로 아무 말도 하지 못한다. 대신 그들은 격정적인 사랑을 나눈다. 결혼식 날 모드는 브라이어를 떠나기 전 삼촌 릴리 씨의 서재로 가서 그녀가 만들고 그녀가 읽은 외설 소설들을 분노에 차 칼로 찢는다. 결혼식 후 모드와 리버스는 정신병원 관계자를 불러 수를 정신병원에 입원시킬 계획을 진행한다. 모드는 병원에 강제로 끌려 들어가는 수를 바라보며 괴로워한다. 결국 그녀는 손에 끼고 있던 결혼반지를 내던진다.

정신병원에 갇힌 수는 자신은 리버스 부인이 아니라고 항변하지만 아무도 그녀의 말을 듣지 않는다. 그녀의 반항이 거세면 거셀수록 그녀에게 돌아오는 고통만이 더욱 커질 뿐이었다. 모드는 수를 정신병원에 보낸 것을 자책하지만 리버스는 수의 고통에 대해 무관심하다. 모드는 마차가 런던 시내가 아닌 랜트 스트리트에 도착하자 실망하고 그곳을 벗어나려 하지만 그곳 사람들로부터 제지당하고 심지어는 조롱당한다. 수도 병원 간호사들로부터는 더 고통스럽게 괴롭힘을 당한다. 이처럼 수와 모드는 서로 다른 공간에 있지만 그들의 정신적 물질적 고통은 점점 더해진다. 영화에서 감독은 정신병원에 갇혀 있는 수와 랜트 스트리트에 붙잡힌 모드를 교차편집을 통해 그들의 고통을 극대화하고 있다.

모드가 계속 저항하며 탈출하려고 하자 석스비 부인은 어쩔 수 없이 그녀에게 출생의 비밀을 알려준다. 즉 그녀는 원래는 메리언, 즉 릴리 씨의 여동생이 낳은 딸 이름이 수전이고, 자신이 안고 있던 아이의 이름이 모드였다는 사실을 모드에게 알려준다. 즉 자신이 엄마라는 사실을 알려준다. 이 이야기를 들은 모드는 기절한다. 수는 정신병원에서 탈출하려 하지만 붙잡힌다. 의식을 되찾은 모드가 석스비 부인이 말해준 출생의 비밀이 거짓말이라고 항변하자, 리버스와 석스비 부인은 메리언이 원래 미친 게 아니라 그녀의 아버지와 오빠가 가문의 명예를 위해 그녀를 정신병원에 감금시켰다고 전한다. 모드는 자신의 처지보다도 정신병원에 갇혀 있는 수를 안타깝게 느낀다. 그때 수는 정신병원에서 물고문을 당하고 있다. 모드의 정신적인 충격과 수의 육체적인 고통은 교차 편집되어 그들의 고통은 더욱 배가되고 증폭된다.

　모드가 석스비 부인에게 메리언이 남긴 유산을 어떻게 받을 수 있는지 방법을 묻자 석스비 부인은 메리언이 남긴 편지를 모드에게 보여준다. 그 편지에는 유산의 절반은 모드에게, 나머지 절반은 수에게 남긴다는 내용이 담겨 있다. 처음부터 석스비 부인은 수전(이제는 모드)이 받게 될 유산을 갖고 리버스와 공모한 것이다. 모드가 이에 강하게 반발하지만 리버스가 그녀를 완력으로 제지한다.

　수는 정신병원의 담당 의사와 퇴원에 관해 상담하지만, 남편 리버스의 동의 없이는 퇴원할 수 없다는 말을 듣고 절망한다. 모드는 랜트 스트리트를 탈출해 수를 도우려 한다. 그러나 막상 탈출했지만 그녀를 도와줄 사람이 아무도 없다는 사실을 깨닫고 절망하여 다시 랜트 스트리트로 돌아간다. 그때 수는 정신병원에서 브라이어에서 하인으로 일하던 찰스를 우연히 만난다. 그녀는 그에게 도움을 요청한다. 수는 찰스의 도움으로 정신병원을 극적으로 탈출한다.

　수는 석스비 부인에 대한 그리움과 모드에 대한 분노로 랜트 스트리트로 향하고, 모드는 수의 소지품을 보며 수에 대한 그리움과 미안함으로 랜트 스트리트의 집에서 눈물을 흘린다. 수는 찰스와 함께 우여곡절 끝에 마침내 랜트 스트리트의 집에 도착한다. 집으로 들어가려는 순간 그녀는 위층 유리창가에 서 있는 모드를 발견하고 분노한다. 수는 찰스에게 리버스가 신사가 아니라 악당이라는 사실을 전한다. 찰스를 통해 석스비 부인에게 자신의 편지를 전하려 하지만, 그 편지는 모드에게 먼저 건네진다. 더 이상 방법이 없다고 생각한 수는 칼을 들고 찰스와 함께 집안으로 쳐들어간다. 수는 모드가 자신의 옷을 입고 자신의 팔찌를 차고 있는 것을 보고 분개하며 그녀에게 달려든다. 석스비 부인은 수를 진정시킨다. 그때 리버스가 집안으로 들어와 수와 모드의 출생 비밀을 말하려 하자 석스비 부인은 그를 만류한다. 리버스는 수, 모드, 석스비 부인과 몸싸움을 벌이던 중 칼에 찔려 죽는다. 경찰이 도착해 범인을 심문하자 그 자리에 있던 존이 범인으로 석스비 부인을 지목했고, 석스비 부인도 자신이 범인이라고 순순히 인정한다.

결국 석스비 부인은 사형 선고를 받고 감옥에 갇힌다. 수와 모드는 그녀를 따로따로 면회한다. 석스비 부인은 수에게 말없이 용서를 구한다. 모드는 석스비 부인에게 범인이 자신임을 밝히라고 하지만, 석스비 부인은 그렇게 할 수 없다고 말한다. 그녀는 수와 모드를 바꾼 것에 대해 자책하며, 모드에게 수가 자신의 출생 비밀을 모르게 하라고 당부한다. 석스비 부인은 교수형에 처해지고, 수는 그녀의 유품을 정리하다 드레스에서 편지 한 통을 발견한다. 글을 모르는 수는 지인에게 편지를 보여주고, 편지의 내용을 알게 된 후 충격을 받는다.

수는 모드와 함께했던 기억을 떠올리며 그녀의 흔적을 찾기 위해 브라이어로 향한다. 수는 서재에 있는 모드를 발견한다. 수는 자신이 이제 모든 것을 안다고 말하지만, 모드는 그녀가 아무것도 모른다고 답한다. 그러면서 서가에서 책 한 권을 꺼내 읽는다. 수는 모드가 읽는 책의 내용이 끔찍하게 외설적이라는 사실에 충격을 받는다. 그 책뿐만 아니라 서가에 꽂혀 있는 모든 책이 외설 소설이라는 사실에 더 큰 충격을 받는다. 모드는 수에게 진심으로 용서를 구하고, 수 또한 모드에게 용서를 구한다. 수는 편지를 꺼내며 자신들의 출생의 비밀에 대해 이야기를 나누고, 결국 둘은 화해를 한다. 이때 책상에 있던 종이가 바닥으로 떨어진다. 수는 모드에게 무슨 내용인지 묻는다. 모드는 망설이다가 "어떻게 널 원하는지, 얼마나 널 사랑하는지"라고 답한다. 둘은 키스하며 영화는 끝난다.

영화 〈핑거스미스〉는 원작 소설을 거의 그대로 옮겨 놓고 있다. 전체적인 서사뿐만 아니라 세목에 이르기까지 거의 그대로 따르고 있다. 어쩌면 에이슬링 월쉬 감독은 처음부터 소설의 완벽한 재현을 생각했는지 모른다. 그는 영화 속에서 빅토리아 시대 런던의 음습한 뒷골목과 기괴한 시골 저택을 생생하게 재현하고 있다. 탁월한 등장인물의 '성격화'(characterization)를 통해 상류층의 위선과 허위, 하층민들이 저속함을 생동함 있게 표현하고 있다. 주제 면에서는 수와 모드의 사랑은 진정한 사랑의 본령에 대해 숙고하도록 만든다.

원작 소설의 작가가 레즈비언과 게이 역사 소설의 전문 연구자이고, 소설도 동성애 소설이라고 알려졌다. 하지만 실제로 소설에서나 영화에서나 수와 모드의 동성애 장면은 결혼식 전날 밤, 그리고 결혼 후 첫날밤을 보내기 전 두 번 정도 등장할 뿐이다. 그리고 수와 모드의 사랑은 도식화된 동성애보다는 성, 계급, 사회적 시선을 떠난 진정한 사랑의 구도로 읽힌다. 그런데 소설과 영화의 마지막 장면은 미세하게 다르다. 소설에서는 모드가 수에게 글자를 보여주는 데 반해, 영화에서는 실제 내용을 읽어준다. 즉 소설에서는 이제 둘의 사랑이 '시작'되었음을 알려준다면, 영화에서는 둘의 사랑이 '확인'되었음을 알려준다.

소설과 영화가 하나의 두 권짜리 '사랑 이야기'라면 소설은 제1권, 영화는 제2권에 해당된다고 할 수 있다. 아니면 처음부터 비슷한 속도로 나란히 걸어오다 마지막 순간에 각자의 길을 가는 두 '절친'으로 볼 수도 있다. 따라서 소설과 영화가 얼마나 비슷하고 얼마나 다르냐는 큰 문제가 되지 않는다. 생각보다 그렇게 중요하지도 않다.

4.

영화 〈아가씨〉에 대해 살펴보자. 앞에서 말했듯이 영화 〈핑거스미스〉는 소설 『핑거스미스』에 '기반을 두고'(based) 있다. 예를 들어 영화가 시작하면 첫 장면(교수형 장면)에서 주요 배우의 이름이 자막으로 나간 뒤 바로 자막을 통해 '이 영화가 소설에 기반을 두고 있다'고 밝히고 있다. 따라서 영화 〈핑거스미스〉는 소설 『핑거스미스』와 내용이 크게 다르지 않으리라는 것을 쉽게 예상할 수 있다. 반면 영화 〈아가씨〉는 『핑거스미스』에 '기반을 둔' 것이 아니라 '영감을 받았다'(inspired)고 엔딩 크레딧에 명시하고 있다. 보통 어떤 영화가 원작 소설에 '기반을 둔' 것보다 좀 더 창의적이라면 크레딧에서 '각색되었다'(adapted)고 명시한다. 각색은 당연히 기반을 둔 것보다는 훨씬 원작에서 자유롭다. 그렇다면 영감을 받았다는 것은 각색한 것보다도 훨씬 더 원작에서 자유롭다. 좀 더 밀고 나가자면, 영화가 소설에 영감을 받았다는 것은 소설이 영화에 단지 모티프를 제공해주었다는 의미로 읽힌다. 이처럼 기반을 둔 것과 영감을 받은 것은 큰 차이가 있는데도 불구하고, 영화 〈아가씨〉에 대해 오가는 수많은 이야기들 대부분은 영화 자체 이야기보다도 "〈아가씨〉가 원작 소설과 너무 다르다", "원작 소설을 훼손했다", "원작 소설을 보니 실망스럽다" 등과 같이 원작 소설 『핑거스미스』와의 서사적 상관성을 중심으로 전개되었다. 분명 의미 있고 설득력 있는 주장임에 틀림없지만, 이 글에서는 〈아가씨〉의 독창적인 면에 대해 간략히 살펴보려 한다.

〈아가씨〉의 줄거리에 대해서는 너무나 많은 사람들에 의해 너무나 많이 언급되었기 때문에 또다시 이야기하는 게 불필요해 보일 수 있다. 하지만 논지를 전개하는데 불가피하기에 필요한 최소한의 내용만 언급한다. 인터넷에서 발췌한 내용을 조금 손봤다. 영화 〈아가씨〉는 1930년대 일본강점기 한국과 일본을 시공간으로 한다. 어릴 적 부모를 잃은 아가씨 히데코(김민희 분)는 후견인 이모부 코우즈키(조진웅 분)의 엄격한 보호 아래 살아간다. 이모부의 서재에서 책을 읽는 것이 일상의 전부인 히데코에게 어느 날 순박해 보이는 하녀 숙희(김태리 분)가 찾아온다. 그녀는 처음에는 하녀를 경계했지만 어느덧 조금씩 의지한다. 심지어 마음까지도 흔들린다. 하녀 또한 아가씨에게 마음이 흔들린다. 하녀는 유명한 여도둑의 딸로, 장물아비 손에서 자란 소매치기다. 그녀는 막대한 재산을 상속받게 될 아가씨를 유혹해 돈을 가로채려는 백작(하정우 분)의 계획에 동참해 아가씨에게 접근했다. 그녀의 역할은 아가씨를 감시하고 백작이 그녀와 결혼할 수 있도록 돕는 것이다. 한마디로 바람잡이다. 하지만 백작은 처음부터 아가씨와 다른 계획을 세웠다. 백작의 목적은 하녀를 희생양으로 삼아 아가씨를 그녀의 이모부로부터 탈출시키고 그녀가 받을 재산을 그녀와 나누는 것이다. 나중에는 그 계획에 아가씨와의 결혼이 추가된다. 이때부터 하녀와 아가씨, 백작과 이모부는 돈과 마음을 뺏기 위해 서로 속고 속이는 매혹적인 게임을 벌인다. 영화 〈아가씨〉의 본령은 바로 이 부분이다.

'기반을 두고' 있건 아니면 '영감을 받았든' 간에, 영화 〈아가씨〉는 『핑거스미스』의 기본 서사 구조를 따르고 있다. 『핑거스미스』에서의 '모드-리처드-수'의 구도는 〈아가씨〉에서의 '아가씨-백작-하녀'의 구도로 반복된다. 그리고 리처드의 이중 계략과 백작의 이중 계략 역시 반복된다. 그뿐만 아니라 크고 작은 에피소드, 등장인물, 소품 등은 반복되거나 비슷하게 변주된다. 그러나 '영감을 받았다'는 크레딧에서 알 수 있듯이, 영화의 모든 부분이 소설의 그것과 일치하지 않는다. 사실 반드시 일치할 필요가 없다. 왜냐하면 각색을 한 게 아니라 영감을 받았기 때문에 오히려 필요한 부분만 따오는 것이 더 효과적이기 때문이다. 즉 〈아가씨〉가 소설 『핑거스미스』와 얼마나 비슷한지 『핑거스미스』의 장면을 어떻게 재현했는지에 천착하다보면 영화의 본령과 영화 보기의 즐거움을 놓칠 수 있다. 그보다는 〈아가씨〉가 『핑거스미스』를 얼마나 독창적으로 변주해 '재문맥화'했는지를 살펴보는 게 훨씬 더 즐겁고, 생산적이고, 유의미하다.

영화 〈아가씨〉가 소설 『핑거스미스』, 영화 〈핑거스미스〉와 가장 크게 구별되는 점은 장르의 변화다. 즉 장르가 '멜로'에서 '스릴러'로 바뀌었다. 『핑거스미스』, 〈핑거스미스〉는 수와 모드가 운명의 장난으로 신분이 뒤바뀌었다.

영화 〈아가씨〉가 소설 『핑거스미스』, 영화 〈핑거스미스〉와 가장 크게 구별되는 점은 장르가 '멜로'에서 '스릴러'로 바뀌었다는 점이다. 〈아가씨〉는 원작에서 핵심이었던 출생의 비밀이 과감하게 삭제되고, 대신 서로서로 속이는 스릴러 구성을 취하고 있기 때문에, 누가 누구 편인지 쉽게 드러나지 않는다. 따라서 서로 어떻게 속이는지, 그리고 최후에 누가 이기고 누가 지는지를 보는 게 〈아가씨〉의 감상 포인트다.

둘은 서로 오해하고 적대시했지만 많은 멜로드라마가 그렇듯이 결국 화해에 이른다. 반면 〈아가씨〉는 원작에서 핵심적인 부분이었던 출생의 비밀이 과감하게 삭제되고, 대신 서로를 속이는 스릴러 구성을 취한다. 따라서 누가 누구 편인지 쉽게 드러나지 않는다. 서로서로 어떻게 속이는지, 그리고 최후에 누가 이기고, 누가 지는지를 보는 게 〈아가씨〉의 감상 포인트다. 그리고 조금 어설픈 웃음, 약간의 통쾌함, 잔인함과 선정성이 멜로의 빈자리를 채운다. 박찬욱 영화의 메인 코드라 할 수 있는 '복수'(revenge)가 영화의 마지막을 장식한다. 요컨대 굳이 〈아가씨〉의 장르를 규정하자면 '에로틱 잔혹 복수 스릴러' 정도가 된다.

〈아가씨〉는 영화 장르뿐만 아니라 분위기도 달라졌다. 『핑거스미스』나 〈핑거스미스〉는 등장인물뿐만 아니라 세트, 의상, 음악, 미술 등에 이르기까지 전체적으로 평면적이고 단조로운 느낌을 준다. 반면 〈아가씨〉는 더 입체적이고 화려하고 복잡하다. 화면 전개도 빠르고, 한 장면은 여러 개의 쇼트로 분할된다. 또한 그렇게 분할된 쇼트는 복잡하게 편집된다. 다시 말하지만 등장인물뿐만 아니라 세트, 의상, 음악, 미술, 편집 등 영화의 모든 요소들은 스릴러 영화 〈아가씨〉에 극적 긴장감을 부여한다. 요약하면 〈아가씨〉는 서사 구조와 장르뿐만 아니라 세부사항에 이르기까지 모든 게 바뀌면서 원작과는 전혀 다른 작품이 되었다.

그럼에도 불구하고 〈아가씨〉는 원작과 완전히 결별하지 않는다. 즉 부분적으로 『핑거스미스』를 변주한다. 예컨대 원작 소설에서는 모드가 브라이어 저택을 빠져나가기 전 서재에 들러 서가의 책을 칼로 찢는 데 반해, 〈아가씨〉에서는 하녀가 대신 책을 찢는다. 하녀는 고상한 척하는 신사들 앞에서 아가씨가 읽은 책들이 사실은 외설 소설이었음을 알고서는 분노에 가득 차 책을 손으로 찢고 칼로 난도질하며 물속에 처박는다. 그녀는 사랑하는 연인이 당한 고통에 대해 그녀를 대신해 '복수'한다.

〈아가씨〉는 엔딩 장면에서도 백작과 이모부, 아가씨와 하녀의 장면을 교차적으로 보여주며 원작을 변주한다. 백작과 이모부는 끔찍한 고통 속에 괴로워하고, 아가씨와 하녀는 기쁨에 가득 차 있다. 아가씨의 이모부는 조선인으로 태어나 부를 쌓은 뒤 몰락한 일본 귀족 딸과 결혼하고 일본인으로 귀화한 인물이다. 심지어 그는 자신의 조강지처를 집사로 두고, 나중에는 유산을 차지하기 위해 조카딸과 결혼하려는 엽기적인 인물이다. 백작은 미천한 신분으로 태어났지만, 가짜 귀족 흉내를 내는 사기꾼이다. 둘은 아가씨와 하녀를 이용하려 했으나 하녀와 아가씨의 계략으로 비참한 최후를 맞이한다. 즉 그들은 자신들이 저지른 엽기와 사기 행각에 대가를 치르게 된다. 아가씨와 하녀는 파렴치하고 몰염치한 그들에게 완전한 '복수'를 한 셈이다. 이제 기쁨과 희망이 그들을 기다리고 있다.

　아가씨와 하녀는 신분증을 위조해 블라디보스토크가 아닌 상하이로 떠난다. 상하이로 떠나는 배 안에서 그들은 사랑을 나눈다. 상하이로 향하는 배 또는 그들이 도착할 상하이는 『핑거스미스』에서의 브라이어 저택처럼 이제 그들만의 '완전한' 공간이다. 그리고 그 공간에서만 그들의 사랑은 용인된다. 그런데 그들이 나누는 사랑은 원작 소설에서의 수와 모드의 사랑보다는 왠지 〈가장 따뜻한 색, 블루〉(2013)에서의 엠마와 아델의 사랑에 가까워 보인다. 즉 그들의 사랑은 그간의 오해를 풀고 다시 시작하는 연인들의 사랑보다는, 각각 미지의 사랑과 현실의 사랑을 꿈꾸는 연인들의 '초월적인' 사랑처럼 보이기 때문이다. 결말에 관계없이 말이다. 박찬욱 감독은 〈아가씨〉에서 『핑거스미스』에서처럼 '출생의 비밀'에서 비롯된 오해, 화해, 그리고 사랑에 초점을 맞추기보다는, 모든 것을 초월해 오직 사랑, 그것도 금기된 사랑인 '동성애'를 극단으로 밀고 나간다. 어쩌면 바로 이 점 때문에 〈아가씨〉가 소설 『핑거스미스』나 영화 〈핑거스미스〉보다도 보다 전향적이라고 말할 수 있다.

　어떤 영화가 원작 소설을 바탕으로 하고 있다고 하더라도 그 영화가 원작 소설을 그대로 따를 수는 없다. 반드시 따를 필요도 없다. 원작 소설은 단지 참조점일 뿐이다. 기반을 두거나, 각색하거나, 영감을 받는 것은 어쩌면 전적으로 감독의 몫이다. 영화의 문법과 소설의 문법은 다르다. 따라서 영화가 소설을 얼마나 잘 반영하고 있는가가 영화적 완성도의 기준이 될 수는 없다. 따라서 영화 〈아가씨〉가 소설 『핑거스미스』에서 완전히 자유로울 수는 없겠지만, 그래도 어떤 참조점 없이 〈아가씨〉를 본다면 전술했듯이 새롭고 전향적인 면을 발견할 수 있다. 때로는 그렇게 참조점 없이 보는 게 더 좋을 수 있다. 즉 '창조적 변형'의 관점에서 본다면 익숙한 것도 다르게 보일 수 있고, 그 때문에 전에 보지 못했던 새로운 것을 발견할 수도 있다.

평범하고 일상적인 **셰익스피어**

1.

 윌리엄 셰익스피어는 영국문학사를 넘어 세계문학사에서 가장 위대한 작가 중 한 명으로 꼽힌다. 하지만 그가 남긴 문학사적 업적에 비해 그에 관한 공식적인 기록은 충분하지 않다. 그리고 충분치 않은 기록조차도 그 신뢰성에 의문이 제기되어왔다. 영화 〈위대한 비밀〉(Anonymous, 2011)이 예거하듯이, 오랫동안 셰익스피어가 실제 작가였는가에 대한 논란이 있었다. 〈위험한 비밀〉에는 셰익스피어, 크리스토퍼 말로, 벤 존슨과 같은 극작가를 비롯해, 엘리자베스 1세를 포함한 윌리엄 세실과 로버트 세실 부자, 그들의 사위이자 처남인 에드우드 드 비어 백작, 그의 숨겨진 아들 사우샘프턴 백작, 사우샘프턴 백작의 친구인 에식스 백작 등 당대 실제 인물들이 대거 등장한다. 그리고 영화는 주로 벤 존슨의 시선을 중심으로 진행된다. 특히 이 영화에서 셰익스피어는 우리가 오늘날 알고 그 셰익스피어가 아니다. 에드워드 드 비어 백작이 실제 작가다. 그는 귀족이라는 신분 때문에 글을 쓰지 못하자, 재능이 많이 떨어지는 희극 배우 한 명을 섭외해 그를 통해 작품을 출간한다. 그리고 엘리자베스 1세는 여자로서의 삶을 포기하고 조국을 위해 고귀한 삶을 산 인물로 역사책에서는 기술되는데, 이 영화에서 그녀는 남자를 너무나 좋아하고, 심지어는 근친상간을 일삼은 부도덕한 인물로 묘사된다. 다른 책에서는 프랜시스 베이

윌리엄 셰익스피어는 영국 문학사를 넘어 세계 문학사에서 가장 위대한 작가 중 한 명으로 꼽힌다. 하지만 그가 남긴 문학사적 업적에 비해 그에 관한 공식적인 기록은 충분하지 않다. 그리고 충분치 않은 기록조차도 그 신뢰성에 의문이 제기되어왔다. 그래서 아주 오랫동안 셰익스피어가 실제 작가였는가에 대한 논란이 끊이지 않았다. 사진은 영화 〈위대한 비밀〉의 한 장면.

컨이 셰익스피어 작품을 쓴 실제 작가라고 주장하기도 한다. 이처럼 셰익스피어가 실제 작가였는지에 대해서는 오랫동안 논란이 있었다.

하지만 현재 셰익스피어 학자 중 가장 저명한 인물 중 한 명인 스티븐 그린블랫은 그런 논란을 일축하고 『세계를 향한 의지』(Will in the World, 2004; 박소현 옮김, 민음사, 2016)를 통해 셰익스피어의 삶을 재구성하고 있다. 그린블랫은 "우리가 아는 사실들을 가져와 먼저 셰익스피어가 살았던 엘리자베스 시대를 철저히 고증한 뒤, 그것을 양분으로 정보들의 싹을 부드럽게 틔워낸다." 이 책은 생생한 문체로 쓰였고, 자세하게 설명하고 있고, 풍부한 내용으로 가득하다. 셰익스피어의 생애와 작품을 가장 치밀하게 지성적이며, 고도로 정교하게, 더불어 가장 예리하면서도 열광적으로 하나로 엮어낸다. 다시 말하면 그린블랫은 『세계를 향한 의지』를 통해 위대한 작가 셰익스피어의 삶과 그가 살았던 시대를 깊이 있게 통찰한다.

2.

　그린블랫은 먼저 셰익스피어를 위대한 작가에서 평범한 시골 청년으로 소환한다. 셰익스피어는 부친의 사업 실패로 제대로 된 공교육을 받지 못했다. 그렇기 때문에 그는 어렸을 때부터 성공해 가문을 재건해야 한다는 사명감을 가졌다. 특히 그는 가문을 그와 그의 아버지의 평생의 염원이었던 신사 가문으로 일으켜야 한다는 생각을 늘 품고 있었다. 셰익스피어는 그런 원대한 포부를 실현하기 위해 시골에서의 정규 교육을 중단하고 런던으로 나가 문인과 성직자를 포함해 다양한 계층의 여러 사람들을 만난다. 하지만 그는 얼마 지나지 않아 런던의 종교, 정치에 공포와 환멸을 느껴 고향 스트랫퍼드어폰에이번으로 돌아와 여덟 살 연상의 앤 해서웨이와 결혼을 한다. 그는 안정을 얻기 위해 결혼했지만 급하게 결혼식을 올린 것을 곧 후회한다. 셰익스피어는 여러 작품에서 일찍 결혼하는 것의 부당함을 토로한다. 그린블랫은 당시 셰익스피어의 삶을 "연애, 결혼, 후회"로 정식화한다. 셰익스피어는 죽은 뒤 아내와 합장되는 것조차 두려워했다.

　셰익스피어는 잠시 스트랫퍼드어폰에이번에 머물면서 기혼 남성의 삶을 살다가 곧 런던으로 다시 돌아간다. 런던으로 다시 돌아간 정확한 이유는 알려지지 않지만, 누군가의 말처럼, 아마도 그는 결혼에 대한 후회와 환멸 때문에 런던으로 도망쳤을지 모른다. 하지만 그는 드디어 위대한 출세의 길로 들어서게 되었다. 그는 이 시기 극장 문지기, 하인을 동반하지 않은 손님들의 말을 지켜봐 주는 일, 사슴 밀렵 등 다양한 경험을 했을 것으로 추정된다. 요컨대 셰익스피어가 고향을 떠나 왜 런던으로 갔는지, 그리고 런던에서 어떤 일을 했는지에 대해서는 정확한 기록이 남아 있지 않고 그 행적에 대해서도 여전히 논란에 쌓여 있다. 그러나 런던은 상대적인 익명성뿐만 아니라 환상을 가져다 줄 수 있는 놀라운 장소였고, 이곳에서 개인은 자신의 직접적인 기원을 벗어나서 전혀 다른 누군가로 변하는 꿈을 꿀 수 있는 장소였기에, 셰익스피어가 이런 꿈을 갖고 있었던 것은 거의 확실하다. 요컨대 셰익스피어는 꿈을 이루기 위해 런던으로 떠났고, 그곳에서 자신의 꿈을 이룰 발판을 마련했다.

3.
 혼잡하고 분주한 도시 런던은 셰익스피어의 극적 상상력을 계발하는데 유용한 공간이었다. 그곳에서는 매일 다양한 오락거리가 끊이지 않았다. 동시에 런던은 형벌이라는 볼거리가 끊임없이 이어지는 '극장' 같은 곳이었다. 런던의 잔인한 오락거리와 형벌은 나중에 셰익스피어 작품 곳곳에 나타난다. 런던으로 다시 돌아왔을 때 셰익스피어의 행적에 대한 공식기록 역시 찾을 수가 없다. 때문에 그린블랫은 당시 셰익스피어의 행적과 그의 생각을 다음과 같이 추론한다. 즉 런던으로 온 셰익스피어도, 그전까지는 연극을 관람하기도 하고 또 직접 연기도 해 봤을 테지만, 오직 연극 공연만을 위해 독립적으로 세워진 극장은 한 번도 본 적이 없다. 그는 런던에서 제대로 된 극장을 보고, 배우 그리고 극작가로서의 꿈을 꾸었다. 연극은 여왕부터 하층민에 이르기까지 모든 계층의 사람을 고객층으로 하기에 경쟁이 치열한 만큼 성공할 가능성도 높고 성공의 보상도 컸기 때문이다. 하지만 셰익스피어가 자신의 길이라고 여긴 연극계는 변덕스럽고 경쟁적이고 늘 불안정했다. 그런데도 셰익스피어는 급증하는 대중 극장들에서 만들어진 이 특별한 기회를 제때 붙잡았다. 당시에는 많은 작품이 필요했고 그는 빠른 속도로 작품을 집필했다. 그러나 셰익스피어는 아직 극작가로서 명성이 확고하지 못했다. 배우로서의 명성 역시 마찬가지였다.
 셰익스피어는 크리스토퍼 말로의 『탬벌레인 대왕』(1587~1588)을 계기로 전문적인 극작가가 되기로 다짐한다. 그는 오랜 친구 리처드 필드의 도움으로 여러 자료를 섭렵한 뒤 말로처럼 역사에 바탕을 둔 서사극 『헨리 6세』[2] 연작을 쓰기로 한다. 사실 셰익스피어의 말로 모방은 그에 대한 존경과 영예보다는 오히려 회의적인 답신에 가까웠다. 어찌 되었든, 당시 셰익스피어는 아직 "말로가 능수능란하게 영입하는 그 거침없고 편집광적인 흥감어법의 상대가 되지 못했다."[3)]

공식적인 기록은 없지만 1580년대 후반 셰익스피어는 극작가로 활동하면서 런던 연극계의 주요 인물들이라 할 수 있는 말로, 토머스 왓슨, 토머스 로지, 조지 필, 토머스 내시, 로버트 그린, 토머스 키드, 존 릴리 등을 만났을 것이다. 그들은 주로 옥스퍼드와 케임브리지 대학 출신의 극작가들로서 '대학 재사'(University Wits)라고 불렸다. 당시 그들의 나이는 셰익스피어와 비슷해 모두 20대에서 30대 초반이었다. 그린블랫은, 셰익스피어는 처음에는 이들과 관계가 나쁘지 않았을 것이나, 그들이 셰익스피어가 대학 출신이 아니라는 사실을 알게 되면서부터는 관계가 악화되었을 것으로 추정한다.

모두 그런 것은 아니었지만 대학 재사들 중 상당수는 속물적인 우월의식을 바탕으로 자유분방한 삶을 살면서 돈과 시간과 재능을 낭비했다. 셰익스피어는 그들과 다른 삶의 행보를 보였다. 그는 "거의 20년 동안 성실하고 꾸준한 집필 활동을 하면서 많은 돈을 모으고 또 유지했고, 감옥에 투옥되거나 거친 법정 공방을 겪는 일 없이, 농경지와 런던의 부동산에 안전한 투자를 하고, 자신이 태어난 고향 마을에 아주 좋은 저택을 사 두고, 그리고 40대 후반에 은퇴하여 그곳으로 돌아"갔다. 셰익스피어가 극작가로서 안착하자 몇몇 대학 재사들은 셰익스피어를 "벼락출세한 까마귀"라고 폄하했다. 결론적으로 당시 셰익스피어가 주위 극작가들로부터 부러움과 질투, 때로는 두려움의 대상이

---

2) 이 글에서 셰익스피어 작품의 출간 연도는 편의상 표기하지 않는다.
3) 엘리자베스 시대 희곡은 철저히 공연 대본으로서의 기능만 수행했다. 종종 작품의 공연 연도와 출간 연도가 일치하지 않는 경우가 있다. 게다가 작품의 판본도 하나가 아니라 여러 개가 존재했기 때문에 몇몇 작품의 경우 출간 연도를 확정할 수 없다. 따라서 이 글에서 인용되는 셰익스피어 작품의 출간 연도는 밝히지 않는다.

되었다는 것은 그가 극작가로 대단히 성공했다는 방증이다.

4.

극작가로 명성을 얻으면서 셰익스피어는 우연히 사우샘프턴 백작과 인연을 맺는다. 당시 궁정 귀족들과 법학도들은 가장 열광적인 극장 후원자였지만, 사우샘프턴 백작은 특히나 그 시기에 더욱 극장 공연의 상상력을 통해 현실의 부담으로부터 도피하는 특별한 기쁨을 경험했는지 모른다. 사실 그는 결혼해야 한다는 엄청난 압박을 받고 있었다. 만일 그가 결혼하지 않는다면 그의 후견인 벌리 경은 엄청난 경제적 손실을 감수해야만 하는 상황에 놓여 있었다. 그는 고심 끝에 시인에게 "자기도취적이고 문약한 젊은 백작이 결혼을 마음먹도록 설득하는 작업을 맡기자는 영리한 생각을 했"다. 그리고 그 임무는 셰익스피어에게 돌아갔다. 그리고 그 결과물이 바로 '소네트'다. 원래 소네트는 사우샘프턴이 자기애에서 벗어나 누군가와 사랑에 빠져 결혼에 이르도록 이끄는 게 목적이었다. 그러나 그린블랫에 따르면, 셰익스피어는 자기애에서 빠져나오는 것보다 "생식" 또는 "자기 형상의 재생산"에 방점을 두었다. 즉 셰익스피어는 의뢰인과는 달리 생식과 자기 형상의 재생산을 위해서는 결혼이 필요하다고 보았다. 이처럼 한 여인에 대한 간절하고 지극한 사랑의 표현으로만 알려졌던 소네트를 그린블랫은 다른 관점에서 읽는다.

그렇다면 셰익스피어는 소네트를 써달라는 의뢰를 왜 받아들였을까? 무엇보다도 경제적 이유가 컸을 것이다. 극장이 폐쇄되면서 안정적인 수입원이 사라졌기 때문에 셰익스피어는 그 제안을 받아들였을 것이다. 그러나 셰익스피어는 자신의 소네트에 젊은 청년이 결혼하도록 설득한다는 초기 계획을 뒤엎어 버릴 만큼 강렬하게 솟아난 시인 자신의 사랑과 그리고 그 사랑의 최종적인 승리를 연출하고 있다. 아름다운 청년에게 결혼을 설득하기로 했을 때, 시인 자신이 아름다운 청년을 원하고 있음을 알아차린 것이다. 즉 시인 자신이 청년과 사랑에 빠진 것이다.

셰익스피어는 『비너스와 아도니스』와 『루크레스의 겁탈』을 사우샘프턴에게 헌정한 적이 있다. 그렇다면 소네트의 주인공이 사우샘프턴 백작이라고 보는 게 터무니없는 추측은 아니다. 그리고 아도니스가 사우샘프턴이라면 자연히 비너스는 셰익스피어 자신이 된다. 주지하듯, 『비너스와 아도니스』는 아도니스가 사랑을 갈망하는 비너스를 거절하자 결국 멧돼지에게 죽임을 당한다는 내용의 장시다. 이 시의 주제는 '이루어지지 못한 사랑' 또는 '이루어질 수 없는 사랑'이다. 그린블랫에 따르면, 사우샘프턴에 대한 셰익스피어의 사랑 역시 이와 마찬가지로 이루어질 수 없는 사랑, 용인되지 않는 사랑이다. 셰익스피어는 자신의 이루어질 수 없는 사랑에 대한 안타까운 심경을 『비너스와 아도니스』를 통해 표출했다.

셰익스피어는 『소네트집』 전편에 흐르는 주제인 사랑을 아내와의 결혼에서 찾지 못했다. 전술했듯이, 셰익스피어는 아내와 행복한 생활을 하지 못했다. 하지만 그는 "결혼이라는 제도 밖에서 자신을 완벽하게 채워줄 누군가를 찾"으려 하지 않았다. 아니면 찾으려 했지만 찾지 못했다. 대신 "그는 주로 젊은 청년을 대상으로 하여 황홀함을 이상화하고, 그의 애인을 대상으로 하여 욕망을 구체화하는 자신의 능력에 집중했다. 그는 자신의 욕망을 충족시키는 데 장애에 부딪혔다. 시인은 소유할 수 없는 남자를 숭배했으며, 숭배해서는 안 되는 여자를 욕망했다." 따라서 『소네트』는 지극하고 간절한 사랑의 표현이라기보다는 사랑의 슬픔에 대한 '고통의 연서'였던 셈이다.

5.

『비너스와 아도니스』, 『루크레스의 겁탈』, 『소네트집』으로 경제적인 보상을 거둔 뒤 셰익스피어는 다시 극작 세계로 돌아간다. 당시 셰익스피어와 견줄 수 있는 유일한 극작가는 말로뿐이었다. 비슷한 시기에 셰익스피어는 『베니스의 상인』을 집필했고, 말로는 『몰타의 유대인』을 집필했다. 당시 두 사람이 유대인을 주인공으로 한 작품을 쓸 정도로 유대인에 관심을 갖게 된 계기는 한 정치적 사건에서 기인한다. 엘리자베스 1세의 주치의인 로페스가 스페인 왕과 내통하는 첩자로 밝혀지고 사형에 처해지면서 당시 영국에는 반유대인 정서가 팽배한다. 그런데 그의 사형이 집행되는 순간 군중 사이에서는 '웃음'이 터진다. 로페스의 사형을 지켜보던 셰익스피어는 유대인의 죽음에 대한 사람들의 웃음에 주목하고, 이를 『베니스의 상인』에서 극화한다. 말로의 유대인 바라바스가 끔찍하다면, 셰익스피어의 유대인 샤일록은 우스꽝스럽다. 셰익스피어는 "사악한 유대인이 최종적으로 처하는 낙담과 실패에서 관객의 웃음을 자아내기를 원했다." 셰익스피어는 『베니스의 상인』이 어떤 국제적인 음모나 책략이 아니라 돈과 사랑을 소재로 한 희극이 되기를 원했다.

벤 존슨을 비롯한 다른 시인들이 사랑하는 아이를 잃은 뒤에는 비통함과 애도를 가득 남은 시를 남긴 것과 달리, 셰익스피어는 단 하나뿐인 아들 햄넷을 잃은 뒤에 아들의 죽음과 관련된 어떤 시도 남기지 않았다. 심지어 시뿐만 아니라 아버지로서의 감정을 기술한 어떤 기록도 남기지 않았다. 그렇다고 해서 그가 아들을 사랑하지 않은 게 아니었다. 당시 죽음은 특별한 것이 아니라 누구에게나 익숙하고 피할 수 없는 것이었다.

햄넷이 죽은 뒤 셰익스피어는 그의 작품 중에서 가장 쾌활한 분위기를 풍기는 일련의 희극 작품들인 『윈저의 즐거운 부인들』, 『헛소동』, 『좋으실 대로』를 썼다. 하지만 이 기간에 쓰인 연극들이 한결같이 무난한 명랑함을 지녔다고 절대 말할 수 없다. 때때로 이 작품들은 개인적으로 겪었던 깊은 상심에 대한 경험을 반영한다. 햄넷이 죽은 뒤 셰익스피어는 슬픔에 머물지 않고 일에 미친 듯이 매달렸다. 양적으로나 질적으로나 이 시기에 셰익스피어는 많은 작품을 썼고, 당시 인기 있는 출판업자에게 그 작품들을 팔았다.

이 시기 셰익스피어의 가장 대표작인 역시 『햄릿』이다. 셰익스피어의 다른 대부분의 작품들과 마찬가지로 이 작품도 셰익스피어의 독창적인 작품은 아니다. 당시 영국 또는 유럽에 널리 알려졌던 이야기를 모티브로 그의 창의성이 발현된 작품이 바로 『햄릿』이다. 작품의 독창성은 차치하고 『햄릿』에서는 다른 이전 작품에서는 전혀 사용되지 않았던 새로운 어휘가 엄청나게 사용되고 있다.

제목에서 알 수 있듯이, 『햄릿』에는 아들 햄넷의 죽음이라는 사건이 짙게 배어 있다. 하지만 이 작품에서는 아들의 죽음이 아닌 아버지의 죽음이 주인공의 영적 위기를 불러온다. 즉 『햄릿』의 비극성은 아버지의 죽음과 그 유령이 출현에서 비롯된다. 그리고 유령의 전언이 사실인지, 아닌지를 추적하다가 결국 햄릿 자신도 죽음에 이르게 된다. 그리고 『햄릿』 발표 후 얼마 안 있어 셰익스피어의 아버지인 존 셰익스피어도 죽음을 맞이한다. 요컨대 이 작품은 내부적으로뿐만 아니라 외부적으로도 죽음의 그림자가 짙게 드리워져 있다. 셰익스피어는 죽은 자를 단순히 애도하지 않고 그들의 죽음을 계기로 자신의 존재를 가장 깊이 표현한 예술작품으로 자신의 감정에 답했다. 그리고 바로 그 답이 『햄릿』이다.

『햄릿』은 셰익스피어에게 작가로서나 배우로서나 새로운 시대를 열어 준 '획기적인'(epoch-making) 작품이었다. 셰익스피어는 『햄릿』 이전에도 비극 작가로서 상당한 경력을 쌓았으나, 『햄릿』이 이전 작품들과 결정적으로 다르다. 그 점은 그가 새로운 주제를 도입해서 발전시켰다거나 더욱 예리하고 절묘하게 맞아떨어지는 줄거리를 주조해 나가는 것을 배웠다거나 하는 것과 연관되지 않는다. 오히려 이런 세부사항들을 대담하게 쳐내는 기술을 통해 만들어진 강렬한 내향성의 표현과 관련이 있다. 즉 셰익스피어는 『햄릿』을 통해 비극을 어떻게 조립할 것인지를 재고했다.

『햄릿』 이후 셰익스피어는 놀랄 만큼 훌륭한 비극 작품을 연속적으로 써냈고, 여기에 자신의 고유성을 담아냈다. 그는 원전의 틀을 가져오되, 논리적으로 잘 짜인 극에 꼭 필요한 듯 보이는 부분들은 교묘하게 도려내고, 자신의 연극으로 재창조하는 작업을 반복했다. 이와 같은 셰익스피어의 극작 방법을 그린블랫은 "전략적인 불투명성"이라 부른다. 예컨대 『오셀로』에서는 원전에서는 중요하게 설명되었던 이아고의 악행의 원인을 의도적으로 삭제했다. 『리어왕』에서는 리어가 세 딸에게 왕국을 공평하게 나누어주는 지도를 미리 작성한 후 자신에 대한 사랑을 왜 시험하는지 그 이유가 불분명하다. 이처럼 셰익스피어는 『햄릿』과 『오셀로』에서 볼 수 있듯이, 이야기에서 개시되는 행동에 합리성을 더해주는 동기를 걷어내고 의도적으로 불분명하게 만들고 있다. 즉 비극의 행동이 되는 직접적인 원인과 그에 따른 결과를 의도적으로 흐린다.

당시 셰익스피어는 연극인으로서 전성기였다. 엘리자베스 여왕의 통치가 끝났지만, 그는 여전히 극장 소유주로서, 극작가로서 안정적인 수입을 올렸다. 그는 그림이나 책을 수집하기보다는 '부동산'에 관심을 가졌다. 이제 그는 성공한 극작가이자 배우인 동시에 중대한 불로 소득자, 그리고 스트랫퍼드어폰에이번의 주요 시민이 되었다.

6.

엘리자베스 1세 사후 스코틀랜드의 제임스 6세가 영국의 제임스 1세가 된다. 그는 '반역'에 대해 불안해했고 실제로도 반역 사건이 끊이지 않았다. 셰익스피어는 반란에 대해 늘 불안해하는 제임스 1세가 안심할 수 있도록 『맥베스』를 썼다. 주지하듯, 『맥베스』는 실패한 반란을 소재로 하고 있다. 당시에 제임스 1세를 시해하려는 '화약음모사건'이 실제로 벌어지기도 했다. 『맥베스』와 '화약음모사건'이 전혀 관련 없고 시간적으로나 공간적으로도 별개지만, 셰익스피어는 『맥베스』에 당대의 시사 현안과 연결되는 미세한 암시 장치들을 극 중에 심어 놓았다. 참고로 셰익스피어의 작품이 시공간에 관계없이 계속 읽히는 까닭은 바로 이런 보편성에서 비롯된다.

『맥베스』에도 전략적인 불투명성이 나타난다. 즉 맥베스가 처음부터 덩컨을 죽이고 왕위를 찬탈하고 뱅쿠오를 죽이려 했는지, 아니면 마녀의 예언을 듣고서 결심한 것인지, 맥베스 부인의 종용으로 이 모든 악행을 저지른 것인지 명확하게 드러나지 않는다. 셰익스피어는 작품에서 명쾌하게 보여주거나 말하지 않는다. 대신 주인공 맥베스가 자신이 저지른 살인적인 환상들에 당혹감을 느끼고 있음을 보여준다. 즉 셰익스피어는 관객들에게 직접적인 답을 주기보다는 상상을 유도한다. 아니면 처음부터 답이 없다는 점을 관객에게 말하고 있는지 모른다. 그린블랫은 다음과 같이 말한다.

"연극이 갖는 천재성은 이 암시의 능력, 뭔가 찜찜한 느낌으로부터 절대로 빠져나올 수 없는 그 부분을 짚어주는 데 있다. 그것은 관객이 직접 볼 수 없는 곳에 이러한 위협들이 가장 암시적으로 존재하고 있기 때문이며, 일상의 가장 평범한 관계들에 슬며시 녹아들기 때문이다."

셰익스피어의 말 같기도 하다. 왕의 입장에서 보았을 때『맥베스』는 분명 불편하다. 잘못하면 목숨을 부지하기 어려울 수도 있다.『맥베스』에 대한 제임스 1세의 반응이 어땠는지 기록이 남아 있지 않지만,『맥베스』의 출간 이후에도 셰익스피어는 극작가로서의 최고의 자리를 잃지 않았다.

셰익스피어는 당시 사람들에게 회자되었던 한 소송 사건을 고려해본다면『리어왕』을 쓰기 위해 책상 앞에 앉았을 때부터 은퇴를 고려하기 시작했을지 모른다. 당시 두 딸이 아버지의 재산을 탈취하기 위해 그가 정신이상자라는 판결을 받아내려고 시도할 때 오직 막내딸만이 아버지의 편을 들며 언니들에게 격렬하게 저항했던 사건이 있었다. 아버지의 편을 들며 언니들에게 저항했던 막내딸 이름이 '코델'(Cordell)인데,『리어왕』의 막내딸 '코딜리어'(Cordelia)

와 이름이 거의 같다. 그러나 셰익스피어는 리어왕과는 달리 딸들에게 얹혀서 살 의향이 전혀 없었다. 그는 1602년부터 1603년까지 작가로서 놀랍도록 창조적이었고 이 시기에 재산을 모으고 신중하게 투자했다. 노년에 이르렀을 때 딸들에게 의존할 필요가 없도록 혹은 극장에도 의존하지 않도록 말이다. 그는 검소한 생활과 안정적인 부동산 투자로 상당한 부를 축적했다. 하지만 그는 정신없이 바쁜 생활 속에서도 어떻게든 글쓸 시간을 만들어냈다. 그러면서 그는 은퇴 준비를 했다.

7.

셰익스피어의 후기작 가운데 『겨울이야기』와 『태풍』은 모두 뚜렷하게 인생의 가을 또는 겨울에서 지난날을 회고하는 분위기를 보여준다. 셰익스피어는 연극인이라는 전문 직업인으로서 자신이 이룬 것들을 자의식적으로 돌아보며, 이제 그것을 뒤로하고 돌아선다는 것의 진정한 의미를 파악하고 있는 것처럼 보인다. 예컨대 『태풍』에서 마법사 프로스페로는 마지막 순간에 마법의 힘을 상실하며 평범한 사람이 되어 주변 사람의 도움을 필요로 한다.

신중하고, 섬세하고, 자의식을 겉으로 드러내는 데 극도로 인색한 셰익스피어는 "강박적으로 자신의 정체성을 확인하려는 행위, 그리고 다양한 소재들을 좀스럽고 꼼꼼하게 모아 온 것에 짝을 이루어 엄청난 상상력의 관용을 끼얹어 이룩한 성취로 그의 경험을 쌓아갔다." 셰익스피어는 이제 프로스페로처럼 언젠가 극장을 떠나 고향으로 돌아갈 생각을 했고, 이를 오랜 기간 동안 준비했다.

말년의 셰익스피어는, 즉 『태풍』 이후의 셰익스피어는 극작가의 모습보다는 평범한 한 시민으로서의 모습을 보여준다. 『태풍』 이후 존 플레처와 몇 작품을 공동 작업을 하기는 했지만 말이다. 그는 우여곡절 끝에 런던에 집을 장만한다. 그는 고향뿐만 아니라 런던에도 집을 갖고 있어야 한다는 오랜 바람

에드워드 본드의 희곡 『빙고』(1973)는 극작가로서의 생활을 정리하고 고향으로 돌아간 셰익스피어의 말년을 소재로 삼는다. 이 작품은 당시 인클로저 운동을 통해 지주가 된 셰익스피어를 통해, 예술가의 창조적 자유가 돈에 의해 훼절되는 현실을 비판한다.

을 마침내 이루었다. 비록 자신이 직접 살지는 않고 다른 사람에게 임대하기는 했지만, 자신이 '영향력을 발휘한' 그곳에도 무언가를 소유해 자신의 존재를 증명한 것이다.

고향으로 내려간 셰익스피어는 당시 지주들 사이에서 유행하던 '인클로저 운동'(Enclosure Movement)에 논란에 휩싸인다. 당시 지주들은 뒤죽박죽 섞인 소규모의 대지들과 공용 들판을 모두 정리해 보유 대지를 집중적으로 늘리고 얼마간의 토지를 떼어 내어 체계적이고 효율적인 목양지로 만드는 일에 몰두했다. 이는 부유층에게는 인기 있는 '재테크'였지만 가난한 사람들에게는 대체로 미움을 받는 방식이었다. 후일 에드워드 본드와 같은 극작가들은 셰익스피어의 인클로저 운동 참여를 비판했다. 하지만 셰익스피어는 인클로저 운동에 대해 생각이 달랐다. 그는 인클로저 운동의 본령을 부의 축적보다는 농업의 현대화 과정으로 보았기 때문에 지지했다. 또한 그는 장기적으로 보면 그 방법이 모두가 번영할 수 있는 길이라 생각했다.

마지막으로 셰익스피어의 가족 이야기다. 앞서 여러 차례 언급했듯이 그는 아내와 사이가 원래부터 좋지 않았다. 아들 햄넷도 죽고 아버지도 죽고 형제도 거의 다 죽었다. 그나마 그에게 큰 위안을 준 것은 딸들이었다. 큰딸 수재너는 자신이 좋아한 사람과 결혼했지만, 작은딸 주디스는 그렇지 않았다. 그녀가 고른 남자는 자신이 전혀 원하는 인물이 아니었다. 셰익스피어는 그녀와 결혼할 작은 사위가 마음에 들지 않아 그에게 자신의 유산이 돌아가지 않도록 유언장을 남겼다. 아내에게도 공식적으로는 특별한 유산을 남기지 않았다. 그는 그녀에게 그 유명한 "두 번째로 좋은 침대"를 남겼을 뿐이다.

셰익스피어는 많은 작품 속에서 왕과 반역자들, 로마 황제와 이국의 여러 영웅들의 삶을 상상했다. 런던의 거친 연극계에서 혼자의 힘으로 살아남았지만, 말년에는 '일상적인 것들'을 기꺼이 껴안았다. 아니 일상적인 삶을 위해 그런 시련과 고난을 감내했는지 모른다. 그는 은퇴 후 고향에서 시골 신사로서의 일상적인 삶을 살았다. 그리고 그의 아버지와 그 자신의 숙원이었던 가문의 문장도 구매했고, 부동산 투자를 통해 남부럽지 않은 재산을 모았다. 이제 그에게 남은 것은 가족들과의 행복한 삶이었다. 그러나 그는 안타깝게도 그 꿈을 이루지 못했다. 그 역시 세상을 떠나고 말았다. 하지만 그는 그 꿈을 상쇄하고도 남을 만큼의 큰 보상을 받았다.

2014년은 셰익스피어 탄생 450주년이고, 2016년은 셰익스피어 서거 400주년이 되는 해다. 셰익스피어의 탄생과 서거와 관련해 세계적으로 많은 행사가 있었다. 셰익스피어는 여전히 '불멸의 작가'라는 문학적 명성을 누리고 있다. 끝으로 셰익스피어가 남긴 위대한 작품을 읽으며 작품의 문학적 성과를 음미하는 것도 큰 의미가 있지만, 잘 알려지지 않았거나 잘 몰랐던 셰익스피어의 개인적인 삶을 돌아보는 것도 나름 큰 의미가 있다. 작가의 개인적인 삶 자체가 궁금할 수도 있겠지만, 작가의 개인사를 알고 작품을 읽으면 해석의 폭이 한층 더 넓고 깊어지기 때문이다. 그런 면에서 보면 스티븐 그린블랫의 『세계를 향한 의지』는 셰익스피어를 알고 그의 작품을 이해하는 데 도움을 주는 좋은 안내서다. 엘리자베스 시대의 다양한 사회적 풍경까지 보여주는 것은 덤이다. 게다가 이 책을 읽으면 셰익스피어의 작품을 다시 읽고 싶어진다. 또 셰익스피어 작품을 바탕으로 한 영화도 보고 싶어진다. 로렌스 올리비에나 케네스브레너와 같은 고전 영화도 좋고, 프랑코 제피렐리의 색감 있는 영화도 좋다. 〈라이언 킹〉과 같은 애니메이션도 좋다. 뭐라도 좋다.

김지운, **스타일**을 넘어서다

1.

영화감독 김지운은 대한민국의 대표적인 '씨네 스타일리스트'다. 김지운 감독이 이 별칭을 좋아하는지 모르겠지만, 영화를 좀 본다는 사람들 사이에서는 익히 알려진 이야기고, 많은 이들도 대체로 이 호명에 동의하는 편이다. 스타일리스트라는 단어가 워낙 폭넓게 쓰이기 때문에 깔끔하게 정의하는 게 쉽지는 않겠지만, 나름대로 정의하자면 씨네 스타일리스는 '영화를 설명할 때 주로 언급되는 내적 요소들인 스토리, 주제, 시대정신보다는 영화의 외부적인 요소들인 음악, 무대, 음향, 조명 등에 관심을 갖는 사람'으로 규정된다. 스타일리스트와 함께 영화 작가라는 용어도 있다. 조금 범박한 분류일 수 있겠지만, 스타일리스트가 영화의 내용과 형식 가운데 주로 형식에 천착하는 '아티스트'라 한다면, 영화 작가는 형식보다는 주제와 내용에 집중하는 '예술가'로 규정된다.

보통 스타일리스트 감독의 영화는 영화에서 주제나 내용보다는 음향, 음악, 무대, 조명, 소품 등 영화 장치에 많은 시간과 노력이 들다 보니 일단 화려하고 볼거리가 풍성하다. 색감도 원색을 많이 사용하고 화려하고 다채롭다. 특히 색감 대비를 통해 등장인물의 성격화를 추구하고 독특한 영화 분위기를 연출한다. 음악도 클래식에서부터 가요, 팝, 재즈에 이르기까지 다양하다. 영화 공간 연출은 대단히 정교하다. 다시 말하지만 스타일리스트 영화는 볼거리가 많고 화려하다. 그렇기 때문에 누군가는 이렇게 말했다. "스타일리스트 영화는 보는 게 아니라 경험하는 것이다. 혹은 관극하는 게 아니라 체험하고 경험하는 것이다."

그런데 많은 스타일리스트 영화들에서 공통으로 지적되는 점들이 있다. 먼저 '드라마의 취약함' 조금 심하게 말하면 '내러티브의 부재'다. 김지운을 비롯해 이명세나 이와이 슌지의 영화도 이런 지적에서 자유롭지 않다. 또 다른 지적은 장면과 장면의 부자연스러운 연결이다. 몇몇 영화평론가들의 의견을 빌리자면, 스타일리스트 영화들이 대체로 이미지에 지나치게 집착하다 보니 영화 속 장면과 장면의 연결이 부자연스럽고 때로는 생뚱맞다. 그리고 이런 부자연스러움, 혹은 생뚱맞음을 '개그 코드'로 그냥 넘어가려 한다. 특히 이명세의 영화가 이런 비판을 많이 받았다. 개인적인 생각에 이런 논평은 아마도 첫 번째 지적에서 비롯된다. 이런 결점 때문에 혹은 이런 결점을 갖고 있을 것이라는 선입견 때문에 스타일리스트 영화를 진지하게 보지 않기도 한다. 심한 경우에는 스타일리스트 영화 전체를 폄하하기도 한다. 정말 그런지 개인적으로는 궁금하다. 따라서 이 글에서는 김지운의 초창기 영화부터 최근작 〈밀정〉(2016)에 이르기까지 그의 영화를 살펴보면서 스타일리스트 김지운의 영화 궤적을 살펴보려 한다.

2.

김지운 감독의 첫 영화는 〈조용한 가족〉(1998)이다. 이 영화에는 지금은 너무나도 유명한 최민식과 송강호가 '평균 이하'의 인물로 등장한다. 그들 외에도 지금은 유명한 많은 배우들이 아주 잠깐씩 등장한다. 영화의 내용은 간단히 이렇다. 어수룩해 보이는 한 가족이 서울 근교에서 산장을 운영한다. 그러나 공교롭게도 이 산장의 투숙객들이 계속 죽어 나간다. 경악한 가족은 경찰에 신고하면 산장 운영에 차질을 빚지 않을까, 하는 걱정으로 신고하지 않고 시체를 암매장한다. 그런 와중에 산장 바로 옆에서 새 등산로 공사가 예정보다 일찍 시작되고, 암매장한 곳이 파헤쳐질까 봐 불안에 떨던 가족들은 필사적으로 작업을 저지한다. 하지만 어찌 된 일인지 사람들은 계속 죽어 나간다. 감독 자신은 이 영화를 '코믹 잔혹극'이라 불렀다. 그는 〈조용한 가족〉에서 잘 어울리지 않는 코미디와 호러의 이종교배를 통해 독특한 질감을 창출했다. 푸르스름한 산장 내부, 다소 코믹한 음악, 어울리지 않는 진지함 들은 분명 일찍이 한국 영화에서 보지 못한 김지운만의 독특한 스타일로 부르기에 부족함이 없다.

〈조용한 가족〉을 보고 난 후 한참 뒤에 우연히 아무 정보 없이 스즈키 세이준 영화를 보았다. 오래전 일이라 확실치 않지만, 기억을 더듬어보니 아마도 〈도쿄 방랑자〉(1966)였던 것 같다. 김지운 감독이 자신의 어느 책에서 말했듯이, 이 영화는 "온갖 장르의 컨벤션을 이리저리 뒤섞어놓고는 어느 순간 짐짓 딴청을 피우며 사나이들의 폼 나는 세계를 멋들어지게 그려놓는다. 과격한 점프, 느닷없는 색채감, 과장된 인공 세트들이 게릴라처럼 불쑥 튀어나와 강렬하면서도 활동사진적인 순수한 영화적 쾌감을 선사한다." 이 말을 〈조용한 가족〉에 그대로 돌려주고 싶다. 물론 칭찬으로서 말이다. 그 정도로 〈조용한 가족〉은 어디서 본 듯한 익숙한 장면을 갖고 독특한 분위기와 스타일을 창출해 냈다.

〈조용한 가족〉의 분위기가 시종일관 검푸르고 무겁다면, 〈반칙왕〉(2000)은 반대로 환하고 따뜻하고 가볍다. 이 영화는 전형적인 '휴먼 코미디'다. 영화는 소심한 주인공과 그를 괴롭히거나 무시하는 주변 인물들의 소소하면서도 일상적인 이야기를 다룬다. 임대호(송강호 분)는 툭하면 자신에게 헤드록을 거는 직장 상사의 '필살기'를 막아내기 위해 레슬링에 입문하고, 레슬링 관장으로부터 얼떨결에 '반칙왕'이라는 캐릭터를 얻는다. 그는 연습하고 또 연습한다.

보통의 스포츠 영화라면 부단한 노력 끝에 마침내 고수가 되어 자신을 괴롭히는 적도 물리치고, 또는 스승의 한을 갚거나 복수하고, 또는 사랑하는 여성을 얻는다. 하지만 이 영화에서 그런 일은 없다. 주인공은 마침내 자신을 괴롭히던 직장 상사와 놀이 공원에서 마지막 결투를 벌인다. 그런데 영화는 결투의 결과를 보여주지 않고 조금은 맥 빠지게 아무 일도 없다는 듯 갑자기 일상으로 넘어간다. 감독은 이 영화가 그리는 세계를 복수 또는 무림 세계의 평정과 같은 무협지의 세계가 아닌 일상의 세계로 상정한 듯하다. 사실 우리의 일상은 스릴 넘치고 다이내믹하기보다는 오히려 밋밋하고 평범하다. 이 영화는 바로 그 점을 우리에게 환기한다. 그렇기 때문에 이 영화는 보고 난 뒤에 조금 허무할 수도 있지만, 소소한 일상에서 비롯되는 즐거움과 행복을 일깨운다.

〈조용한 가족〉이나 〈반칙왕〉은 분명 기존의 다른 한국 영화와 다른 남다른 차별성은 있지만, 그 안에서 김지운만의 독특한 스타일을 읽기에는 아직 뭔가가 부족하다. 아마도 그를 진정한 스타일리스트로 부를 수 있는 계기는 〈장화, 홍련〉(2003)일 것 같다. 일단 이 영화는 포스터부터 강렬하다. 인적이 드문 시골 소담한 언덕 위에 일본식 목조 주택이 서 있다. 아름다운 외형과 달리 귀기 서린 스산함이 감도는 집에서 수미(임수정 분), 수연(문근영 분) 자매는 아버지(김갑수 분)와 새엄마(염정아 분)와 함께 살게 된다. 하지만 집에 들어선 첫날부터 수미는 뭔가 알 수 없는 공포를 느끼고, 집안 곳곳에서 괴이한 일들이 잇달아 벌어진다.

고전 『장화홍련전』은 비극적인 한 가족사를 통해 권선징악이라는 주제를 형상화한다. 그러나 영화 〈장화, 홍련〉은 서사를 원작에 머무르지 않고 이기적인 현대 가족으로 변형시켜 공포를 배가한다. 특히 이 영화에서는 개인의 죄의식에서 비롯한 공포를 꾸미면서 '집안'이라는 공간을 적극적으로 활용한 점이 눈길을 끈다. 감독은 맑고 청명한 가을 날씨의 '밖'과 컴컴하고 음습한 '안'을 콘트라스트해 인물 간 갈등을 증폭한다. 또한 원색의 색감 대비를 극대

영화 〈장화, 홍련〉은 스타일리스트로서 김지운의 영화를 설명하는데 절대 빠질 수 없는 중요한 텍스트다. 특히 이 영화는 개인의 죄의식에서 비롯한 공포를 꾸미면서 '집안'이라는 공간을 적극적으로 활용한 점이 눈길을 끈다.

보통의 누아르 영화에서는 비장함과 엄숙함이 큰 부분을 차지하지만, 〈달콤한 인생〉에서는 비장미보다는 유머와 감성의 균형 있는 배치가 두드러진다. 또한 화려한 스카이라운지, 멋진 검은색 슈트, 고급 승용차, 화려한 전등, '팬시'(fancy)한 디저트 케이크로 대표되는 안온함과 추적거리는 비, 구덩이, 테러리스트, 피와 복수 등 바깥 세계의 추레함의 극명한 대비는 이 영화의 백미다.

화한 세트는 등장인물의 심리를 드러내고 위기감을 고조하는 장치로 적극적으로 활용된다. 다시 말하지만 〈장화, 홍련〉은 이후 스타일리스트로서 김지운 영화를 설명하는데 결코 빠질 수 없는 중요한 텍스트다.

일반적으로 조폭 영화는 조직 간 암투와 배신 또는 의리를 그리기에 '누아르 영화'로 규정된다. 그러나 〈달콤한 인생〉(2005)은 흔하디흔한 '조폭 영화'가 아니라 전혀 새로운 스타일의 조폭 영화다. 그렇기 때문에 혹자는 〈달콤한 인생〉을 어두운 누아르 영화가 아니라 우아한 누아르로서 '우아르 영화'라고 부른다. 영화는 간단하다. 보스 강사장(김영철 분)의 애인을 감시하던 선우(이병헌 분)는 젊은 남녀의 사랑을 동경하다가 엄청난 불행을 맞이하게 된다. 그 과정에서 '달콤했던' 그의 삶은 정점에서 추락하며 정반대로 간다. 그는 결국 조직 전체를 등지고, 조직과 돌이킬 수 없는 전쟁을 시작한다. 이 영화의 가장 큰 특징 가운데 하나는 비장미의 실종이다. 보통의 누아르 영화에서는 비장함과 엄숙함이 큰 부분을 차지하지만, 이 영화에서는 비장미보다는 유머와 감성의 균형 있는 배치가 두드러진다. 또한 화려한 스카이라운지, 멋진 검은색 슈트, 고급 승용차, 화려한 전등, '팬시'(fancy)한 디저트 케이크로 대표되는 안온함과 추적거리는 비, 구덩이, 테러리스트, 피와 복수 등 바깥 세계의 추레함의 극명한 대비는 이 영화의 백미다. 바로 이 점이 김지운 영화의 스타일을 한껏 살린다.

김지운 감독은 〈조용한 가족〉에서부터 〈달콤한 인생〉에 이르기까지 장르를 반복하지 않고 계속해서 새로운 장르를 시도했다. 그렇기 때문에 앞에서 살펴본 것처럼 그의 영화는 익숙한 것 같지만 절대 익숙하지 않다. 익숙한 소재와 장르도 자신만의 독특한 스타일로 변주하기 때문이다. 〈좋은 놈, 나쁜 놈, 이상한 놈〉(2008)도 마찬가지다. 미국 영화계는 서부극과 함께 해왔다고 해도 과언이 아닐 정도로 수많은 서부극이 만들어졌다. 보통 전통 서부극은 약자를 괴롭히는 악당과 악당을 물리치고 정의를 수호하는 카우보이 또는 보안

관의 대결 구도를 이룬다. 즉 전통 서부극은 선과 악이라는 명확한 이분법적 구도를 갖는다. 그러나 일명 '스파게티 웨스턴' 또는 '마카로니 웨스턴'이라는 수정주의 서부극은 전통 서부극을 파괴하고 변주한다. 수정주의 서부극에서는 선과 악이 불분명하다. 아니 선과 악의 구분 자체가 무의미하다. 한마디로 수정주의 서부극은 정의와 질서보다는 돈을 중심으로 펼쳐지는 사람들의 욕망의 세계로 규정된다. 김지운의 〈좋은 놈, 나쁜 놈, 이상한 놈〉은 정의가 사라지고 돈과 욕망에 의해 추동되는 미국의 개척시대 웨스턴 세계를 1930년대 만주로 아주 '스타일리시하게' 옮겨왔다.

1930년대 총칼이 난무하는 무법천지 만주에 각자 다른 방식으로 격동기를 살아가는 조선의 세 풍운아가 운명처럼 맞닥뜨린다. 그들은 각각 현상금 사냥꾼 도원(정우성 분), 최고를 꿈꾸는 마적단 두목 창이(이병헌 분), 잡초 같은 생명력의 열차 털이범 태구(송강호 분)다. 영화는 정체불명의 보물지도를 두고 그들과 일본군 사이에서 벌어지는 쫓고 쫓기는 추격전을 중심으로 전개된다. 많은 사람들은 이 영화의 장점으로 밀도 있는 액션 연출과 속도감 있는 편집을 통해 구현된 오락성을 꼽는다. 그러나 전술했듯이 이 영화의 백미는 무엇보다도 '스타일'이다. 이 영화에서는 〈장화, 홍련〉이나 〈달콤한 인생〉과 같은 색감 대비, 독특한 공간 연출은 두드러지지 않는다. 대신 감독은 시간과 공간이 전혀 다른 미국 서부를 1930년대 만주로 스타일리시하게 재현하는데 공들였다. 특히 등장인물의 '성격화'(characterization)를 통해 그만의 영화적 스타일을 구현했다. 예컨대 '좋은 놈' 도원이라는 캐릭터는 나쁜 놈 창이와 이상한 놈 태구에 비해 상대적으로 평면적이지만 영화 속에서는 상당히 입체적이고 스타일리시하다. 감독은 배우 정우성을 통해 스타일이 중요하다는 것을 유감없이 보여주었다.

사랑하는 사람을 죽인 원수에게 복수하는 이야기는 흔하디흔하다. 아니 식상할 지경이다. 동양의 무협극이나 미국의 서부극에서도 너무나 쉽게 볼 수 있는 소재다. 그러나 이런 식상하고 흔한 소재도 김지운의 손을 거치면 달라진다. 〈악마를 보았다〉(2010)에서 국정원 경호 요원 수현(이병헌 분)은 약혼녀가 잔인하게 살해되자 복수를 다짐한다. 그는 범인이 연쇄살인마 장경철(최민식 분)임을 알아내고, 그에게 죽을 만큼의 고문을 반복하며 응징을 시작한다. 그러나 악랄한 살인마 장경철 역시 난생처음 만난 대등한 적수의 출현을 즐기며 반격에 나선다.

〈악마를 보았다〉는 내러티브가 공감하기가 어렵고 몇몇 장면은 보기 불편한 게 사실이지만 감독은 특유의 스타일리시한 연출을 통해 등장인물에게 감정이입을 하도록 한다. 영화 내내 '뜨거운' 최민식과 '차가운' 이병헌이 교차한다. 전체적으로 끈적끈적하면서도 빨간 피와 푸르스름한 조명은 각각 뜨겁고 차가운 등장인물의 심경을 부각시키고, 좁은 공간을 더 비좁게 만드는 카메라 워킹 또한 쫓고 쫓기는 극한 상황에서의 긴장감을 배가한다. 영화에 대한 호불호는 있겠지만, 김지운 감독은 〈악마를 보았다〉에서도 자신의 독특한 스타일을 유감없이 보여주고 있다.

3.

김지운 감독이 일제 강점기를 소재로 〈밀정〉을 제작하고 있다는 기사를 처음 접했을 때는 조금 놀랐다. 사실 자신의 전매특허인 코미디를 두고 왜 역사물에 손을 대는지 궁금했다. 하지만 궁금함과 동시에 기대감도 있었다. 그가 일제 강점기를 자신만의 스타일로 어떻게 해석할지 궁금했다. 〈밀정〉은 일제 강점기를 다룬 시대극이다. 이미 그는 앞서 〈좋은 놈, 나쁜 놈, 이상한 놈〉에서 1930년대를 다루기는 했다. 하지만 〈밀정〉은 제목에서 알 수 있듯이 돈과 욕망에 의해 추동되는 '저속한 세계'가 아니라 독립운동을 둘러싸고 벌어지는 좀 더 '고상한 세계'의 이야기다. 사실 개인적으로는 '김지운'과 '고상함'이라는 두 단어의 조합이 낯설다. 그래서 〈밀정〉은 사실 보기 전까지는 걱정 반

궁금함 반이었다.

조금 거창하게 시작하자. 불과 얼마 전까지만 해도 일제 강점기는 우리에게 먼 역사였다. 즉 일제 강점기는 박제된 역사, 화석화된 역사, 우리와 크게 관련이 없는 교과서 속의 역사였다. 때로는 잊고 싶은 역사였다. 그래서인지 영화에서도 일제 강점기를 잘 다루어지지 않았을 뿐만 아니라, 이 시기를 다룬 영화도 흥행 면에서 큰 성공을 거두지 못했다. 그러나 최근 일 이년 사이 이런 추세가 완전히 바뀌었다. 〈암살〉(2015)을 시작으로 〈아가씨〉(2016), 〈밀정〉(2016)까지 모두 일제 강점기를 시대적 배경으로 하고 있고 흥행에서도 큰 성공을 거두었다. 하지만 이 영화들은 같은 시대를 다루고 있다고 하더라도 역사를 대하는 감독의 방식이 조금씩 다르다.

〈밀정〉을 살피기에 앞서 비슷한 시대를 다루고 있는 〈암살〉과 〈아가씨〉에 대해 간단히 살펴보자. 먼저 〈아가씨〉다. 〈아가씨〉는 1930년대 일본강점기 한국과 일본을 시공간으로 한다. 어릴 적 부모를 잃은 아가씨 히데코(김민희 분)는 후견인 이모부 코우즈키(조진웅 분)의 엄격한 보호 아래 살아간다. 히데코는 이모부의 서재에서 책을 읽는 것이 일상의 전부다. 그런데 어느 날 순박해 보이는 하녀 숙희(김태리 분)가 저택을 찾아온다. 히데코는 처음에는 숙희를 경계했지만, 어느덧 그녀에게 점점 의지하며 마음까지도 흔들린다. 숙희 또한 히데코에게 마음이 흔들린다. 원래 숙희는 유명한 여도둑의 딸로, 장물아비 손에서 자란 소매치기다. 그녀는 막대한 재산을 상속받게 될 아가씨를 유혹해 돈을 가로채려는 백작(하정우 분)의 계획에 동참했다. 그녀는 히데코에게 접근해, 그녀를 감시하고 백작이 그녀와 결혼할 수 있도록 돕는 역할을 맡았다. 하지만 백작은 히데코와 이미 다른 계획을 갖고 있다. 그의 목적은 숙희를 희생양으로 삼아 히데코를 그녀의 이모부로부터 탈출시켜 그녀와 재산을 나누는 것이다. 그리고 그의 계획에는 히데코와의 결혼도 포함되어 있다. 숙희와 히데코, 백작과 이모부는 돈과 마음을 뺏기 위해 서로 속고 속이는 매혹적인 게

임을 벌인다.[4]

영화 〈아가씨〉는 『핑거스미스』의 배경인 19세기 빅토리아 시대 영국을 1930년대 일제 강점기의 조선과 일본으로 바꾸어놓았지만, 사실 일제 강점기가 아닌 어떤 시대로 바꾸어도 크게 달라지지 않는다. 공간적으로도 조선이나 일본이 아닌 다른 공간으로 바꾸어도 큰 차이가 없다. 즉 이 영화에서는 시간적 배경이나 공간적 배경이 그렇게 중요하지 않다. 그보다는 영화가 소설 『핑거스미스』를 얼마나 독창적으로 변주해 재문맥화했는가, 바로 이점이 논의의 핵심이다. 그렇기 때문에 〈아가씨〉는 시대극이면서도 시대극이 아니라고 말할 수 있다.

최동훈 감독의 〈암살〉의 경우는 〈아가씨〉와 많이 다르다. 〈암살〉은 〈밀정〉이 그렇듯이 영화 속에서 시간과 공간이 중요하다. 〈암살〉과 〈밀정〉은 일제 강점기 역사를 영화적 소재로 하고 있다. 그런데 두 영화는 역사를 기억하는 방식이 다르다. 〈암살〉의 경우 영화의 예술적 완성도, 흥행 등 영화에 대한 전반적인 이야기는 각설하고, 영화의 결말부만 살펴보자. 일본 밀정 노릇을 하다가 신분이 발각될 처지에 놓여 중국에서 경성으로 잠입한 염석진(이정재 분)은 친일파 강인국과 조선주둔군 사령관 카와구치 마모루의 암살 계획을 좌절시키며 독립군을 일망타진한다. 영화에서는 나오지 않지만 아마도 그는 해방되기 전까지 수많은 독립 운동가들을 체포, 고문하며 잘 먹고 잘 살았을 것이다. 영화에서 해방 후 그는 반민특위 재판에 회부되지만, 핵심 증인의 죽음과 증거 부족으로 풀려난다. 심지어 그는 재판에서 자신이 애국자였다고 뻔뻔하게 우긴다. 그는 거리를 걷다가 독립운동가 안옥윤에 의해 '암살' 되는 것으로 영화는 끝난다. 영화에서 친일파인 염석진은 역사의 이름으로 이렇게 처단되

---

4) 영화 〈아가씨〉에 대한 설명은 졸고 「〈아가씨〉: '아쉬운 개작' 또는 '창조적 변형'」, 『딩아돌하』 제40호, 2016년 가을, 208~213 쪽 참조.

지만, 실제로 염석진의 모델이라 할 수 있는 친일 경찰은 처벌받지 않고 잘 먹고 잘살았다. 단언할 수는 없지만, 아마도 감독은 〈암살〉에서 염석진이 암살되는 결말을 통해 "마땅히 이루어져야 했지만 이루어지지 않은" 정의를 가상으로나마 실현하고자 했던 게 아닐까, 생각하게 된다.

영화 〈암살〉은 이름 없는 독립군들의 사진 한 장으로부터 비롯되었다고 한다. 즉 감독은 역사적으로 실재했던 의열단의 활동 기록을 모티브로 가상의 인물들이 펼쳐나가는 허구의 암살 사건을 그려냈다. 영화 속에서는 안옥윤, 속사포, 황덕삼과 같은 가상의 독립 운동가들과 김구, 김원봉 등 실제 독립 운동가들이 교차한다. 감독은 이들의 만남과 활동을 마치 역사적 '실체'처럼 영화 속에 정교하게 모자이크하고 있다. 혹자는 〈암살〉이 역사를 왜곡했다고 비난 또는 비판하지만, 영화는 영화일 뿐이다. 감독은 〈암살〉을 통해 또 다른 역사 쓰기를 시도하고 있다.

4.

〈암살〉이 가상의 인물과 허구의 암살 사건을 실제 역사처럼 그렸다면, 〈밀정〉은 반대로 실제 인물과 역사적 사건을 허구화하고 있다. 다시 말하면 〈밀정〉은 실제 역사적 사건인 김상옥 의사의 '종로경찰서 투탄 의거'를 배경으로 하고 있지만, 감독은 여기에 허구적 상상력을 더한다. 영화에 대해 이야기 전에 먼저 소설 『경성을 쏘다』(2004)를 잠깐 살펴볼 필요가 있다. 『경성을 쏘다』는 〈밀정〉의 원작 소설이라고 할 수는 없지만, 영화와 상당히 관련이 있고 영화를 이해하는 데 도움이 되기 때문이다. 사실 『경성을 쏘다』는 소설 형식을 빌렸지만, 김상옥 의사를 비롯해 소설 속 등장인물들이 모두 실제 역사적 인물들이기 때문에 김상옥 의사 평전에 가깝다.

김상옥 의사는 구한말에 가난한 군인의 집에서 태어났다. 가난 때문에 정식 교육을 받지 못한 대신 일찍 생업에 뛰어든다. 그럼에도 야학을 세우고, 가정 형편 때문에 학문을 익히지 못한 사람들과 함께 배우고 익히며, 공부에 대한 열정과 꿈을 버리지 않고 이어간다. 그는 쉽고 편한 삶을 살 수 있었지만, 일본에 점령당해 착취당하는 조선의 현실을 그냥 바라볼 수만 없어 독립운동의 뜻을 품는다. 처음에는 국내에서 뜻을 같이하는 몇몇 사람과 신문을 발행하고 암살단을 조직해 무장 투쟁을 결심하지만, 활동이 일제에 발각되어 근거지를 상하이로 옮긴다. 그리고 그곳에서 의열단 단장 김원봉을 만나 의열단 단원이 된다. 그는 국내에 잠입해 조선총독부를 폭파하고, 종로경찰서에 폭탄을 투척하고, 1,000명이 넘는 일본 경찰과 총격전을 벌이다 끝내 마지막 남은 한 발로 스스로 목숨을 끊는다. 그의 삶에서 비장함과 엄숙함이 느껴진다.

『경성을 쏘다』에는 김상옥 외에 또 다른 중요한 인물이 등장한다. 바로 '황옥'이라는 이중 스파이, 즉 '밀정'이다. 그는 일본 경찰이면서도 독립운동가들의 독립운동을 돕는다. 해방 후에는 친일 부역자로 몰려 반민특위 법정에 서게 된다. 그러나 그는 법정에서 자신은 의열단 단원이었지만 단장 김원봉과의 약속 때문에 신분을 밝힐 수 없었다고 항변한다. 하지만 그의 말을 증명할 사람은 아무도 없다. 김상옥도 죽었고 김원봉도 없으니 말이다.

영화 〈밀정〉은 줄거리로 보면 김상옥의 죽음에서 출발한다. 그렇기 때문에 엄밀히 말하면 〈밀정〉은 『경성을 쏘다』의 후편 격이다. 영화가 본 줄거리가 시작되기 전 작은 에피소드가 소개되는데, 이것은 소설과 영화의 누빔점이다. 아마도 실제로는 김상옥일 것 같은 김정옥(박희순 분)은 독립운동 자금을 강제로 모금하러 어느 친일파 집에 들어갔다가 일본 경찰에 포위당한다. 그는 가까스로 탈출하지만, 일본 경찰과의 교전 중 총상을 입어 결국 은신처로 숨어든다. 그런데 그가 목숨을 끊기 바로 직전 그의 친구이자 일본 경찰인 '밀정' 이정출이 그에게 항복을 권유하지만, 김정옥은 그에게 "더러운 매국노"라고 일갈하며 자결한다.

이정출은 무장 독립운동 단체 의열단의 뒤를 캐라는 특명으로 의열단의 지도자인 김우진(공유 분)에게 접근하고, 김우진 역시 그를 이용하려 한다. 가까이할 수 없는 관계인 두 사람은 서로의 정체와 의도를 알면서도 속내를 감춘 채 점점 가까워진다. 이윽고 김우진은 이정출을 의열단 단장 장채산에게 소개한다. 장채산이 도움을 요청하자 이정출은 갈등한다. 김우진은 이정출에게 경성까지 갈 수 있도록 도와달라고 부탁한다.

진위를 파악할 수 없는 정보가 서로 간에 새어 나가고 누가 밀정인지 알 수 없는 가운데, 의열단은 일제의 주요 시설을 파괴할 목적으로 폭탄을 경성으로 들여오려 한다. 일본 경찰은 그들을 일망타진하기 위해 상하이에 모인다. 한쪽은 잡으려 하고 또 다른 한쪽은 잡혀서는 안 되는 상황에서 그들은 속고 속인다. '밀정' 이정출은 이러지도 못하고 저러지도 못한다. 그런 와중에 폭탄을 실은 열차는 경성으로 향한다.

〈밀정〉은 빠른 편집과 속도감 있는 장면 전환 등으로 시종일관 긴장감이 흐르는 미스터리 구조를 취하고 있다. 하지만 역사가 말해주듯이, 관객은 영화의 결말을 이미 알고 있다. 즉 폭탄을 반입하려는 의열단의 계획은 실패로 돌아가고 관련자들은 모두 체포되고 고문을 받다가 순국한다. 그리고 영화 결말부로 가면 영화 제목에서처럼 이정출은 밀정의 본분을 다한다. 한편으로 그는 법정에서 자신은 김우진을 이용하기 위해 접근했을 뿐 결코 의열단 단원이 아니라고 항변하며 의열단과 선을 긋고 결국 방면된다. 하지만 다른 한편으로 그는 출옥 후에 의열단 단원으로서 자신의 역할을 수행한다. 그는 일본 주요 인사들이 참석한 호텔을 폭파하고, 동료를 밀고한 친일파를 처단하고, 의열단에 독립 자금을 지원한다.

5.

〈암살〉에서 영화의 결론이 중요하다면, 〈밀정〉은 그보다는 교과서에서 말하는 역사를 의심하는 게 중요하다. 〈암살〉에서 감독은 마땅히 이루어져야 했지만 이루어지지 않는 '역사 바로 세우기'를 시도한다. 반면 〈밀정〉에서 감독은 교과서가 말하는 역사가 전부가 아닐 수 있고, 교과서 밖의 역사를 아는 게 더 중요하다고 역설한다. 다시 말하면 〈암살〉이 교과서 밖의 역사를 교과서 안으로 들여오고자 했다면, 〈밀정〉은 반대로 교과서 안의 역사를 교과서 밖으로 **빼내** 기존의 역사에 대한 다른 시각을 보여준다. 바로 이 점이 영화 〈밀정〉의 미덕이자, 김지운 영화 세계의 확장판이라 할 수 있다.

하지만 김지운은 영화 〈밀정〉에서 무거운 역사를 그리면서도 스타일리스트로서의 면모를 여전히 보여준다. 예컨대 김우진, 이정출, 장채산이 함께 술을 마시는 장면이나 수배 중인 김우진과 이정출이 만나는 장면에서 감독은 진지한 가운데서도 특유의 희극성을 놓지 않는다. 또한 좁은 공간 연출을 통한 긴박한 분위기를 조성하고, 음악을 통해서는 때로는 긴장되고 때로는 장엄한 영화적 분위기를 창출한다. 호텔 폭파 장면에 흐르던 모리스 라벨의 〈볼레로〉(1928)는 극적 긴장감을 더욱 고조시킨다. 바꿔 말하면 김지운은 〈밀정〉에서 단순한 스타일리스트를 넘어 영화 작가로 한 걸음 더 나가고 있다. 역사도 그의 손을 거치면 스타일리시하다.

콘래드의 소설과 영화[5]

1.

조지프 콘래드(Joseph Conrad, 1857~1924)는 영국 출신이 아님에도 주류 영국 문학사에 편입된 독특한 이력을 가진 작가다. 그는 폴란드어를 쓰는 우크라이나 지방에서 폴란드인 부모 사이에서 출생했으나 폴란드 독립운동에 참여했던 그의 아버지가 북러시아로 유형당한 끝에 죽자 삼촌에게 양육되었다. 그후 선원이 되어 세계 각지를 항해하다가 영국에 정착하면서 '전업 작가'가 되었다. 그는 자신의 특이한 인생 역정에 걸맞게 평생 '아웃사이더'로, 그 자신의 표현을 빌자면 '이중 인간'(homo duplex)으로 살았다. 콘래드의 소설이 대부분, 영국 이외의 지역을 배경으로 하는 점은 오랜 기간에 걸친 선원 생활과 평생 아웃사이더일 수밖에 없었던 개인적인 체험에서 비롯한다.

영국으로부터 시작하여 유럽, 아시아, 러시아, 남아메리카, 서인도 제도를 거쳐 아프리카로 이어지는 콘래드의 거대한 소설 공간이 현재 광범위하게 진행되고 있는 '문화연구'나 '탈식민주의' 논의의 집중적인 조명을 받는 것은 아

---

[5] 이 글은 졸저 『영화로 문학 읽기, 문학으로 세상 보기』(고두미, 2018)에 실린 「『암흑의 핵심』: 자전적 체험의 탐구」와 「〈지옥의 묵시록〉: 역사의 본질에 대한 성찰」을 고치고 다시 썼음을 밝힌다. 79~91쪽 참조.

웃사이더로서의 위상과 그것을 바탕으로 한 소설 세계의 풍성함에 힘입은 바 크다. 지구촌 곳곳을 누비고 다닌 경험은 콘래드가 후에 쓰게 될 소설들의 풍요로운 원천이 되었다. 어떤 의미에서 보면, T.S. 엘리엇의 표현을 빌자면, 바다는 콘래드의 정신세계에서 형성되는 관념을 표현하기 위한 일종의 "객관적 상관물"이라 할 수 있다.

콘래드의 다층적인 정체성은 언어, 특히 '영어'와 밀접한 관련이 있다. 전술한 그의 삶의 이력에서 알 수 있듯이, 그는 선원이 되기 위해 성인이 된 후 영어를 배웠기 때문에 당연히 영어보다는 프랑스에 능통했다. 게다가 그는 실제적인 필요성으로 영어로 말하는 것보다는 영어로 쓰고 읽는 데에 치중했다. 더욱 엄밀하게 말하면 그는 영어로 말하는 것을 극도로 꺼렸다. 강한 폴란드어 억양 때문에 심지어 그의 가족들조차도 그의 영어를 이해하는 데 어려움을 겪었다. 그런 이유 때문인지 그는 성격적으로 종종 침울해했고 사람들과 어울리는 것을 불편해했다.

언어 구사력에서 보았을 때 콘래드에게 영어는 폴란드어, 프랑스어 다음이었다. 그래서 그가 영어로 소설을 쓴다는 것은 두 언어로부터의 번역 과정을 거치는 정교하고도 복잡한 작업이었다. 『암흑의 핵심』(1902)을 비롯해 『로드 짐』(1900), 『노스트로모』(1904) 등 그의 대표작들은 모두 작가 자신의 이런 내적 번역 과정의 산물이다. 요컨대 콘래드의 작품들은 제1차 세계대전 이후 실존주의적 인간관과 엄격한 정치 인식을 환기한 바, 현재 콘래드는 영국문학뿐만 아니라 세계문학에서 19세기와 20세기를 연결하는 중요한 작가로 평가된다.

콘래드가 실제로 콩고강을 왕래하는 기선을 맡았다는 사실은 중요하다. 왜냐하면 그는 콩고에서의 식민지 생활의 처절함을 직접 목격한 뒤 제국주의에 대해 매우 비판적인 혹은 비관주의적인 인식을 하게 되기 때문이다. 즉 콘래드의 콩고 경험들은 그의 정신적인 삶에서 전환점을 이루었고, 또한 선원에서 작가로 삶을 전환하는 계기가 되었다. 따라서 『암흑의 핵심』은 콘래드의 자전적 체험의 기록이다.

2.
　『암흑의 핵심』은 서술자 말로의 체험담으로 시작한다. 그는 젊은 시절 숙모의 도움으로 벨기에 통치령 콩고(사실은 국왕 레오폴드 2세의 사유지)에서 오지를 운항하는 증기선의 선장이 된다. 콩고에 도착한 말로는 며칠 초조하게 기다린 끝에 무역기지의 감독관이 있는 곳으로 출발한다. 그런데 말로가 도착하자 감독관은 그가 운행하기로 되어 있던 증기선이 며칠 전에 가라앉았다고 말한다. 결국 그는 증기선을 수리하는 동안 하릴없이 기다린다. 그 사이 말로는 현지 책임자 커츠에 대한 소문을 전해 듣는다. 소문에 따르면, 그는 원주민들을 '교화'하는 데 있어 탁월한 수완을 발휘하는 동시에 기록적인 양의 상아를 실어 육지로 보낸 뛰어난 현지 주재원이었다. 말로의 임무는 그런 커츠를 콩고의 오지로부터 육지로 데리고 나오는 일이다.
　말로는 어렵게 수리한 배를 타고 감독관과 함께 커츠를 찾아 나선다. 하지만 오지로 통하는 뱃길은 험난하기 짝이 없다. 수심도 낮을뿐더러, 안개마저 자주 끼어 시계가 불량하다. 또한 원주민들로부터의 공격 위협에 노출되어 있기 때문에 위험하다. 말로는 우여곡절 끝에 목적지에 도착한다. 그는 러시아 여행객으로부터 커츠가 아주 심각하게 아픈 상태라는 이야기를 듣는다. 하지만 말로는 그곳에서 커츠가 원주민들을 문명화시키기는커녕, 그들과 다름없는 야만 상태가 되었으며, 상아를 얻기 위해서 사람들을 죽이는 등 온갖 야만적인 짓들을 서슴지 않았다는 사실을 알게 된다. 커츠가 죽인 원주민들의 두개골들을 오두막 주위의 막대기에 꽂아놓은 모습을 망원경으로 직접 확인한다. 감독관과 말로는 병에 걸린 커츠를 송환하려고 증기선에 태우는데, 증기선에 수리되는 동안 커츠는 내면에 도사리고 있는 악과 '어둠의 심연'을 깨달고 "무서워! 무서워"라고 절망적인 회한의 통곡을 내뱉으며 죽는다.

말로는 콩고의 오지에서 빠져나온 후 유럽으로 돌아온다. 그리고 1년쯤 후, 벨기에에 사는 커츠의 약혼녀를 찾아간다. 그녀는 아직도 커츠가 고귀한 사명을 띠고 아프리카로 파견되었다고 믿고 있다. 그녀는 말로에게 커츠가 마지막으로 한 말이 무엇이었느냐고 묻는다. 말로는 진실을 말해주는 대신, 커츠가 마지막에 그녀의 이름을 부르며 죽었다고 전한다. 이야기를 마친 말로는 명상하는 부처의 모습으로 앉는다.

『암흑의 핵심』은 영국문학사, 또는 영국소설사에서 정전 중의 정전이라고 할 만큼, 많은 사람들에게 읽히는 작품이다. 그러나 이 작품은 일반 독자가 이해하기 쉽지 않을뿐더러, 비평가들 사이에서도 여전히 많은 논란과 다층적인 해석을 불러일으킨다. 최근 들어 탈식민주의 논의가 활발해지면서, 이 작품은 그 논의의 중심적인 텍스트로 자리 잡고 있다. 하지만 이 작품은 탈식민주의 관점에서뿐만 아니라 복잡하고 다층적인 인간의 내면 심리, 때에 따라서는 상징주의 기법과 철학적 측면에서도 심층적인 연구가 가능할 정도로 해석의 확장성이 크다. 이 작품을 제대로 이해하기 위해서는 무엇보다도 작가 콘래드의 독특한 스타일과 그의 전기적인 배경에 주목해야 하지만, 그것만으로 충분하지 않다. 이 작품을 보다 심층적으로 이해하기 위해서는 작품에 대한 내재적인 접근이 필요하다.

3.

『암흑의 핵심』을 읽는 데 가장 큰 어려움 중 하나는 역시 콘래드의 다른 소설과 마찬가지로 '화자'의 문제다. 이 소설은 크게 두 개의 틀로 구성되어 있다. 템스강에 떠 있는 넬리 호의 갑판에 앉아 말로의 이야기를 듣고 있는 익명의 화자가 서술하는 이야기가 외면적인 틀이라면, 그 화자가 전하는 말로의 이야기는 내면적인 틀이다. 따라서 두 틀의 상관관계를 파악하는 것이 이 작품을 이해하는 데 있어 무엇보다도 중요하다.

표면상 『암흑의 핵심』의 말로의 이야기는 아프리카 체험담이다. 말로는 야만인들과의 만남, 위험한 정글, 포악한 야만성, 식민주의 등에 관해 이야기하지만, 이는 피상적인 것에 불과하다. 본질적으로 말로의 주요 관심사는 문명화된 유럽의 잔혹함과 탐욕, 그리고 야만적인 상황과 환경에서 발생하는 복잡다단한 문제들이다. 말로는 커츠를 통해 자신을 비롯한 유럽 식민주의자들의 위선과 허상을 목도하게 된다. 원주민들을 문명화시킨다는 명분으로 아프리카 오지로 들어간 커츠는 힘없는 원주민들을 착취하여 상아를 수집하고 강탈해 백인사회로 실어 보내는, 자신이 야만인이라고 생각한 아프리카 원주민보다 더 야만적인 백인이 되어 간다. 커츠가 대변하는 백인의 속성은 말로 자신도 부정할 수 없는 당시 유럽인의 보편적 정서다. 요컨대 『암흑의 핵심』에서 커츠는 잔인하고 포악한 개별적인 인물이라기보다는 유럽 식민주의자들을 대변하고 포괄하는 전형적인 인물이라 할 수 있다.

따라서 말로가 커츠에게 강박적으로 집착하는 것은 자신이 커츠와 은연중에 공모관계에 있다는 일종의 죄책감에서 비롯한다. 말로는 커츠가 어떤 사회적·문화적 억압 기제도 없는 극한 상황에서 정신 착란 상태에 빠져 결국 온갖 사악하고 타락한 행위를 저지르게 되었다고 나름대로 결론을 내린다. 마지막에 "오! 오!" 하며 죽는 커츠의 죽음을 지켜보며 말로는 커츠가 자신의 내부에 도사리고 있는 '암흑의 핵심'을 깨달았다고 생각하며 그에게 공감한다. 그러나 말로는 이 지점에서 자신과 커츠를 분리한다. 즉 말로는 커츠와 달리 자신은 이성의 힘으로 감정과 행동을 억제해 광기의 나락으로 내몰리지 않았다고, 아니 그렇지 않았을 것이라고 커츠와 선을 긋는다.

『암흑의 핵심』은 인간의 본질에 대한 근본적인 것들을 끝없이 탐색하고, 이 악을 행하고 그것에 탐닉할 가능성 등을 효과적으로 암시하고 있다. 역설적으로 이 작품에서 진실은 인간에게 '빛' 대신 '어둠'을 가져다준다. 말로가 마지막 장면에서 커츠의 약혼녀에게 진실을 밝히지 않은 것은 그가 진실의 속성을 제대로 파악하고 있기 때문일 것이다. 말로에게 진실은 피할 수 없는 암흑이다. 그렇기 때문에 이 작품은 말로의 그런 이야기를 듣고 익명의 화자가 어둠을 인식하는 장면으로 끝난다.

말로, 더 나아가 콘래드가 의혹과 환멸의 시선으로 바라본 대상은 당시 벨기에의 잔혹한 제국주의에 국한되지 않는다. 고대 시대 영국을 침략해 정복했던 로마인들이 당시 최고의 문명인이었음에도 불구하고 경제적·정치적 이익을 위해 폭력행위를 저질렀다는 말로의 언술은, 서구 문명의 밑바탕에는 탐욕과 야만이 내재되어 있다는 비판으로 읽힌다. 이는 말로의 이야기를 전하는 익명의 화자가 19세기 말 세계 최강국인 대영제국의 찬란한 과거와 현재에 대해 느끼고 있던 자부심과 낙관론을 송두리째 뒤흔드는 발언과도 공명한다. 이렇게 역사적으로 반복되는 거짓과 위선, 폭력과 야만에 대한 콘래드의 비판적 성찰은 프랜시스 포드 코폴라 감독의 영화 〈지옥의 묵시록〉(1979)으로 이어진다.

4.

오슨 웰스의 영화 〈시민 케인〉(1941)은 제작된 지 80년 가까이 되었음에도 불구하고 여전히 영화 역사상 최고의 영화 가운데 하나로 손꼽히고 있다. 예컨대 '미국 영화 연구소'와 '영국 영화 연구소'에서는 〈시민 케인〉을 몇십 년 동안이나 최고의 영화로 꼽았다. 비록 영국 영화 연구소에서의 가장 최근의 조사에서는 1위 자리를 앨프리드 히치콕의 〈현기증〉(1958)에 내주긴 했지만 말이다. 영화라는 매체가 사라지지 않고 계속 존재하는 한 〈시민 케인〉은 앞으로도 최고의 영화 중 하나로 자리매김할 것이다. 그런데 더욱더 놀라운 사실은 이 영화가 당시 24세에 불과했던 웰스 혼자서 제작, 각본, 감독, 주연 등 영화의 거의 모든 작업을 해냈다는 점이다.

웰스는 자신의 첫 영화로 원래 콘래드의 『암흑의 핵심』을 원작으로 하려고 한 것으로 전해진다. 하지만 계획대로 성사되지는 못했고, 대신 그는 〈시민 케인〉에서 『암흑의 핵심』의 핵심 모티프를 차용하고 있다. 예컨대 주인공의 감추어진 행적을 추적하는 구성이나, 주인공이 마지막에 외치는 '최후의 절규'는 두 작품의 공통점이라 할 수 있다.

〈시민 케인〉에 나타난 기념비적인 영화 기법을 일일이 열거하는 것은 너무나 벅찬 일이기에 차치하고, 대신 감독이자 주연을 맡은 웰스에 대해서 간단히 살펴보려 한다. 웰스는 자신의 첫 영화로 원래 콘래드의 『암흑의 핵심』을 원작으로 하려고 한 것으로 전해진다. 하지만 계획대로 성사되지는 못했고,

대신 그는 〈시민 케인〉에서 『암흑의 핵심』의 핵심 모티프를 차용하고 있다. 예컨대 주인공의 감추어진 행적을 추적하는 구성이나, 주인공이 마지막에 외치는 '최후의 절규'는 두 작품의 공통점이라 할 수 있다. 『암흑의 핵심』을 직접적인 원작으로 한 가장 유명한 영화는 그로부터 30년이 훨씬 지난 1979년이 되어서야 나오는데, 그것은 다름 아닌 또 다른 영화 거장 프랜시스 포드 코폴라 감독의 역작 〈지옥의 묵시록〉이다.[6]

콘래드의 『암흑의 핵심』이 출간 후 끊임없는 논쟁의 대상이 되어 왔다. 최근에는 탈식민주의의 또 다른 관점에서 콘래드가 제국주의자였다는 비판의 목소리가 높다. 대표적으로 아프리카 출신의 소설가 치누아 아체베와 타예브 살리흐는 콘래드가 아프리카를 부정적으로 묘사했다고 비판의 목소리를 견지한다.

코폴라의 〈지옥의 묵시록〉도 개봉 후 지속적으로 다양한 논쟁을 불러일으켰다. 〈지옥의 묵시록〉이 제기하는 여러 가지 문제점들 가운데 역시 가장 주목해야 할 점은 콘래드의 소설과의 연관된 각색의 문제다. 예컨대 콘래드가 『암흑의 핵심』에서 인간 정신, 도덕과 윤리, 인간의 내부에 있는 어둠 등을 상징적으로 탐색하기 위해 벨기에 령 콩고의 식민지(주의)를 이용한 것처럼, 코폴라도 〈지옥의 묵시록〉에서 베트남이라는 공간을 좀 더 보편적인 인간의 문제에 대한 성찰의 메타포로 이용한다. 즉 콘래드의 소설과 코폴라의 영화는 시간과 공간의 틈을 초월하여 인간의 보편적인 진리를 전달하고 인간의 문제에 대해 성찰한다.

내러티브 면에서 『암흑의 핵심』과 〈지옥의 묵시록〉은 크게 보았을 때 상당

---

[6] 이 글에서 영화 〈지옥의 묵시록〉에 대한 부분은 김종석, 「콘래드의 『어둠의 심연』과 코폴라의 〈지옥의 묵시록 리덕스〉」, 『영화로 읽는 영미소설 2』, 한국근대영미소설학회 편, 신아사, 2011, 101~134쪽에서 상당 부분 참조, 원용했음을 밝힌다.

부분 일치한다. 즉 『암흑의 핵심』에서 말로가 커츠를 오지에서 데리고 나오는 임무를 받고 힘겹게 현지에 도착해 그곳에서 끔찍한 광경을 목격한 것처럼, 〈지옥의 묵시록〉의 윌라드 대위도 상부로부터 커츠 대령을 처단하라는 임무를 받고 캄보디아 국경지대로 향한다. 그 과정에도 목숨의 위협도 받고 심지어는 동료까지도 잃는다. 그리고 현지에 도착해서는 더 이상 군인이 아닌 마치 교주와도 같은 커츠 대령을 보고 정신적 충격과 혼란에 빠져드는데, 그런 윌라드 대위의 모습은 말로의 모습과 크게 다르지 않다. 하지만 코폴라 영화는 진리의 규명과 인간에 대한 성찰에서 한 걸음 나아가 역사적 사실의 비판에까지 이른다. 성찰도 나름대로 큰 의미가 있지만 성찰이 더 큰 의미를 갖기 위해서만 비판으로 나아가야 한다는 감독의 의중이 읽힌다. 왜냐하면 성찰을 통해 비판하고 비판을 통해 같은 실수를 반복하지 않을 때 역사는 비로소 진전하기 때문이다.

5.

그런 점에서 코폴라 감독이 〈지옥의 묵시록〉을 추가 복원한 〈지옥의 묵시록 리덕스〉(2001)는 더 유의미하고 주목할 필요가 있다(이하 〈리덕스〉로 표기). 왜냐하면 코폴라는 〈리덕스〉의 새롭게 추가된 장면을 통해 스토리라인을 좀 더 명확하게 하는 데 그치지 않고, 〈지옥의 묵시록〉에서 결락되었던 '역사적 리얼리티'를 보강함으로써 자신의 영화를 보다 더 구체적인 역사적 맥락 안에 놓으려고 노력하기 때문이다. 〈리덕스〉는 이처럼 현대 미국의 역사적·문화적·정치적 문맥 안에서 베트남 전쟁을 파악할 뿐만 아니라, 콘래드 텍스트와의 대화를 통해 미국에 윤리적·이데올로기적 비판을 가한다.

사회적·문화적 관점에서 보았을 때 〈리덕스〉는 베트남 전쟁에 대한 영화가 아니라 베트남 전쟁을 통해 드러난 미국 군대 혹은 미국 정부를 비판하는 '반정부 영화'다. 코폴라 감독 스스로 〈리덕스〉와 관련된 인터뷰에서 〈지옥의 묵시록〉의 주제는 '거짓말'이라고 지속적으로 말했다. 그는 "미국 정부가 월남전에서 우리에게 끊임없이 거짓말을 했다"고 주장한다. 즉 콘래드가 『암흑의 핵심』에서 벨기에 식민주의의 '잔혹하면서도 터무니없는 거짓말'을 폭로한 것처럼, 코폴라 또한 〈리덕스〉에서 베트남 전쟁에 개입한 미국의 거짓과 위선을 폭로하고 비판한다. 바로 이런 점에 있어 코폴라는 콘래드와 문제의식을 공유한다고 할 수 있다.

다시 말하지만 코폴라는 영화에서 베트남 전쟁과 관련해서 미국 대통령을 포함해 정치인들이 계획적으로 오랫동안 거짓말을 해왔다고 주장한다. 〈지옥의 묵시록〉에서는 은연중에 미국 정치인을 비판했다면, 〈리덕스〉에서는 좀 더 직접적으로 그리고 좀 더 강도 높게 베트남 전쟁과 미국 정부를 비판한다. 예컨대 새로 추가된 영화의 마지막 장면에서 커츠 대령은 컨테이너에 갇혀 있는 월라드 대위에게 실제 《타임(Time)》지의 베트남 전쟁 관련 기사를 읽어준다. 이 기사에는 베트남 전쟁과 관련해 당시의 미국 대통령 린든 존슨이 베트남 전쟁 보고서 공개를 허락하지 않을 것이라는 사실이 언급된다.

코폴라 감독은 이 장면을 통해 개봉 당시 명시하지 않았던 영화 속 현실의 시간을 분명히 함으로써 영화적 리얼리티를 강화했다. 요컨대 콘래드가 『암흑의 핵심』에서 지리적 공간을 명시하지 않음으로써 '암시성'과 '환상성'을 부여하려 했다면, 코폴라는 〈리덕스〉에서 역사적 시점을 명시함으로써 이 영화가 미국의 구체적인 시대의 역사적 산물임을 강조한다. 〈리덕스〉는 이처럼 역사적 맥락을 명확히 함으로써 『암흑의 핵심』과 차별화하고, 〈지옥의 묵시록〉에서 결락되었던 부분을 채워 넣음으로써 보다 비판적 텍스트로 자리매김한다.

거듭 말하지만 〈리덕스〉의 주제는 '거짓말'이다. 베트남 전쟁이 교착상태에 빠져들자, 미 행정부는 의회, 언론, 국민을 상대로 대대적인 홍보 캠페인을 펼쳤다. 그 주된 내용은 '공산군의 세력이 약해지고 있으며 미국이 전쟁에서 이기고 있다는' 것이다. 하지만 얼마 뒤 그 선전은 거짓임이 드러난다. 영화 속에서 커츠 대령은 윌라드 대위에게 미국 정부의 베트남 전쟁에 대한 낙관론이 어떻게 광범위하게 유포되었는지를 들려준다. 감독은 이 장면을 통해서 전쟁터의 추악하고 부조리한 현실, 동떨어진 낙관주의의 허구성, 그리고 정부의 언론 조작 행태 등을 비판한다.

〈리덕스〉에서 커츠 대령이 윌라드 대위에게 베트남 전쟁 기사를 들려주는 장면 못지않게 주의 깊게 보아야 할 또 다른 장면은 코폴라 감독이 영화에 직접 카메오로 출연하는 장면이다. 감독은 첫 전투 장면에서 TV 카메라 팀의 프로듀서로 등장하는데, 그는 육지에 상륙한 윌라드 대위 일행에게 "카메라를 쳐다보지 말라"고 소리친다. 이 장면은 베트남 전쟁의 본질을 잘 예거한다. 베트남 전쟁은 TV로 방송된 최초의 전쟁으로, 이제 미국인들은 TV에서 방송되는 뉴스를 통해 전쟁 소식을 접하게 되었다. 그러나 TV를 통해 접하는 전쟁은 베트남 전쟁 전체가 아닌, 단지 TV가 제공하는 베트남 전쟁의 단편적인 이미지일 뿐이다. 그리고 그 단편적인 이미지조차도 사실이 아닌 왜곡 또는 편집의 가능성이 크다. 결국 영화 속 TV의 존재는 전쟁 또는 진실의 전모가 아니라 단편만을 보여주는 TV 보도의 한계성을 함축적으로 나타낸다. 전쟁 관련 TV 보도는 베트남 전쟁 당시의 미국뿐만 아니라 시간과 공간을 초월해 오늘날까지 전 지구적으로 지속되고 있기에 〈리덕스〉의 이 장면은 역사적 보편성을 갖는다고 말할 수 있다.

〈지옥의 묵시록〉에서 가장 인상적인 장면을 꼽으라면 역시 전쟁광 킬고어 대령의 부도덕하고 부조리한 모습이 단적으로 드러나는 '해변의 베트콩 마을을 공습하는 시퀀스'이다. 최근에는 한 TV 제품 광고에 이 장면을 사용해 논란이 일었다. 킬고어 대령이 표면상 마을을 공격하는 이유는 윌라드 대위 일행의 초계정을 그곳까지 안전하게 호위하기 위해서다. 하지만 그에게 공습이 더욱 중요한 이유는 그 마을의 해변에서 유명한 서핑 선수의 묘기를 보기 위

영화 〈지옥의 묵시록〉에서 가장 인상적인 장면을 꼽으라면 역시 전쟁광 킬고어 대령의 부도덕하고 부조리한 모습이 단적으로 드러나는 '해변의 베트콩 마을을 공습하는 시퀀스'이다. 최근에는 한 TV 제품 광고에 이 장면을 사용해 논란이 일었다. 표면상 킬고어 대령이 마을을 공격하는 이유는 월라드 대위 일행의 초계정을 그곳까지 안전하게 호위하기 위해서다. 하지만 그에게 공습이 더욱 중요한 이유는 그 마을의 해변에서 유명한 서핑 선수의 묘기를 보기 위해서다.

해서다. 그에게 공습은 게임의 일환이다. 그렇기 때문에 그의 헬기 부대가 이륙할 때 나팔수는 마치 아메리카 원주민을 토벌하기 위해 기병대의 출동을 알리듯 나팔을 불어댄다. 미군 헬기의 공격이 시작되기 전 카메라는 잠깐 전형적인 베트남 마을의 평화로운 풍경을 보여줌으로써 킬고어 대령의 광기에 희생될 베트남인들을 부각한다. 킬고어 대령은 적들에게 두려움을 불러일으키기 위해 헬기 확성기를 통하여 리하르트 바그너의 〈발퀴레의 기행〉을 틀어댄다. 이 음악은 미군에게는 사기를 진작시키는 '진군가'이지만, 베트남인들에게는 광기와 살육의 메시지를 전달하는 '공포의 전주곡'이 된다. 특히 킬고어 대령은 베트남인들을 "야만인"이라고 부르거나 경멸하는 호칭들을 사용하는데, 이는 『암흑의 핵심』에서 유럽인들이 아프리카 원주민들을 터무니없이 "범죄자", "반역자" 등으로 몰아세웠던 장면과 그대로 겹쳐진다.

6.
　베트남 전쟁은 또한 미국의 '아메리카 원주민'(Native-American)의 학살을 환기한다. 예컨대 킬고어 대령이 쓰는 검은색 기병대 모자와 미군 위문공연 장면에 등장하는 플레이보이 버니 걸들의 복장은 이를 뒷받침해준다. 즉 미군들은 베트남인들을 잔혹한 아메리카 원주민으로, 자신들은 정의를 수호하는 기병대/카우보이로 치환했다. 그러나 미국 역사에서 백인이 저지른 아메리카 원주민 대량 학살은 선과 악의 경계가 모호함을 증명하고, 베트남 전쟁을 통해 세계의 경찰을 한다고 믿는 미국의 어두운 과거 역사를 환기할 뿐이다. 이런 시각에서 보면 세계 최강의 미국도 폭력과 야만의 역사 위에 세워진 국가이고, 『암흑의 핵심』에서 언급되는 로마 제국이나 대영제국과 다를 바 없다는 해석 또한 가능하다.

　1979년 개봉 당시 〈지옥의 묵시록〉이 베트남 전쟁이라는 역사적 사건을 신화적 방식을 도입해 비역사화했다는 비판이 뒤따랐지만, 이런 비판은 〈리덕스〉에서는 더 이상 유효하지 않다. 왜냐하면 〈리덕스〉에서 새로 복원된 에피소드에는 역사적·정치적 재문맥화를 통해 영화적 리얼리티를 강조하기 때문이다. 특히 미국이 역사상 가장 무의미한 싸움을 하고 있다는 비판은 영화의 정치적 깊이를 더해주는 강력한 메시지로 작용한다.

　결론적으로 콘래드 소설의 현대적 해석을 통해 탄생한 코폴라의 〈리덕스〉는 '과거를 통해 현재를 살피고 더 나아가 미래를 살펴야 한다'는 역사적 가르침을 환기한다. 그뿐만 아니라 "선한 전쟁은 그 어디에도 없다"는 평범한 진리를 다시 한번 확인시켜준다.

'치유의 미학'으로서 고레에다 히로카즈 **가족영화**

1.

빈 디젤 주연의 영화 〈분노의 질주〉 시리즈는 탄탄한 시나리오와 배우들의 뛰어난 연기보다는 '화려한 볼거리'와 시리즈의 전매특허라 할 수 있는 스릴 넘치는 '차량 액션 장면'으로 언제나 관객의 시선을 사로잡는다. 그 시리즈의 여덟 번째인 〈분노의 질주: 더 익스트림〉(2017)은 제목에서 짐작할 수 있듯이 거의 모든 면에서 시리즈의 이전 영화들을 '완전히'(extremely) 압도한다. 차량 액션 장면은 말할 것도 없다. 특히 샤를리즈 테론이 악당 사이퍼로 출연하고, 항상 '정의의 사도'였던 주인공 도미닉(빈 디젤 분)이 자신의 동료들을 배신하고 악의 편에 선다는 영화 줄거리는 개봉 전부터 영화를 더욱 궁금하게 만들었다.

영화의 줄거리는 비교적 간단하다. 특수 임무를 마치고 아내 레티(미셸 로드리게스 분)와 쿠바에서 평화로운 일상을 보내던 특수 요원 도미닉에게 첨단 테러 조직의 리더 '사이퍼'(샬리즈 시어런 분)가 찾아온다. 사이퍼의 방문은 도미닉의 평화로운 일상에 균열을 일으킨다. 도미닉은 새로운 임무를 수행하던 중 동료들을 배신한다. 배신당한 동료들은 도미닉이 사이퍼와 사상 최악의 테러 계획하고 있음을 알게 된다. 그들은 홉스(드웨인 존슨 분)를 중심으로 도미닉과 사이퍼의 테러 시도를 저지하기 위해 한때 적이었던 데카드 쇼(제이슨 스타덤 분)

까지 영입한다.

　대부분의 할리우드 영화가 그런 것처럼 〈분노의 질주: 더 익스트림〉에서도 '정의'는 승리해 사이퍼의 테러 계획은 결국 무산된다. 그리고 이 영화에도 어김없이 '극적 반전'이 있다. 사실 도미닉은 진짜로 동료들을 배신한 게 아니라 배신한 것처럼 위장한 것이다. 사이퍼는 죽은 줄 알았던 도미닉의 아내(혹은 여자 친구)와 그의 아들을 인질로 도미닉을 협박했고, 도미닉은 그들을 구하기 위해 어쩔 수 없이 동료들을 배신한 것처럼 위장하고 사이퍼의 명령을 따랐다. 도미닉은 임무를 성공적으로 마친 뒤 레티, 그리고 아들과 함께 새로운 가족을 이루며 영화는 끝이 난다.

　〈분노의 질주: 더 익스트림〉이 잘 예거하듯이, 이루 말할 수 없을 정도로 많은 할리우드 영화는 중요한 '외부적' 목표를 성취하여 '내부적' 갈등을 해결하고 '정상성'(normality)을 회복한다. 영화 초반 도미닉은 레티와 행복한 신혼 생활을 보내고 있지만, 사실 그들의 행복은 불완전하다. 왜냐하면 도미닉이 죽었다고 생각한 옛 연인 엘레나와 그녀가 낳은 아들은 그와 레티의 결혼 생활에 언제든지 갈등과 위험 요소가 될 수 있기 때문이다. 도미닉과 레티는 테러 저지라는 '외부적' 목표를 달성하고, 잠재적인 '내부적' 갈등 요소(엘레나)도 해결되어 비로소 완전한 가정을 이룬다. 그리고 그의 아들은 도미닉과 레티의 가정을 보다 완벽하게 만드는 마지막 '카드'로 기능한다. 어쩌면 도미닉의 아들은 그가 외부적 목표를 달성하고 내부적인 갈등 요소를 제거한 뒤 얻은 '보상', 조금 심하게 말하면 전리품이라고 할 수 있다.

　거듭 말하지만 〈분노의 질주: 더 익스트림〉이 보여주는 영화적 결말은 그리 낯설지 않다. 내용과 결에서 조금씩 차이를 보이지만 많은 할리우드 영화는 〈분노의 질주: 더 익스트림〉와 비슷한 문제 해결 방식을 따르고 있다. 전술했듯이, 영화 속 주인공은 외부의 적 혹은 불안 요소를 제거해 내부를 강화하고 정상성을 회복한다. 사실 이런 영화적 결말은 어제오늘의 일이 아니다. 예컨대 〈인디펜던스 데이〉(1996)에서 미국 대통령은 외계인의 공습으로 세계가 위험에 처하자 미국의 분열된 국론을 하나로 모아 국민적 화합을 이루고 더 나아가 위험에 처한 세계를 구한다. 〈다이하드〉(1988)에서는 존 매클레인(브루스 윌리스 분)이라는 '일개' 경찰이 국제적인 테러 조직을 와해시켜 위기에 처한 미국을 구한다. 그 과정에서 그는 위기에 처한 아내도 구하고 흔들리던 가정도 복원한다.

액션 영화만 그런 게 아니라 가족 영화도 이와 비슷한 도식을 따른다. 〈나 홀로 집에〉(1990)에서 케빈(맥컬리 컬킨 분)은 집안의 말썽꾸러기로 가족들로부터 늘 욕먹고 '왕따'를 당한다. 그 때문에 그는 가족들이 모두 없어졌으면 좋겠다고 생각한다. 그러던 어느 날 진짜로 그의 소원이 이루어져 그는 크리스마스 휴가 때 집에 혼자 남게 된다. 그는 처음에는 집안 곳곳을 마음대로 돌아다니며 즐거워한다. 하지만 집에 도둑이 들어 그는 위험에 처한다. 우여곡절 끝에 그는 기지와 용기로 빈집털이 도둑도 물리치고 가족의 소중함도 깨닫게 된다. 그리고 휴가에서 돌아온 가족들과도 화해한다.

많은 할리우드 영화는 장르와 무관하게 한편으로는 외부적인 목표를 성취해 국가적 위험을 제거하고, 다른 한편으로는 가족 간의 갈등과 긴장을 해소해 '정상성'을 회복한다. 그렇기 때문에 혹자는 많은 할리우드 영화가 장르와 관계없이 넓게 보면 '국가주의' 혹은 '가족주의' 영화로 귀착된다고 말한다. 조금 지나친 일반화일 수도 있지만, 그렇다고 해서 이를 전적으로 부정하기 어렵다.

반면 일본의 가족(주의)영화는 할리우드 가족 영화와 조금 다르다. 특히 현재 일본 가족 영화를 대표하는 고레에다 히로카즈 감독의 일련의 '가족 영화'들은 일본 가족 영화의 특징을 극명하게 예거한다. 고레에다 히로카즈의 가족 영화는 할리우드와 마찬가지로 가족이라는 소재를 다루고 있지만, 그의 영화에서 등장인물들은 뚜렷한 '외부적' 목표가 없다. 그렇기 때문에 그들은 목표 달성을 통한 정상성의 회복을 꾀하지 않는다. 등장인물 간에 심각한 갈등이나 격한 감정이 도드라지게 표출되지도 않는다. 예컨대 그의 대표작 중 하나인 〈걸어도 걸어도〉(2008)는 3대 가족들이 함께하는 세 번의 식사를 중심으로 사실적인 시간의 흐름을 통해 등장인물의 내면을 담담하면서도 섬세하게 그린다. 사실 〈걸어도 걸어도〉에서 묘사되는 가족은 정해진 구도 속에서 인위적으로 웃고 있는 모습을 담은 가족사진 속의 가족이 아니라 실제 가족처럼 느껴진다. 아마도 그 이유는 영화 속에서 '가정' 또는 '가족'이라는 테두리 안에서 벌어지는 일상과 그 일상 속에서 전달되는 감정이 너무나 자연스럽게 전달되기 때문일 것이다. 따라서 이 글에서는 할리우드 가족 영화와 감정적 결을 크게 달리하는 고레에다 히로카즈의 가족 영화에서 두드러지는 몇 가지 특징 또는 양상을 살펴보고, 이를 통해 그의 영화 세계를 고찰해 보려 한다.

2.

일본 영화사에서 가족 영화, 일명 홈 드라마는 1930년대부터 1950년대까지 오즈 야스지로와 나루세 미키오 등을 중심으로 황금기를 구가했으나, 1960년대 이후 TV 가족 드라마의 유행으로 쇠락한다. 그러다가 1990년대 중반 고레에다 히로카즈의 등장으로 르네상스를 맞이한다. 그렇기 때문에 많은 영화 평론가들은 그가 침체되고 쇠락한 일본의 가족 영화를 되살렸다고 평한다. 그 또한 내용과 형식에서 자신의 가족 영화가 오즈 야스지로와 나루세 미키오의 가족 영화를 계승하고 있다는 점을 부인하지 않는다.

사실 고레에다 히로카즈는 영화계에 입문할 때부터 오즈 야스지로의 영화에 크게 매혹되었다. 특히 그의 장편 데뷔작 〈환상의 빛〉(1995)에는 그 어떤 영화보다도 오즈 야스지로의 영향이 짙게 드리워져 있다. 예컨대 카메라를 사람의 앉은키 정도에 맞추고 피사체를 롱 테이크로 잡아내는 촬영기법인 '다다미 쇼트', 빈 공간에서 시작하고 끝나는 쇼트, 서로 마주 보지 않고 나란히 앉아 이야기하는 장면, 잦은 롱 쇼트, 고정된 카메라, 그리고 시퀀스가 끝나거나 시작될 때 사물이나 풍경을 담은 인서트 장면을 삽입하는 '필로우 쇼트'의 형식적이고 습관적인 사용 등은 고레에다 히로카즈의 영화가 오즈 야스지로의 영화의 영향 아래 있다는 것을 잘 보여준다. 영화의 형식뿐만 아니라 내용에서도 마찬가지다. 시아버지와 며느리의 날씨 이야기로 영화가 끝나는 것은 〈환상의 빛〉이 오즈 야스지로의 〈동경 이야기〉(1953)를 '오마주'하고 있다는 것을 잘 예거한다. 자타가 공인하듯이 〈환상의 빛〉으로 고레에다 히로카즈는 '오즈 야스지로의 후계자'라는 칭호를 얻게 된다.[7]

이처럼 고레에다 히로카즈의 영화는 주로 가족을 소재로 한다는 측면에서 예전부터 오즈 야스지로의 영화와 많이 비교되었다. 하지만 그들의 영화는 가족이라는 영화적 소재뿐만 아니라, 영화 속 '시간의 흐름'이라는 영화 기술적 측면에서도 비슷하다. 어느 비평가의 말처럼, 고레에다 히로카즈의 영화와 오즈 야스지로의 영화에서 시간은 직선적이지 않고 한 바퀴 돈 다음 조금 떨어진 다른 곳에 착지한다. 그렇기 때문에 관객은 착지된 순간 처음에는 생경하

---

[7] 고레에다 히로카즈는 〈환상의 빛〉으로 오즈 야시지로의 후계자라는 칭호를 얻었지만, 사실 영화 자체만 놓고 보았을 때는 〈동경 이야기〉를 리메이크한 〈동경가족〉(2013)의 야마다 요지가 오즈 야스지로의 후계자에 더 가깝다고 할 수 있다. 영화의 내용이나 구성에서 〈동경가족〉은 〈동경이야기〉와 거의 똑같다. 작은 섬에 사는 히라야마 부부는 도쿄에 있는 자식들을 만나기 위해 상경하지만, 자식들은 부모를 불편해한다. 부모 역시 도쿄가 불편하기는 마찬가지다. 아쉬움과 서운함을 안고 시골로 내려온 뒤 아내는 갑작스럽게 죽고 히라야마 씨와 자식들은 그녀의 장례를 치른다. 큰아들과 큰딸은 장례식이 끝난 뒤 바로 상경하고, 평소 부부의 걱정거리였던 막내아들과 그의 여자 친구가 홀로 남은 히라야마 씨를 위로한다. 감사의 표시로 히라야마 씨는 막내아들의 여자 친구에게 아내가 평생 차고 있던 손목시계를 건넨다. 장례식이 끝난 뒤 모두 떠나고 히라야마 씨만 홀로 시골집에 남게 된다. 〈동경 이야기〉가 근대화 또는 산업화로 인해 가족의 전통적 가치가 상실되고 가족 간의 유대가 형해화하는 1950년대 혹은 1960년대의 일본 사회를 보여주었듯이, 〈동경가족〉도 현대 일본 가족의 단상을 통해 평범한 가족의 해체와 소외를 현실적으로 보여준다.

게 느끼게 되고, 그 장소가 익숙해지기 위해서는 약간의 시간이 필요하다. 이는 마치 밝은 곳에 있다가 어두운 곳에 들어가거나(암순응), 어두운 곳에 있다가 밝은 곳으로 나갈 때(명순응) 바로 적응할 수 없는 물리적 성질과 비슷하다.

고레에다 히로카즈의 영화에는 나루세 미키오의 영화적 그림자도 감지된다. 나루세 미키오는 도쿄 빈민가를 무대로 서민극 장르의 영화를 만들었다. 특히 그의 영화에서는 여성이 주인공으로 등장하는 경우가 많아 '여성 영화 감독'이라는 별칭이 그에게 따랐다. 〈환상의 빛〉을 포함에 고레에다 히로카즈의 많은 영화에서 여성이 주인공이다. 기술적인 부분에서도 고레에다 히로카즈는 나루세 미키오의 영향을 받았다. 예를 들어 〈걸어도 걸어도〉에서의 주목되는 '커트 편집'은 나루세 미키오의 영화의 결정적 영향이라 할 수 있다. 분명한 영화적 메시지를 전하지 않고 결말을 열어 두는 점 역시 나루세 미키오의 영향이라 할 수 있다.

그렇다고 고레에다 히로카즈가 오즈 야스지로, 그리고 나루세 미키오의 가족 영화에만 머무는 것은 아니다. 그는 오즈 야스지로와 나루세 미키오의 가족 영화의 내용과 기법을 바탕으로 유럽 모더니스트 영화를 접목해 자신만의 독특한 영화 미학을 구축한다. 그렇기 때문에 어느 평론가는 고레에다 히로카즈의 영화가 더욱 엄밀히 말해 영화 기법과 정서적으로 보았을 때 오즈 야스지로의 영화보다는 잉마르 베리히만이나 미켈란젤로 안토니오니와 같은 유럽 모더니스트 감독들의 영화에 가깝다고 말한다. 아무튼 고레에다 히로카즈의 가족 영화는 분명 오즈 야스지로와 나루세 미키오의 가족 영화로부터 영향을 받았고 이를 계승하고 있지만, 여기에 머물지 않고 보다 입체적이고 역동적이며 다양하고 다층적인 가족의 양상을 보여준다는 점에서 특별하다.

고레에다 히로카즈는 영화뿐만 아니라 TV 다큐멘터리도 다수 연출했다. 그 때문에 주로 픽션을 바탕으로 하는 그의 극영화에는 다큐멘터리적 요소가 두드러지고, 사실성을 강조하는 그의 다큐멘터리에는 극영화적 요소가 두드러진다. 때때로 그의 영화는 극영화와 다큐멘터리의 경계를 자유롭게 넘나든다. 사실 다큐멘터리는, 다큐멘터리의 거장 오가와 신스케가 말했듯이, "피취재자의 욕구를 표현하는 것이다." 즉 취재하는 사람의 이렇게 찍고 싶다는 욕구와 피취재의 이렇게 찍히고 싶다는 욕구가 충돌하는 지점에서 태어난다. 일반적으로 픽션은 관객에게 도취를, 다큐멘터리는 각성을 불러일으킨다. 픽션이 감정이입을 유발하여 보는 사람을 주인공에게 동화시킴으로써 현실과 멀어져 두 시간 동안 꿈의 체험을 제공하는 역할을 한다면, 다큐멘터리는 타자로서의 등장인물을 작품 안에 우뚝 세움으로써 오히려 관객을 비평하고 깨닫게 한다. 고레에다 히로카즈는 누구보다도 이런 다큐멘터리의 특성 또는 본령을 누구보다 잘 숙지하고 있고 이를 자신의 극영화에 잘 접목한다.

고레에다 히로카즈는 지금까지 여러 편의 가족 영화를 만들어왔다. 그는 가족 영화, 또는 '홈 드라마'의 기준을 다음과 같이 규정한다. 가족이니까 서로 이해할 수 있다거나 가족이니까 무엇이든 말할 수 있는 게 아니라, 이를테면 '가족이니까 듣키기 싫다'라거나 '가족이니까 모른다' 같은 경우가 실제 생활에서는 압도적으로 많다. 한마디로 말해 그가 생각하기에 또는 그의 영화에서, 가족은 '둘도 없이 소중하지만 성가신 존재'이다. 홈 드라마는 이러한 가족의 양면성을 그리는 게 무엇보다 중요하다.

고레에다 히로카즈는 장편 데뷔작 〈환상의 빛〉에서부터 가족의 이별과 새로운 가족의 만남의 과정을 통해 가족의 새로운 형태와 그 의미를 반추하게 만드는 일련의 가족 영화를 만들어왔다. 〈환상의 빛〉은 남편의 갑작스러운 자살로 어린 아들과 단둘만 남게 된 유미코(에스미 마키코 분)가 새로운 가족과 만남을 통해 그 아픔을 치유해가는 과정을 담고 있다. 〈아무도 모른다〉(2004)는 아버지가 서로 다른 4명의 형제가 어머니에게도 버림받은 후 자신들만의 새로운 가족을 만들어가는 과정을 그리고 있다. 그의 영화 중 유일한 시대극인 〈하나〉(2006)는 아버지에 대한 사무라이의 복수를 메인 플롯으로 하고 있지만,

실제로는 아버지의 복수보다도 아이 딸린 과부를 만나 새로운 가정을 만들어 가는 과정에 초점을 맞추고 있다. 즉 영화 〈하나〉의 지향점은 감독 자신이 영화 각본 초고에 직접 쓴 "의미 있는 죽음보다 의미 없는 풍성한 삶을 발견한다"라는 문구로 수렴된다.

앞에서 잠깐 언급한 영화 〈걸어도 걸어도〉는 장남 준페이의 기일에 맞춰 오랜만에 다 같이 모인 가족들의 '비밀 같지 않은 비밀 이야기'다. 그러므로 그들 사이에 흐르는 공기는 다소 어색하고 낯설다. 그들의 대화는 영화의 홍보문구를 그대로 반영하듯 '조금씩 어긋난다'. 영화적 초점은 주로 부자간의 갈등을 겪고 있던 차남 료타(아베 히로시 분)와 아버지의 화해 과정에 맞추어져 있다. 하지만 영화가 진행되면서 초점은 차남이 새로 결혼한 부인과 그녀가 전 결혼에서 낳은 아들, 그리고 그들이 낳은 딸이 새로운 가족으로 받아들여지는 과정으로 옮겨간다. 또한 료타가 어머니(키키 키린 분)의 죽음에 대해 나름대로 슬픔을 치유하는 과정을 담고 있다. 감독 스스로 이 영화에 대해, "어머니를 잃은 슬픔에 질질 끌려가지 않고 웃을 수 있는 영화를, 즉 다소 건조하고 따뜻한 영화를 만들자는 생각으로 만든 영화"라고 말한 바 있다.

〈진짜로 일어날지도 몰라 기적〉(2011)은 아버지와 어머니의 이혼으로 떨어져 살게 된 두 형제가 가족의 재결합이라는 '기적'을 이루기 위해 노력하는 과정을 그리고 있다. 하지만 영화는 형제의 소원대로, 특히 형의 소원대로 가족이 재결합되는 과정을 보여주는 데 초점을 맞추기보다는, '진짜 가족'의 의미에 대해 고찰한다. 고레에다 히로카즈는 이 영화를 "이미 사라져버린 것과 앞으로 이어질 미래로 의식을 펼쳐나가는 이야기"로 규정한다. 이 영화를 통해 진짜 가족의 가치 또는 본령은 가족 구성원들이 물리적으로 함께 모여 사는 것에 있지 않고, 각각의 가정에서 혹은 각각의 위치에서 가족에 대해 새로운 의미를 찾는 것에 있다고 역설한다.

〈그렇게 아버지가 되다〉(2013)는 태어난 지 6년이 지나고서야 병원에서 아

〈그렇게 아버지가 된다〉는 각각의 장면이 영화의 메인 플롯과 유기적으로 연결되어 있다는 점에서 고레에다 히로카즈의 다른 작품들과 구별된다. 이 영화에서 각각의 장면은 스토리와 긴밀하게 연결되며 영화적 긴장감을 고조시킨다. 즉 이 영화의 모든 장면은 영화의 메인 플롯에 완벽하고 철저하게 봉사한다.

이가 바뀐 것을 알게 된 아버지가 피를 나눈 자기 아들이 아닌 6년 동안 기르면서 정든 아들을 자신의 친아들로 받아들이면서 가족의 새로운 의미를 되새기는 영화다. 이 영화는 각각의 장면이 영화의 메인 플롯과 유기적으로 연결되어 있다는 점에서 고레에다 히로카즈의 다른 작품들과 구별된다. 다시 말하면 그의 다른 영화들에서 영화의 각각의 장면은 보통 플롯과 관계없이 그냥 죽 나열된다. 하지만 이 영화에서 각각의 장면은 스토리와 긴밀하게 연결되며 영화적 긴장감을 고조시킨다. 즉 이 영화의 모든 장면은 영화의 메인 플롯에 완벽하고 철저하게 봉사한다.

요시다 아키미의 유명한 동명 만화를 원작으로 한 〈바닷마을 다이어리〉(2015)는 부모의 부재로 인해 어렸을 때부터 외할머니 집에서 서로 의지하며 살던 세 자매 사치, 요시노, 치카와 아버지의 장례식 뒤 홀로 남겨진 이복 여동생 스즈가 진정한 가족이 되면서 펼쳐지는 잔잔한 일상을 따뜻하게 보여준다. 〈바닷마을 다이어리〉는 루이자 메이 올컷의 따뜻한 소설 『작은 아씨들』 (1868)을 연상시킨다. 『작은 아씨들』에서 성격이 다른 네 자매는 아버지가 종군목사로 전장에 나가 있어 경제적으로 몹시 어려운 가운데서도 헌신적이고 자상한 어머니의 가정 교육과 아버지의 도덕적 가르침을 통해 씩씩하고 당당하게 어려움을 극복해간다. 그들은 자신들의 꿈을 키우면서 아름답고 당당하게 성장해간다. 그리고 아버지가 돌아오자 가정은 안정을 되찾는다. 즉 이 작품은 기본적으로 좋았던 옛 시절의 가족관이 바탕에 깔려 있다. 반면 〈바닷마을 다이어리〉에서 아버지는 애인과 도망쳤고, 엄마마저 집을 떠났다. 남은 세 자매는 할머니와 함께 어려움을 극복하고 이제 어느 정도 안정을 찾은 상태다. 이때 아버지의 부음 소식이 전해지고 다시 어머니가 돌아오면서 집안은 다시 시끄러워진다. 고레에다 히로카즈는 〈바닷마을 다이어리〉에서 『작은 아씨들』의 구도를 역이용해 '깨지기 쉬운' 혹은 '형해화된' 오늘날의 가족관을 형상화하고 있다.

〈태풍이 지나가고〉(2016)는 고레에다 히로카즈의 가족 영화 필모그래피를 '중간 결산'하는 영화다. 실제로 감독 자신도 어느 매체와의 인터뷰에서 이 영화를 마지막으로 당분간 가족 영화를 찍지 않겠다고 밝혔다. 〈태풍이 지나가고〉에는 〈걸어도 걸어도〉에서 모자 사이였던 키키 키린과 아베 히로시가 다시 모자 사이로 나온다. 그리고 지금까지 고레에다 히로카즈의 영화에 출연했던 배우들이 영화 속 크고 작은 역할을 맡으며 두 배우를 받치고 있다. 그 때문인지 전체적으로 〈태풍이 지나가고〉는 〈걸어도 걸어도〉의 '속편'(sequel) 같은 느낌이 든다. 두 작품에서 아베 히로시가 맡은 배역의 이름이 똑같이 료코다. '부자'의 갈등이 '모자' 또는 '부부'의 갈등으로 바뀌었다는 점을 제외하면, 두 영화는 분위기, 소재, 주제에 이르기까지 상당히 비슷하다. 반전을 일으킬 만한 중요한 극적 사건도 없고, 대신 가족 간의 소소한 갈등이 영화의 씨줄과 날줄이 되어 영화를 이끌어간다. 그러면서 '반복적'으로 가족의 본령과 가치에 대해 계속 질문한다. 이처럼 고레에다 히로카즈의 영화에서 가족의 본령과 가치는 반복되면서도 계속해서 변주되는 영화적 화두라 할 수 있다.

〈태풍이 지나가고〉를 끝으로 당분간 가족 영화를 찍지 않겠다고 했지만, 그는 얼마 안 되어 〈어느 가족〉(2018)이라는 가족 영화를 내놓는다. 그리고 이 영화로 칸 영화제에서 황금종려상을 받는다. "고레에다 히로카즈 가족 영화의 집대성"이라는 평가를 받는 〈어느 가족〉은 지금까지 고레에다 히로카즈의 가족 영화가 보여주었던 색채나 인물 군상들이 촘촘히 박혀 있다. 한마디로 〈어느 가족〉은 고레에다 히로카즈의 '가족 영화의 총화'라 할 수 있다. 특히 극중 인물들을 따뜻하게 바라보는 듯하면서도 서늘한 냉기를 흘리며 그들이 처한 현실을 관객에게 냉철하게 인식하게 하는 그의 영화 문법은 여전하다. 아니 더욱 세련되고 깊어졌다. 고레에다 히로카즈는 〈어느 가족〉에서 따뜻하고 평온해 보이는 소소한 일상 속에 검버섯처럼 숨어 있는 잔혹한 현실을 솜씨 좋게 풀어낸다.

주지하듯, 고레에다 히로카즈 영화의 가장 큰 장점은 직접적인 판단을 유보한다는 점인데, 〈어느 가족〉에서도 마찬가지다. 감독은 다소 이상해 보이는 '어느 가족'을 윤리적으로 도덕적으로 쉽게 판단하려 들지 않는다. 그저 자신이 그들을 바라보고, 또 관객에게 보여줄 뿐이다. 그는 어느 책에서 "영화는 사람을 판단하기 위해 있는 게 아니며 감독은 신도 재판관도 아"니라고 말한 적이 있다. 요컨대 고레에다 히로카즈의 영화적 방점은 관객들에게 설교하거나 그들을 교화시키는 순간이 아니라, 그들이 "영화를 자신의 문제로써 일상으로까지 끌어들여 돌아"가도록 하는 바로 그 순간에 찍힌다.

간략하게 살펴본 고레에다 히로카즈의 가족 영화에 나타난 가족을 보면 한 가지 특징적인 면을 발견하게 된다. 즉 〈태풍이 지나가고〉를 제외하면 그의 대부분 영화에서 가족은 대체로 '비혈연' 가족 또는 '완전하지' 않은 가족이다. 그의 영화적 방점은 대체로 기존의 혈연 가족의 '복원'이 아니라 '새로운 가족의 탄생', '가족의 재구성'에 놓인다. 간략하게 요약하자면, 할리우드 가족 영화가 주로 '혈연'으로 연결되어 있고, 문제의 해결 또한 혈연 가족의 복원을 통해 이루어진다는 점과 비교해 보았을 때, 고레에다 히로카즈의 가족 영화는 새로운 가족의 탄생과 가족의 재구성에 초점을 맞추고 있고, 가족 간의 문제를 인위적으로 해결하려고 하기보다는 '그냥 그대로 둔다'(Let it be)는 점에서 대별된다.[8]

3.

고레에다 히로카즈는 가족의 재구성을 통해 가족의 새로운 의미를 생각하게 하는 가족 영화를 만들면서 일본 가족 영화의 전통과 역사를 이어가고 있다. 앞서 언급했듯이 그는 오즈 야스지로와 나루세 미키오의 가족 영화의 전통을 계승 발전시켜왔다. 오즈 야스지로가 결혼, 죽음 등 가족 간의 이별을 통

---

[8] 그렇다고 〈태풍이 지나가고〉가 할리우드 영화 도식을 완전히 따르는 것은 아니다. 〈태풍이 지나가고〉는 할리우드 영화와 비슷하면서도 차별된다. 한때 촉망받는 작가였던 료타는 무능하고 지리멸렬한 삶을 산다. 아내와 이혼했고, 그녀에게 양육비를 제대로 주지 못해 아들 싱고도 마음대로 볼 수가 없다. 경제적으로 무능력해 누나에게도 무시당하고, 집안의 물건에 손을 대며 어머니에게는 늘 걱정만 끼친다. 료타는 한마디로 책임감과 현실감감이 결여되어 있는 소위 '어린 어른'이다. 그는 아내와 재결합을 원하지만, 뜻대로 되지 않자 대신 싱고를 내세운다. 아들 료타의 마음을 아는 어머니 요시코는 며느리에게 아들과 다시 함께 살기를 부탁한다. 이혼한 아들 부부 재결합에 어머니/시어머니가 개입하는 〈태풍이 지나가고〉의 가족 구도는 할리우드 영화와 차별된다. 그러나 〈태풍이 지나가고〉가 할리우드 영화와 더 차별되는 점은 영화의 결말이다. 태풍 때문에 어쩔 수 없이 하룻밤을 같이 보낸 부부가 다음날 아침 헤어지는 장면에서 그들의 재결합의 가능성은 명징하게 전달하게 되지 않는다. 다만 앞으로 잘 될 수도 있다는 것을 암시할 뿐이다. 즉 열린 결말로 영화는 끝난다. 바로 이 점이 고레에다 히로카즈 영화의 특징이자 할리우드 가족 영화와 차별되는 지점이라 할 수 있다.

해 가족의 의미와 본질에 천착했다면, 나루세 미키오가 불륜이나 아버지가 다른 형제들과의 갈등을 통해 가족의 의미와 본질에 천착했다. 고레에다 히로카즈는 오즈 야스지로와 나루세 미키오의 영화 전통을 계승하면서도 떠나간 가족과 그 자리를 새롭게 채우는 가족을 통해 '새로운' 가족의 의미와 본질에 대해 고찰하고 있다.

고레에다 히로카즈는 가족 영화를 통해 동시대의 일본 사회에 대한 지속적인 관심을 보여 왔다. 그의 가족 영화는 그의 실제 의도와 무관하게 1990년대 이후 동시대 일본의 다층적이고 다양한 가족의 모습을 현재화한다. 앞에서 여러 번 언급했듯이, 그의 가족 영화에 등장하는 가족들은 대개 비혈연으로 맺어진 가족이다. 즉 그들은 피로 연결된 순혈 가족이 아니다. 〈환상의 빛〉, 〈하나〉, 〈걸어도 걸어도〉는 모두 아들이 있는 '과부'가 결혼을 통해 새로운 가족 구성원으로 인정받고 편입되는 과정을 그리고 있다. 그들은 대체로 다른 가족들의 큰 저항감 없이 아들과 함께 새로운 가정으로 편입되는데, 이는 감독의 비혈연 가족에 대한 긍정적 시각을 반영한다.

아버지가 서로 다른 네 명의 형제들이 어머니로부터 버림받은 후 자신들만의 '가정'(home)을 만들어가는 과정을 그린 〈아무도 모른다〉는 피가 섞이지 않은 형제들이 어려움을 함께 이겨나가는 과정을 통해 비혈연 가족 또한 혈연 가족 못지않게 진정한 가족이 될 수 있다는 가능성을 시사한다. 가출 소녀마저 그들과 한 가족을 이루게 되는 영화의 마지막 장면은 피가 전혀 섞이지 않아도 가족이 될 수 있다는 사실을 상징적으로 예거한다. 이를 위해 고레에다 히로카즈는 영화 촬영 전 서로 어색해하는 아역 배우들이 가족처럼 서로 친해지도록 하고, 촬영 전에는 그들에게 영화의 모든 상황과 맥락을 자세하게 설명하고, 그들이 완전히 이해한 상태에서 실제 촬영에 임했다고 한다. 비교하자면 고레에다 히로카즈는 〈아무도 모른다〉에서 영화의 '사실성', 즉 '배우의 즉각적인 반응'을 극대화하기 위해 아역 배우들에게 상황을 전혀 설명하

아버지가 서로 다른 네 명의 형제들이 어머니로부터 버림받은 후 자신들만의 '가정'을 만들어가는 과정을 그린 〈아무도 모른다〉는 피가 섞이지 않은 형제들이 어려움을 함께 이겨나가는 과정을 통해 비혈연 가족 또한 혈연 가족 못지않게 진정한 가족이 될 수 있다는 가능성을 시사한다.

지 않은 아바스 키아로스타미의 방식보다는, 영화의 모든 상황을 설명하고 그들에게 이해를 구한 켄 로치의 방식을 추구했다. 궁극적으로 그는 비혈연 가족의 가능성을 영화 안팎에서 찾으려 한 듯하다. 그는 다큐멘터리에서 하는 것처럼 카메라 바깥의 배우들의 감정선을 카메라 안으로 그대로 들여왔다.

병원의 실수로 뒤바뀐 아들을 통해 가족의 혈연적 중요성에 대해 질문하는 〈그렇게 아버지가 된다〉는 생물학적인 관계가 아버지와 아들의 관계를 결정한다는 사회적 통념에 대해 의문을 제기한다. 대기업 중견 간부인 료타(후쿠야마 마사하루 분)는 병원으로부터 자신의 아이가 뒤바뀌었다는 사실을 듣게 된다. 그가 지금까지 키운 게이타가 친자가 아니라 시골에서 전파상을 하는 유다이(릴리 프랭키 분)가 키운 류세이가 그의 친자다. 평소 게이타를 못마땅하게 생각한 료타는 처음에는 두 아이를 바꿔 키울 생각을 하다가, 나중에는 병원으로부터 받을 보상금으로 보다 좋은 환경에서 류세이까지 데려와 두 아이를 모두 키울 생각을 한다. 여러 고민 끝에 그는 친아들 류세이를 직접 만나기로 한다. 그는 생물학적 친자가 아닌 게이타를 데리고 생물학적 친자가 머무는 유다이의 집을 방문한다. 료타는 류세이를 만난 뒤 그를 데리고 오기 위해 여러 가지 방법을 모색한다. 하지만 그는 그곳에서 아이들과 잘 놀아주는 또 다른 아버지 유다이의 모습을 통해 아버지로서의 자신의 역할에 대해 다시 생각하게 된다. 특히 그는 "아버지란 역할뿐 아니라 시간이오"라는 유다이의 말을 곱씹으며, 아버지로서의 자신의 모습을 되돌아본다.[9] 결국 그는 자신이 버려졌다고 혹은 버려질 것이라는 생각에 상처를 받은 게이타에게 잘못을 솔직하게 고백하고 용서를 구한다. 고레에다 히로카즈는 〈그렇게 아버지가 된다〉에서 둘 중 하나를 반드시 선택하는 것이 아니라, 둘 모두를 자신의 아이로 인정하는 료타의 결정을 통해 '커뮤니티적' 가족의 양상을 보여주고 있다. 고레에다 히로카즈는 일련의 가족 영화를 통해 가족이 '혈연' 뿐만 아니라 '비혈연'으로도 가능하다는 점을 시사한다.

　소시민 영화 이후 남성을 중심으로 발전해 온 일본 가족 영화는 여성을 배제해 왔다고 비판받는다. 사실 바로 이 점은 일본 가족 영화의 한계이자 비판을 받는 지점이기도 하다. 여성의 배제까지는 아니라 하더라도 고레에다 히로카즈의 가족 영화에서도 여성의 역할과 존재감은 남성의 그것과 비교할 때 가족 내에서 그다지 크지 않다. 그러므로 그 역시 그런 비판 또는 한계에서 완전히 자유롭지는 않다. 사실 그의 영화에서 여성의 역할이 크지 않을뿐더러

---

[9] 고레에다 히로카즈는 원래 이 장면에서 "육아는 공을 던지는 게 아니라 받는 거야"라는 유다이의 대사를 영화 속에 넣으려 했다고 말한다. 배우들과의 협의를 통해 비록 이 대사를 뺐지만, 그는 "진정한 육아는 아버지가 아이에게 일방적으로 원하는 것을 투영하는 게 아니라, 아이가 원하는 모습을 아버지가 있는 그대로 받아들이는 것이다", 라는 평범한 진리를 이 영화를 통해 역설한다.

영화 속에서 그들의 목소리는 적극적으로 감지되지 않는다. 예컨대 〈환상의 빛〉에서 유미코는 재혼 후 모든 게 안정을 되찾음에도 불구하고 여전히 남편의 자살 원인에 대해 궁금해한다. 왜냐하면 남편의 자살은 그녀에게는 근원적으로 해결되지 않은 문제이기 때문이다. 그녀가 남편의 자살 원인에 그토록 집착하는 이유는 남편이 자살을 결정하는 데 있어 자신은 전혀 논의의 대상이나 고려의 대상이 아니었다는 사실 때문이다. 그녀는 그게 서운한 것이다. 그녀의 그런 서운함은 함께 사는 사람이 무슨 생각을 하는지 전혀 알지 못했다는 미안함 또는 죄책감으로 이어진다. 하지만 죄책감에서 더 이상 나가지 않는다. 개인적으로도 이 점이 상당히 아쉽다.

고레에다 히로카즈의 영화에서 여성은 종종 부정적으로 묘사된다. 〈아무도 모른다〉의 어머니는 아버지가 각기 다른 자신이 낳은 네 아이를 전혀 돌보지 않는다. 그녀는 남자들과 밤늦게까지 술을 마시고 귀가했음에도, 아이들을 걱정하기보다는 오히려 아이들에게 화를 낸다. 그녀는 자신의 모든 불행의 근본적인 원인을 '아이들'이라고 생각한다. 결국 그녀는 아이들을 진짜로 '버리고 떠난다.' 하긴 버리기 전에도 그녀는 아이들을 제대로 양육하지 않고 방치했다. 그녀는 아이들의 생활비가 떨어졌는데도 연락도 하지 않는 등 어머니로서 마땅히 해야 할 책임을 저버렸다. 심지어 막내 유키가 죽었을 때도 모습을 드러내지 않았다.[10] 결국 장남 아키라(야기라 유야 분)는 집 밖으로서 나오지 말라는 그녀의 명령을 거스르고 동생들을 밖으로 데리고 나온다. 그는 얼마 남지 않은 생활비로 그들이 먹고 싶은 것들을 사준다. 그 뒤 동생들을 부

---

10) 〈아무도 모른다〉는 1988년 도쿄에서 일어난 '나시스가모의 버림받은 4남매 사건'을 토대로 하고 있다. 고레에다 히로카즈 감독은 이 영화를 무려 15년을 준비했다고 한다. 영화는 실제로 일어난 사건을 바탕으로 하고 있지만, 영화와 실제 사건은 조금 다르다. 예컨대 영화에서는 막내 유키가 의자에서 미끄러져 죽지만, 실제로는 둘째가 집에 놀러 온 큰아이 친구에게 맞아 죽었다. 아이의 엄마는 실제로 둘째 아이가 죽자

양하기 위해 어머니의 옷가지를 내다 판다. 그는 처음에 어머니를 기다렸지만, 나중에는 일상에서 어머니의 존재를 완전히 지워버린다. 어머니의 존재가 지워졌어도 아키라를 비롯한 아이들의 일상은 크게 달라지지 않는다.

〈진짜로 일어날지도 몰라 기적〉에서 노조미(오츠카 네네 분)는 켄지(오다기리 조 분)와 이혼하면서 큰아들 고이치만 데리고 친정에 들어와 산다. 고이치는 아빠와 동생 류노스케와 함께 다시 한 가족이 되기를 바란다. 그는 그 소원을 직접 실행에 옮기려 하지만, 그녀는 가족의 재결합에 별 관심이 없다. 그녀는 경제적으로는 아버지에게 의존하고, 고이치의 양육은 전적으로 어머니에게 떠맡기며, 자신이 하고 싶은 대로 한다. 그녀는 직장 동료들과 가라오케에서 가서 노래도 부르고 어머니와 함께 훌라춤을 배우는 등 나름 즐겁게 지낸다. 직접 드러내지는 않지만, 그녀는 류이치가 가족의 재결합을 원하는 것을 알면서도 그의 소원을 무시하거나 오히려 방해한다. 그녀 대신 그녀의 아버지, 즉 고이치의 외할아버지가 고이치의 소원을 돕는다. 그녀는 가족의 재결합을 원하지 않고 단지 현재의 삶에 만족할 뿐이다. 그녀의 현재 삶의 만족은 자연스럽게 가족의 재결합이라는 고이치의 소원을 순진하고 불순한 꿈, 혹은 이루어지기 어려운 '기적'으로 치환한다.

〈그렇게 아버지가 된다〉에서 6년간 키워 온 게이타가 자신들의 아들이 아니라는 사실을 알게 되었을 때 료타와 그의 아내 미도리(오노 마치코 분)는 전혀 다른 반응을 보인다. 료타는 평소 똑똑하게 행동하지 못했던 게이타가 자신의 친아들이 아니라는 데 내심 안도한다. 반면 미도리는 친아들을 알아보지

엄마는 아이를 벽장에 방치한다. 심지어 만일의 경우를 대비해 냄새 제거제까지 넣는다. 결국 주민들의 신고와 경찰의 수색으로 사건의 전모가 드러난다. 또한 실제로 큰 아이는 영화의 아키라처럼 동생들을 돌보는 착한 아이가 아니라 동네 불량배들과 어울렸던 불량소년이었다. 그러나 사람들을 가장 경악하게 만든 것은 아이들의 엄마가 사건 보도 방송을 본 후 자기 아이들이라는 것을 알았다는 사실이다.

못했던 자신을 자책한다. 그리고 게이타가 받게 될 상처에 가슴 아파한다. 하지만 게이타를 아들로 받아들일지 말지 이 중요한 결정은 전적으로 료타에게 달려 있다. 미도리에게는 어떤 선택권도 주어지지 않는다. 다시 말하지만 고레에다 히로카즈의 가족 영화에서 가족 내에서 여성의 비중은 크지 않고, 그 역할 또한 상당히 제한되어 있고, 때로는 부정적으로 묘사된다.

　역사적으로 보았을 때 일본 가족 영화에서 아버지는 가장 핵심적인 영화적 주체였다. 하지만 최근 일본의 가족 영화에서 아버지의 존재감은 상당히 약화되었고, 반대로 '모성성'이 두드러진다. 하지만 고레에다 히로카즈의 최근의 가족 영화에서는 반대로 아버지의 존재, 즉 '부성성'이 더욱 두드러진다. 그는 〈그렇게 아버지가 된다〉와 〈태풍이 지나가고〉에서 아버지를 영화적 주체로 삼고 있는데, 그는 이 영화들에서 기존의 아버지와는 다른 새로운 아버지상을 보여주었다. 〈그렇게 아버지가 된다〉와 〈태풍이 지나가고〉에서의 아버지는 분명 가정과 사회에서 모두 존경받을 만한 아버지는 아니다. 그렇다고 무화시킬 수도 없는 존재이다. 아들은 그런 아버지를 처음에는 받아들이지 못하고, 아버지와는 다른 삶을 살기 위해 애쓴다. 하지만 대부분 실패로 끝나고, 결국 아버지를 이해하고 그의 뜻을 계승한다.

　고레에다 히로카즈의 영화에서 아버지의 가르침이 직간접적으로 아들에게 전수되는 장면은 일본식 전통과 가부장제가 여전히 계승되고 있음을 예거한다. 〈환상의 빛〉의 마지막 장면에서 타미오는 유미코의 아들 유이치에게 자전거 타는 법을 가르쳐주며 진정한 부자 관계를 형성한다. 〈아무도 모른다〉에서 아키라는 아버지를 연상시키는 야구부 코치로부터 야구를 배우면서 지친 마음을 달래고 인간적으로도 성숙한다. 〈걸어도 걸어도〉에게 료타는 아버지의 바람대로 의사가 되지는 못했지만, 그의 아버지의 소원은 그의 의붓아들인 아츠시를 통해 계승된다. 료타를 중심으로 아버지, 그 자신 그리고 그의 아들이 같은 물로 목욕을 하거나 함께 바다를 보며 미래를 약속하는 장면은 가정의 갈등이 남자들의 결속을 통해 해결되는 동시에, 그들을 통해 가족의 전통이 계승된다는 것을 시사한다. 〈진짜로 일어날지도 몰라 기적〉에서 전통 일본 떡에 깊은 관심을 기울이는 할아버지의 마음을 유일하게 이해하는 인물은 고이치다. 전통 떡을 통해 할아버지와 손자는 동류의식을 느끼고 둘의 유대는 강화된다. 그렇기 때문에 혹자는 고레에다 히로카즈의 영화가 일본식 가부장제를 옹호하고 이를 강화한다고 비판한다. 하지만 그의 영화는 가부장제의 옹호 또는 강화에 방점을 찍지 않는다. 그보다는 비혈연 가족의 가능성에 문을 열어 둔다.

4.
고레에다 히로카즈는 오즈 야스지로와 나루세 미키오의 가족 영화를 계승하면서도 자신만의 독창적인 영화 세계를 구축해왔다. 그는 영화 속에서 1990년대 이후 본격적으로 가시화된 일본의 거품경제 붕괴, 한신 대지진과 옴진리교 사건, 그리고 2011년 후쿠시마 원전 사태를 겪으면서 위기에 처하거나 붕괴된 일본의 다양하고 다층적인 가족을 '파노라마식'으로 보여준다. 한마디로 그의 가족 영화에 나타나는 가족은 무엇보다도 이전과는 다른 '비혈연 가족', '여성의 배제', '가부장제의 계승'이라는 특징을 보여준다. 의도했든 의도하지 않았든 간에 고레에다 히로카즈의 가족 영화는 일본 가족의 과거와 현재, 그리고 미래를 잘 예거한다. 그렇기 때문에 한편으로는 그에 가족 영화에 대해 찬사가 따르지만, 다른 한편으로는 그의 가족 영화가 여성을 배제하고 가부장제를 강화한다는 비판이 뒤따른다. 하지만 고레에다 히로카즈가 일련의 가족 영화를 통해 현재 일본 대중에 가장 가깝게 다가간다는 사실만큼은 부인하기 어렵다.

다시 처음으로 돌아가자. 할리우드 영화는 기본적으로 '목표지향적'이다. 따라서 영화의 후반부로 갈수록 처음 설정했던 목표의 성취 여부와 그에 따른 주인공의 감정의 고조에 집중하기 때문에, 그것에서 벗어난 사소한 과거의 사물, 공간, 인물의 감정을 상기하고 그것의 현재적 의미를 찾는 게 어렵다. 때로는 그런 영화적 시도 자체가 불필요할 수도 있다. 즉 목표와 직접 관련이 없는 등장인물과 에피소드는 영화 속에서 소거되거나 아니면 관객의 의식과 주의로부터 멀어진다. 반면 자연스러운 시간의 흐름을 따르는 고레에다 히로카즈의 가족 영화에는 비교적 다양한 인물들의 이야기를 만들 공간이 충분하다. 그의 가족 영화는 등장인물들의 섬세한 감정을 다루고 있음에도 불구하고, 주인공만의 감정의 드라마가 아니라 그들이 속한 사회를 조망할 기회를 제공한다. 요컨대 고레에다 히로카즈의 가족 영화는 현재 일본의 현실과 밀접하게 관련되어 작동하고 있으며, 그것은 보편적인 차원으로 환원되기 이전의 일본적인 특수성을 가장 민감하게 드러내는 장치로 기능한다.

고레에다 히로카즈는 자서전 『영화를 찍으며 생각한 것』(2017)에서 자신의 영화의 본령, 즉 그의 영화에서 그 "무엇과도 바꿀 수 없는 소중한 것은 '특별한' 비일상성이 아니라 사소한 일상 속에서 느껴지는 일상성"이라고 말한다. 그렇기 때문에 그는 영화 속에서 '시대정신'이나 '역사의식'과 같은 거대 담론 대신에 소소한 일상 속에서의 작은 변화에 주목한다. 그는 자신의 "영화를 본 사람이 일상으로 돌아갈 때 그 사람의 일상을 보는 방식이 변하거나 일상을 비평적으로 보는 계기가 되기를 언제나 바"란다.

결론적으로 고레에다 히로카즈는 "제 발밑의 사회와 연결된 어두운 부분을 주시하면서 한편으로는 새로운 만남을 소중히 여기고, 외부와 마주하고, 그 좋은 점을 영화 속에서 표현하는 것에 앞으로도 도전하고 싶다"고 자신의 영화 세계를 규정한다. 사실 그는 전반적으로 "상실을 그린다"라는 평을 듣지만, 자신은 '남겨진 사람들'을 그린다고 생각한다. 따라서 어쩌면 자연스럽게 고레에다 히로카즈의 가족 영화, 더 나아가 그의 영화는 '남겨진 사람들을 위한 치유의 미학'으로 귀결된다.

〈남한산성〉: 역사를 **기억**하는 방식

1.

광해군은 임진왜란 이후 황폐해진 조선을 재정비하기 위해 부단히 노력하지만 영창대군 증살, 인목대비 폐위, 계속된 궁궐 복구공사, 계축옥사로 인한 서인 세력의 불만 등이 복합적으로 작용해 결국 '인조반정'이 일어나 축출되고 만다. 광해군의 뒤를 이어 즉위한 선조의 손자인 능양군, 즉 인조는 점점 국운이 다해가는 명과 반대로 점점 국운이 성장하는 후금 사이에서 줄타기했던 광해군의 중립외교를 폐기하고, 서인의 주장에 따라 외교적으로 일방적인 친명배금 정책을 편다. 이 때문에 대외적으로 조선과 후금의 관계는 더욱 악화되어 일촉즉발의 상황에 놓인다. 대내적으로는 인조반정 당시 가장 공이 컸던 이괄이 '논공행상에 불만을 품고' 난을 일으킨다. 임경업의 활약과 이괄의 부하들의 배신으로 이괄의 난은 수습되지만, 남은 이괄의 부하들은 후금에 투항해 조선에 대해 중요한 정보를 흘린다. 그들은 누르하치의 아들, 훗날 청 태종이 되는 홍타이지에게 "지금이야말로 조선을 정벌할 시기"라고 말하며 청의 출병을 부추긴다. 결국 홍타이지는 정예병 3만을 이끌고 조선을 1차 침입하는데, 이게 바로 '정묘호란'(1627)이다.

조선군은 청나라 군대와 제대로 한번 싸워보지도 못하고 평양과 개성을 내주고, 인조는 강화도로 도망치고, 서인들은 청과 휴전을 하고 '형제 관계'를 맺는다. 당연히 조선이 아우의 나라고 청이 형의 나라다. 사실 당시 청나라의 목표는 조선을 정벌하는 것이 아니라 명나라를 멸망시키는 것이었기 때문에 조선 침공에 대규모 병력을 파견할 수도 없었다. 조선 정벌은 단지 자신들의 군사력을 시험하는 정도였다. 그런데도 조선은 싸울 의지도, 능력도 없었기 때문에 청나라에 속수무책으로 당할 수밖에 없었다.

하지만 시간이 흐르자 조정 내에서 척화파가 대두하여 "오랑캐와 한번 싸워보자"는 의견이 거세진다. 아무 생각도 없는 인조는 척화파와 주화파 사이에서 이리저리 끌려다닌다. 때맞추어 청나라가 조선에 무리한 조공을 요구하고 조선이 이를 거부하자, 청나라는 10만이 넘는 대군을 이끌고 조선을 또다시 침략한다. 이게 바로 '병자호란'(1636~1637)이다.

조선은 정묘호란의 경험을 통해 백마산성과 평양성에 각각 군대를 주둔시켜 청나라군의 한양 진격을 방어하는 동시에 시간을 버는 전략을 구상한다. 하지만 청나라 군대는 투항한 조선인들을 통해 조선의 전략을 이미 간파하고 조선군을 우회하여 3일 만에 개성을 통과하고 곧바로 한양으로 들어온다. 당연히 조선은 제대로 방어 계획을 짤 수도 없었고, 가용 병력도 이동시킬 수 없었다. 인조는 강화도로 도망가려 했으나, 청나라군이 강화도로 들어가는 길목을 차단해 결국 남한산성으로 들어갈 수밖에 없었다. 그때가 1636년 12월 14일 밤이다. 이때부터 이듬해 1월 30일까지 인조는 47일 동안 남한산성에 갇힌다. 영화 〈남한산성〉(2017)은 이 춥고 참혹한 기간을 극화하고 있다. 영화는 청나라의 굴욕적인 제안에 주화와 척화로 나뉘어 첨예하게 맞서는 조정, 아무 결정도 내리지 못하는 인조, 참담하게 생존을 모색했던 백성들의 신산한 삶의 기록을 담고 있다.

2.
주지하듯, 영화 〈남한산성〉은 김훈의 동명 소설을 원작으로 하고 있고, 〈도

가니〉(2011)와 〈수상한 그녀〉(2014)를 통해 연출력을 검증받은 황동혁 감독이 연출했다. 게다가 이병헌, 김윤석, 박해일, 박희순, 고수 등 한국 영화계를 대표하는 배우들이 대거 출연했다. 제작사는 이 영화에 대해 "공을 많이 들인 역사적 고증, 현재를 돌아보게 하는 묵직한 주제 의식, 원작 특유의 문체가 잘 녹아난 각본, 그리고 대사만으로도 관객들을 압도하는 배우들의 명연기가 돋보인다"라고 자평했다.

다른 것은 차치하고 영화의 고증에 대해 잠깐 살펴보자. 일반적으로 영화의 고증은 크게 '인물 고증'과 '역사적 사실 고증'으로 나뉜다. 그런데 〈남한산성〉의 인물 고증은 역사적 사실에 기반을 두고 있다기보다는 소설 『남한산성』(2007)의 내용에 더 충실하다는 느낌이 든다. 예컨대 박희순이 분한 이시백은 본래 무관이 아니라 문관이다. 하지만 소설과 영화에서 이시백은 정치에 휘말리지 않고 오직 성의 사수만을 생각하는 우직한 무관으로 그려진다. 그리고 김상헌(김윤석 분)이 왕이 청나라 칸에게 항복하기로 했다는 소식을 듣자 신변을 정리하고 자결을 한다. 하지만 실제로 그는 가족 앞에서 자결을 시도했다는 점에서 영화의 내용과 실제 역사가 다르다. 그들뿐만 아니라 다른 인물의 성격화도 〈남한산성〉은 실제 역사와는 조금 다르다.

반면 〈남한산성〉의 사물 고증은 그동안 한국 영화에서 볼 수 없었던 탁월함을 보여주었다. 일단 이 영화에서 가장 중요한 추위와 풍경을 사실적으로 재현하기 위해 모든 장면은 야외 공간과 오픈 세트에서 촬영되었다. 대신들 간에 첨예한 설전이 펼쳐지는 외행전의 경우에도 강원도 평창에 오픈 세트를 제작해 입김이 끊임없이 나오는 추위를 자연스럽게 담아냈다. 또한 실제로 얼어붙은 강과 빙폭이 형성된 빙벽장에서 위험을 무릅쓰고 몇몇 중요한 장면(영화 도입부에서 김상헌이 뱃사공을 죽이는 장면)을 촬영했다. 청과 조선의 전투 장면 역시 산속에 특수 제작한 성첩 세트에서 촬영되었다. 제작진은 답사와 문헌 자료를 토대로 제작된 성첩 세트를 비롯해 군사들이 사용한 조총과 칼, 활도 실제 크기도 재현했고, 군사들의 투구와 갑옷, 소품 등도 전쟁에서 사용했던 짐승의 가죽과 화선지 등의 재료로 수작업을 통해 제작해 영화적 사실감을 배가했다.

영화 〈남한산성〉을 보고 난 관객들의 반응은 크게 두 가지다. "공을 들인 역사적 고증, 현재를 돌아보게 하는 묵직한 주제 의식, 원작 특유의 문체가 잘 녹아 난 각본, 그리고 대사만으로도 관객을 압도하는 배우들의 명연기"가 인상적이라는 평이 있는가 하면, "원작을 제대로 살리지 못했고, 오히려 대사만으로 이어지는 평면적인 전개가 지루하게 느껴져 아쉬웠다"는 평가도 있다. 좀 더 심하게는 "충신 코스프레를 하는 두 신하의 혀 놀음으로 시작해 살기 위해 발버둥을 치는 임금의 청에 대한 머리 찧기로 끝난다"는 가혹한 평도 있다.

관객들의 영화 리뷰에 대한 논박을 떠나 영화 〈남한산성〉에서 가장 흥미로운 장면은 역시 청과 화친을 주장하는 이조판서 최명길(이병헌 분)과 척화를 주장하는 예조판서 김상헌의 '설전'이다. 먼저 최명길은 인조에게 "죽음은 견딜 수 없고 치욕은 견딜 수 있사옵니다"라고 고하며, 청과 화친을 통해 당장의 위기를 극복하고자 청한다. 그는 역적이라는 오명에도 불구하고 청의 굴욕적인 제안을 받아들여 순간의 치욕을 견디고 후일을 도모하고자 한다. 반면 김상헌은 대의를 위해서라면 죽음도 불사하는 강인한 기개를 드러낸다. 그는 왕에게 "오랑캐에게 무릎을 꿇고 삶을 구걸하느니 사직을 위해 죽는 것이 신의 뜻이옵니다"라고 고한다. 또한 그는 남한산성의 성문을 열기 위한 청의 공격이 점차 거세지는 가운데 전국 각지의 근왕병을 불러 모아 끝까지 저항할 것을 청한다. 영화 속에서 최명길과 김상헌은 각각 화친과 척화를 주장하며 '뜨거운 동시에 차가운' 불꽃 튀기는 논쟁을 벌인다.

하지만 영화 속에서 감독은 최명길과 김상헌 중 그 누구의 편도 들지 않는다. 등장인물의 심리묘사 등 주관적인 요소는 배제하고 어느 정도 거리를 둔 상태에서 둘의 주장을 담담하게 때로는 밋밋하게 들려준다. 그는 최명길과 김상헌에 대한 개인적인 판단을 유보한다. 그렇기 때문에 영화 속에서 최명길은 '구국의 영웅/매국노', 김상헌은 '천하의 수구꼴통/강직한 충신'으로 이분법적으로 묘사되지 않는다. 그렇다 보니 영화 속에서 '누가 옳으냐, 누가 그르냐?'와 같은 인물에 대한 주관적 판단은 배제되고, 대신 '실리냐, 명분이냐?', '삶이냐 죽음이냐?'와 같은 가치관의 충돌이 전경화된다. 즉 '선악'의 문제가 아니라 '명분과 실리'가 이 영화의 키워드가 된다. 때로는 최명길의 실리가 맞는 것 같기도 하고, 때로는 김상헌의 명분이 옳은 것 같기도 하다.

3.

〈남한산성〉에서는 최명길과 김상헌 못지않게 인조가 흥미로웠다. 많은 사람들이 지적하듯이, 영화 〈남한산성〉에서 인조(박해일 분)는 우리가 너무나 잘 알고 있는 역사 속 인조와는 사뭇 다른 모습을 보인다. 영화 속 인조는 〈남한산성〉에서도 그리 현명한 왕은 아니다. 그렇다고 해서 우리가 생각하는 멍청하고 교활한, 무능하고 냉혹한, 인(仁)과는 전혀 어울리지 않는 인물도 아니다. 감독은 '무능한 군주'로서의 인조보다는 '나약한 한 인간'으로서의 인조에 방점을 찍는다. 그 때문에 영화 속 인조는 항상 고뇌에 차 있고 나름 진지하다.

감독은 인조에 대해 내재적인 접근을 시도한다. 다시 말하면 감독은 영화 속에서 왕이 아닌 한 인간으로서의 인조의 고뇌를 형상화한다. 인조는 대내외적인 어려움에 직면해 있다. 대내적으로 그는 반정으로 왕위에 올랐기 때문에 왕권이 대단히 취약하다. 따라서 그는 한편으로는 항상 자신을 왕위에 오르게 한 반정 공신들의 눈치를 봐야만 하고, 다른 한편으로는 반정에 대한 두려움에 사로잡혀 있다. 대외적으로도 그는 청나라의 국력이 더욱 거세지는 상황이었지만, 그렇다고 해서 아직 명나라의 산해관을 뚫은 것은 아니기 때문에, 이러지도 못하고 저러지도 못하는 상황에 놓여 있다. 이런 상황에서 그가 다스리는 조선은 아무런 준비도 대책도 없는 상황에서 청나라군의 대규모

영화 〈남한산성〉에서 감독은 '무능한 군주'로서의 인조보다는 '나약한 한 인간'으로서의 인조에 방점을 찍는다. 그 때문에 영화 속 인조는 항상 고뇌에 차 있고 나름 진지하다.

공습을 받았다.

  청나라가 한양으로 쳐들어오자 인조는 남한산성으로 도피했지만, 당시 성 안의 병사들과 말은 이미 추위와 굶주림의 극한 상황에 내몰려 있다. 성 밖은 칸의 등장으로 청나라군은 남한산성을 더욱 압박하고 있다. 인조는 화친과 척화를 둘러싸고 극렬하게 대립하는 신하들 속에 갇혀 있다. 그는 격렬하게 논쟁하는 대신들에게 "청군이 성을 둘러싸고 있는데 어찌 밖이 아니라 안에서 서로를 죽이라 하는가"라고 일갈한다. 우리가 이미 알고 있듯이, 그는 중요한 순간마다 판단을 미루거나 결정적인 오판을 거듭해 결국 삼전도의 굴욕을 자초하지만, 감독은 영화 〈남한산성〉에서 인조를 왕으로서의 모습뿐만 아니라 한 인간으로서의 모습도 담아내려 한다. 사실은 '왕'보다도 한 '인간'으로서의 인조에 방점을 찍고 있다.

  영화 〈남한산성〉이 병자호란을 역사적 배경으로 하는 기존의 소설, 영화, TV 드라마와 가장 구별되는 점은 이름 없는 민초들의 다양한 시각을 반영하고 있다는 점이다. 특히 대장장이 서날쇠(고수 분)는 작품에 역동성과 다양성을 불어넣는다. 감독은 날쇠를 통해 당시 백성들이 병자호란을 어떻게 생각하고 있는지를 잘 보여준다. 백성들의 의중을 가장 잘 보여주는 예거는 날쇠가 김상헌으로부터 왕의 격서를 받으면서 하는 말이다. 김상헌이 날쇠에게 무사히 격서를 전하면 왕이 큰 상을 내릴 것이라 하자, 그는 이렇게 답한다.

"저는 전하의 명을 따르려는 것이 아니옵니다. 그저 봄에 씨 뿌리고 가을에 추수 잘해서 한 해 배불리 보내는 게 소인의 꿈이옵니다."

날쇠의 이 말은 김상헌의 마음에 작은 파문을 일으키고, 최명길이 자신에게 한 말을 떠올리게 한다.

"삶이 있은 다음에야 새길이 있을 것이고, 오랑캐의 발밑을 기어서라도 제 나라 백성이 살아서 갈 길을 열어줄 수 있는 임금만이 비로소 백성이 마음으로 따를 수 있는 임금이옵니다."

백성들의 처지에서 보면 척화나 화친이나 크게 다르지 않다. 그들에게 행복이란 눈이 녹고 민들레꽃이 피는 날, 꺽지 한 마리 낚아서 상에 내놓는 게 전부다. 그렇기 때문에 영화의 마지막 장면에서 김상헌이 날쇠에게 맡긴 뱃사공의 손녀 나루가 전쟁이 끝난 뒤 평화로운 일상 속에서 친구들과 연날리기를 하러 뛰어가자, 그녀에게 조심하라고 걱정의 말을 건네는 날쇠의 모습이 뜬금없지 않다.

청과의 화의를 둘러싸고 대신들이 첨예한 대립을 하는 사이 청나라 군대가 남한산성을 밀고 들어오자 인조는 승산이 없음을 깨닫고 자신이 어떻게 해야겠냐고 신하들에게 묻는다. 하지만 이미 답은 왕도 알고 있고 신하들도 알고 있다. 신하들은 왕의 뜻대로 하겠으니 왕의 길을 알려달라고 답한다. 결국 인조는 자신은 "살고자 한다"고 자신의 길을 알려준다.

장면이 바뀌어 김상헌과 최명길은 처마 아래에서 마지막 대화를 나눈다. 김상헌은 최명길에게 "이판[최명길]은 자신이 뜻한 바를 이루었고 나는 전쟁의

영화 〈남한산성〉에서 가장 흥미로운 장면은 역시 청과 화친을 주장하는 이조판서 최명길과 척화를 주장하는 예조판서 김상헌의 '설전'이다. '죽음은 견딜 수 없고 치욕은 견딜 수 있다'는 말과 '오랑캐에게 무릎을 꿇고 삶을 구걸하느니 사직을 위해 죽는 것이 신의 뜻'이라는 말 사이에서 인조는 고뇌한다.

결과에 대한 책임이 있으니 마땅히 그에 대한 책임을 지겠다"라고 말한다. 그러자 최명길은 "이 일이 이렇게 된 것에 어찌 예판[김상헌]의 잘못만 있겠냐"라며 자신의 잘못도 분명 있다면서 같이 힘을 내어 조정의 재건에 힘쓰자고 제안한다. 그러나 김상헌은 전쟁을 하는 동안 자신이 느낀 것은 "이 나라가 바뀌려면 당신과 나, 심지어 왕까지도 없어져야 한다"라며 그의 제안을 거부한다. 그는 자신이 죽인 뱃사공의 손녀 마루를 날쇠에게 맡기고 자기 생각을 그대로 옮겨 자결을 시도한다.

한편 인조는 최명길의 항복문서를 가지고 삼전도로 향한다. 그는 그곳에서 청의 황제에게 세 번 절하고 아홉 번 머리를 찧는 일명 '삼배구고두례'를 행하고, 최명길은 그런 인조의 모습을 곁에서 지켜보며 통한의 눈물을 흘린다. 자신의 안위가 가장 중요했던 인조는 궁궐로 초라하게 돌아와 안도의 한숨을 내쉰다.

4.

사실 영화 〈남한산성〉을 보면서 약간 답답했다. 전적으로 동의하지는 않지만, 누군가의 말처럼 '원작을 제대로 못 살렸다', 혹은 '배우들의 연기가 너무 평면적이다'는 생각도 조금은 들었다. 그러나 생각해보면 〈남한산성〉은 처음부터 불리한 조건에서 시작하고 있다. 관객들은 영화를 보지 않아도 이미 이 영화가 어떤 내용인지 다 알고 있다. 이 영화는 〈광해〉(2012)처럼 판타지 역사도 아니고, 〈사도〉(2014)처럼 인물 탐구를 하는 영화도 아니다. 굳이 비교하자면 〈남한산성〉은 역사적 사실을 그대로 보여주는 '역사 다큐멘터리'에 가깝다. 그렇다 보니 영화는 예정된 결론을 따를 수밖에 없고, 평면적일 수밖에 없다. 게다가 김훈의 원작소설 『남한산성』(2007)에서 자유로울 수 없다.

말이 나온 김에 김훈의 원작소설에 대해 잠깐 살펴보자. 『남한산성』은 역사소설로 규정되지만, 일반적인 역사소설, 그리고 요즘 유행하는 팩션과는 결이 조금 다르다. 역사소설과 팩션은 혼용되지만, 엄밀히 말하자면 둘은 개념상 차이가 있다. 만일 역사소설을 '역사의 기록'에 '문학적 상상력'을 결합한 것으로 규정하면 팩션과 역사소설의 차이는 사라진다. 하지만 역사소설이 '현재의 전사'라고 한다면, 팩션은 '실제 역사의 조작과 상업적 이미지'가 강하기 때문에 둘은 구별된다. 김훈의 『남한산성』은 기존의 역사소설, 그리고 다른 팩션과 차별성을 보인다. 흔히 팩션이 '환상과 사실의 경계 해체'라면 역사적 사실과 작가적 상상력의 경계가 문제가 된다. 김훈의 경우는 다른 '한국형 팩션'과 달리 환상성보다는 역사에 대한 작가의 독특한 관점을 위한 극사실적 상상력에 의존한다.

김훈의 역사소설이 보여주는 새로움에 대해 작품의 인기만큼 긍정적 혹은 부정적 시각에서 많은 평론이 쏟아져 나왔다. 예컨대 평론가 김영찬은 김훈 소설이 역사소설의 외양을 하고 있으나 본질에서는 역사의 옷을 빌려 작가가 생각하는 생각의 이치와 자아의 자리를 되새기는 자의식적 소설로 간주한다.[11] 이런 '독백적' 역사소설에는 인물 각자의 성격화나 극적인 서사성이 개입할 여지가 없다. 인물들의 내면은 그가 누구이든 작가의 내면을 크건 작건 나누어 갖고 있어 딱히 갈라 구분되어야 할 필연성이 존재하지 않으며, 뒤에 숨어 상황을 섭정하고 인물의 내면에 투사되는 작가의 목소리가 삼인칭의 틀을 무력하게 만든다. 따라서 "김훈의 소설은 어쩌면 다양한 입장과 취향에 따라 갈리는 저 수다한 규정들에 제 몸을 내맡겨 그 입장과 취향이 교차하고 논란하며 경합하는 격전지로 존재한다는 측면에서 일종의 공백의 기표와 같다."[12]

김명석은 소설 『남한산성』의 특징을 세 가지로 규정했다. 첫째, '말의 성' 남한산성이 보여주는 '공백'과 '독백'의 역사 읽기다. 바로 이 역설적 지점에 김훈의 소설 작법이 있으며, 작품의 대화성이 가진 특징과 한계가 있다. 수많은 인물들의 '말의 노래'에서 드러나는 공백의 공간, 그리고 작가가 보여주는 독백의 자유가 이처럼 독자들에게 큰 반향을 일으키는 것은 이 사회가 그만큼 다원화되어가고 있다는 것을 입증한다. 둘째, 역사 속 개인의 발견이다. 다성적인(polyphonic) 인물 구도에도 불구하고 작가의 태도는 말로써 자신을 증명하는 주체들에 대해서 냉정한 태도를 보이며, 반대로 몸으로써 자신을 증명하는 이들을 옹호한다. 이 소설은 백성도 하나의 개인이라는 사실을 환기하며, 소수자의 존재를 인정하는 다문화적 태도로 독자의 반응을 끌어낸다. 셋째, 탈역사화와 다문화주의의 관계다. 탈역사주의적 태도를 비판하는 이들은 여전히 민족주의 시대의 역사관으로 이야기하는 반면, 다문화적 맥락에서

---

11) 김영찬, 「김훈 소설이 묻는 것과 묻지 않는 것」, 『창작과 비평』 제137호, 2007 가을, 390쪽.
12) 김영찬, 앞의 글, 388쪽.

는 남한산성에서의 경험이 주는 교훈도 다르게 해석된다. 결론적으로 『남한산성』은 탈역사화된 망각의 서사가 아니라 무시당하고 묻혀버린 기록의 발굴로서 부끄럽고 고통스럽지만 밟고 지나가야 할 '글'이자 동시에 다문화 시대 역사 문학이 가야 할 '길'이다.13)

즉 더욱 쉽게 말해서 소설 『남한산성』은 우호적이건 그렇지 않건 간에 역사와 사람에 대한 작가의 태도 또는 목소리가 비교적 명징하다.

하지만 영화 〈남한산성〉을 보면서는 궁금했다. 감독은 영화를 통해 무엇을 말하려고 했던 것일까. '과거를 거울삼아 현재를 투영한다'는 역사의 정의를 환기하려 한 것일까. 아니면 최명길과 김상헌은 생각은 달랐지만, 나라를 사랑하는 마음은 같았다는 것을 말하려 한 것일까. 또 아니면 인조가 세종대왕만큼 훌륭한 왕은 아니었지만 그래도 나름 나라의 운명과 백성의 고통에 고뇌했다는 것을 말하려 한 것일까. 아니면 이런 부끄러운 과거를 반면교사로 삼아 미래를 대비해야 한다는 역사적 교훈을 말하려 한 것일까.

실제 역사를 소재로 한 소설, 영화, TV 드라마에서 가장 중요한 것은 역사적 인물 또는 역사적 사건의 사실적 재현보다도 독창적인 해석 또는 관점이다. 실존 인물을 극적으로 묘사하든, 아니면 허구 또는 가상의 인물을 재현하든, 그들을 통해 단순히 역사적 사실의 전달에 머물러 있으면 아쉬움이 크기 마련이다. 사실의 전달에서 한발 더 나아가 해석이 들어가야 한다. 역사적 사실의 전달에 그친다면 그것은 영화가 아니라 '역사스페셜'과 같은 다큐멘터리일 뿐이다. 그 해석이 옳은지 그른지는 사실 그렇게 중요하지 않다. 우리가 진실이라고 믿는 역사는 사실의 기록이 아니라 관점의 기록이다. 예컨대 실제 객관적인 기록이라고 알려진 『조선왕조실록』도 '객관적 역사적 사실'에

---

13) 김명석, 「다문화 시대 우리 소설의 역사 읽기」, 『한국문예비평연구』 제29집, 2009. 8, 5~6쪽.

대한 사관의 '주관적 기록'이지 온전히 객관적인 기록이라 말하기 어렵다. 실록은 사관이 어전에 입시해 작성한 사초와 포폄이 들어간 사론을 비롯하여, 『승정원일기』를 비롯한 각 관청의 담록류의 기록을 망라하여 완성된다. 특히 실록은 주요 내용을 '취사선택 및 요약'하여 기술하기 때문에 국정의 상세한 과정이 빠지는 경우가 종종 있다. 다시 말하면 실록은 '객관적 역사적 사실'에 대한 사관의 '주관적 기록'이라 할 수 있다. 참고로 『승정원일기』는 실록과 달리 왕실의 문서출납과 관련된 사항과 임금과 신하들이 주고받은 대화를 가감 없이 기록했다는 점에서 『조선왕조실록』과 조금 다를 수 있다.

요컨대 영화 〈남한산성〉에 대해 가장 큰 아쉬움은 감독이 각각의 인물에 대해 지나친 객관화를 시도했다는 점이다. 그 때문인지 각각의 인물에 대한 묘사가 지나치게 평면적이다. 차라리 병자호란이라는 한 역사적 사건에 대한 각 인물의 관점을 시각적으로 형상화하고, 그에 대한 판단을 독자에게 남겨두었더라면 더 좋았을 텐데, 하는 아쉬움이 남는다. 마치 〈라쇼몽〉(1950)처럼 말이다.

5.

많은 이들은 영화 〈남한산성〉을 보면서 주로 북핵, 사드, 한미 FTA 등 현재 우리나라가 당면한 정치·경제적인 상황을 떠올리고 그에 대해 갑론을박한다. 그런데 이 영화를 보면서 문득 영화 〈라쇼몽〉이 떠올랐다. 주지하듯, 구로사와 아키라 감독에게 베니스 영화제 황금사자상을 안긴 이 영화는 하나의 사건을 두고 각자 기억을 달리하는 과정을 통해 '이기적'일 수밖에 없는 인간의 본질을 흥미롭게 보여준다.

전쟁이 끊이지 않았던 일본의 헤이안 시대 헤이안쿄 지방의 폐허가 된 '라쇼몽'에서 폭우가 그치기를 기다리는 세 남자가 대화를 나눈다. 세 남자 중 한 사람은 나무꾼으로서 사흘 전에 산속으로 나무를 하러 갔다가 한 사무라이의 시체를 발견한 뒤 관청에 신고했다. 다른 한 사람은 승려로서 역시 같은 날에 그 사무라이와 사무라이의 아내가 지나가는 것을 목격했다. 나머지 한 사람은 두 명의 목격자로부터 그 '사건'에 대한 이야기를 전해 듣는다.

    영화 속 사건의 개요는 이렇다. 이른 아침 사무라이는 말을 타고 자신의 아내와 함께 숲속 길을 지나간다. 그늘 속에서 낮잠을 자고 있던 산적은 그녀의 예쁜 얼굴을 보고는 그녀를 차지할 속셈으로 그들 앞에 나타난다. 그는 속임수를 써서 사무라이를 포박하고, 그의 아내를 겁탈한다. 오후에 그 숲속에 들어선 나무꾼은 사무라이의 가슴에 칼이 꽂혀있는 것을 발견하고 관청에 신고한다. 곧 산적은 체포되고, 행방이 묘연했던 사무라이의 아내도 불려와, 관청에서 심문이 벌어진다.

    쉽게 해결될 것 같던 살인사건은 사건 당사자들의 서로 다른 진술 때문에 미궁 속으로 빠진다. 예컨대 산적은 사무라이의 아내를 겁탈했지만 사무라이의 죽음은 자신과 무관하다고 억울함을 호소한다. 그를 살해한 것이 아니라 정당한 결투의 결과라고 말한다. 사무라이 아내의 말은 그의 말과 조금 다르다. 산적은 그녀를 겁탈한 뒤 도망쳤고, 그녀는 겁탈당한 자신을 경멸 어린 눈으로 쳐다보는 남편에 수치심을 느껴 자살을 시도하다가 정신을 잃었고, 정신을 차려보니 남편이 검에 찔려 죽어 있었다고 증언한다. 무당의 힘을 빌려 강신한 죽은 사무라이는 이들과 다른 진술을 한다. 그는 자신의 아내가 자신을 배신했고, 오히려 산적이 자신을 옹호해주었으며, 자신은 '사무라이답게' 자결했다고 말한다. 이처럼 산적, 사무라이의 아내, 사무라이 모두 자신의 처지에서 진술한다. 그들의 진술을 액면 그대로 믿는다면, 그들은 각각, '호방한 상남자', '가엾은 성폭력 피해자', '명예를 존중하는 전사'다.

    이처럼 엇갈리는 산적, 사무라이의 아내, 사무라이의 진술 속에는 그들 각자의 입장과 이해관계가 담겨 있다. 좀처럼 실체적 진실에 접근할 수 없는 이때, 살인사건의 신고자이자 목격자인 나무꾼이 등장한다. 그는 사무라이의 아내가 두 남자를 부추겨 싸움을 시켜 놓고 정작 당사자인 그녀는 도망쳤으며, 두 남자는 비겁하고 용렬하기 짝이 없는 '개싸움'을 벌였다고 말한다. 즉 나무꾼의 진술에 따르면, 사무라이의 아내는 천박하고, 산적은 허세로 가득 차 있고, 사무라이는 겁쟁이다. 하지만 나무꾼의 이야기 또한 전적으로 믿기 어렵다. 왜냐하면 그의 말을 증명해 줄 사람이 없기 때문이다. 게다가 평민이 나무꾼도 그 살인사건의 범죄에 연루되어 있음을 지적하자 사건의 진실은 오리무중 상태에 빠진다.

영화 〈라쇼몽〉은 사건의 진실이 과연 무엇인지를 밝히는 데에 초점을 맞추기보다는 같은 사건인데 왜 인물마다 진술이 모두 다른지, 그 이유에 초점을 맞췄다. 영화는 진실은 하나일지라도 얼마든지 사람마다 그것을 보고 듣고 느끼고 해석하는 데에 차이가 생길 수 있다는 세상의 원리를 이야기한다. 동시에 특히 사람의 '이기심'이 진실을 왜곡하게 만든다고 꼬집는다.

구로사와 아키라 감독도 〈라쇼몽〉에 대해 다음과 같이 말했다.

> "인간은 자기 자신에 대해서 솔직하게 말하지 못한다. 허식 없이는 자신에 대해 말하지 못한다. 이 시나리오는 그런 허식 없이는 살아갈 수 없는 인간이라는 존재를 그렸다. 아니, 죽어서까지 허식을 완전히 버리지 못하는 인간의 뿌리 깊은 죄를 그렸다. 그것은 인간이 가지고 태어난 업이고, 인간의 구제하기 힘든 성질이며, 이기심이 펼치는 기괴한 이야기다."

영화 속 승려도 각각의 진술을 들으며 "약한 것이 인간이기에 자신에게조차 거짓말을 하는 것이다"라고 말한다.

6.

'역사란 무엇인가?'라는 조금 거창한 질문으로 글을 맺으려 한다. 역사에 대한 수많은 정의가 있지만, E. H. 카는 『역사란 무엇인가?』(1961)에서 "역사는 과거와 현재와의 끊임없는 대화"라는 유명한 명제를 남겼다. 또한 그는 역사가의 주된 임무는 '있었던 일'을 기록하는 것만이 아니라 '있었던 일'을 평가하고 비판하는 일이므로, 역사적 사실이라는 것도 역사가에 의해 창조되는 것이라고 밝히고 있다. 그리고 역사가는 그가 속한 시대와 사회의 제약을 받기 때문에 역사적 사건을 해석하고 평가하는 기준도 그 당대의 가치관을 반영하는 것, 즉 역사가의 관점은 시대와 사회에 따라 다를 수 있다고 말한다. 역사는 사실의 '기록'이자 동시에 그에 대한 '해석'이다. 다시 말하면 역사는 '쓰기'와 '읽기', 혹은 '읽기'와 '쓰기' 행위로 이루어진다. 그리고 우리는 역사는 객관적이고 사실적인 기록이라고 생각한다. 아니 그렇다고 믿는다. 그런데 역사가 정말 객관적이고 사실적인 기록인지 확신하기 어렵다.

보통 개인의 기록은 글의 성격이 조금씩 다르기는 하지만 일기, 비망록, 수기, 자서전 등이 있다. 개인이 기록하는 이유는 기억력이 한계가 있기 때문이고, 따라서 무엇으로든지 남겨두지 않으면 안 된다. 기록으로 남아야 후대에 인정받는다. 때때로 개인의 기록은 국가의 기록이 유실되었을 때는 국가의 기록을 보충하기도 하고, 국가의 기록을 새롭게 읽을 수 있는 맥락을 제공하기도 한다. 또는 국가의 기록을 통해 개인의 기록의 맥락을 이해할 수도 있다. 따라서 역사를 공부할 때는 여러 사료들을 자세히 확인하고 비교하면서 비판적인 시각을 갖고 내용을 이해하는 것이 매우 중요하다.

그러나 어떤 역사라 하더라도 완벽할 수 없다. 국가의 기록이든, 개인의 기록이든 쓰기 행위에는 기본적으로 주관성이 개입될 수밖에 없다. 우리가 객관적 기록이라고 생각하는 국가의 기록도 어차피 개인이 기록한 것이기 때문에 주관성을 완전히 배제할 수 없다. 여기서 주관성은 개인, 개인이 속한 당파성, 혹은 이기심과 결합한다. 따라서 역사는 기록도 중요하지만 누가, 언제, 어떻게 읽느냐, 어떻게 해석하느냐가 중요하다. 그렇기 때문에 역사는 '박제화된 화석'이 아니라 '현재와 과거의 끊임없는 대화'이자 '미래를 비추는 거울'이다.

병자호란 시기 남한산성에서의 역사적 사실을 다룬 기록들은 매우 다양하고 풍부하다. 공식기록인 『인조실록』에는 인조 14년, 즉 병자년(1636) 12월부터 이듬해인 정축년 1월까지의 매일 매일의 사실이 실록 제33권에서 제34권에 걸쳐 기록되어 있다. 최명길의 『병자봉사』와 김상헌의 『남한기략』에서는 주화파와 척화파 양측의 시각을 엿볼 수 있다. 그 외에도 남한산성에서 수난을 직접 겪은 이들의 실기가 병자호란을 다양하게 기록하고 있다. 예컨대 나만갑의 『병자록』은 병자호란 당시 청나라에 항복에 이르게 된 사정을 날짜별로 기록하면서 주화파와 척화파 양측의 움직임을 소상히 담고 있다. 석지형의 『남한해위록』은 하급 관리의 시각에서 본 남한산성 기록이다. 그는 남한산성에서 포위당했다가 풀려난 전말을 자신이 목격한 그대로 실었다. 동시에 이 책에는 하급 관리들의 지휘부에 대한 불신이 숨김없이 드러나 있다. 종9품 말직에 종사하던 남업의 『병자일기』에는 군인들이 들고일어나서 고담준론만 일삼는 문사들이 적병을 막아보라고 임금에게 들이닥치는 장면이 나온다. 『산성일기』는 국문본 실기로서 실감 나는 묘사로 척화파를 옹호하고 주화파를 비난한다.

『박씨전』과 『임장군전』과 같은 고전 소설은 가상의 역사를 꿈꾼다. 즉 실제 역사 인물들에 허구를 섞어 청나라에 당한 굴욕을 소설을 통해 복수하고 있다. 『박씨전』은 병자호란 때 수어사를 지낸 실제 인물 이시백의 가정을 중심으로 박씨라는 가공인물을 설정하여 역사적 사실과 환상성을 결합해 임진왜란과 병자호란 이후 국가를 보위해야겠다는 대각성과 함께 무능한 사대부에 대한 민중의 원한과 분노를 보여주었다. 『임장군전』은 인조 때의 명장 임경업을 민족적 영웅으로 부각한 역사소설이다. 전란에서는 현실적으로 불가능했던 저항 혹은 승리를 임경업의 철수군 기습을 통해 부분적 전과로 가공

하여, 상처받은 민중의 공감대를 확보하고 대청 적개심을 극대화했다.[14]

병자호란과 남한산성을 소재로 쓰인 당대 사대부들의 기록이 주로 척화와 강화의 논리의 잘잘못을 논했다면, 하급 관리들은 병란의 실상과 문제점을 지적했다. 민중들은 영웅의 창조를 통해 민족적 굴욕을 극복하고자 했다. 이처럼 병자호란이라는 같은 사건을 겪었지만, 각자의 관점이 다르기 때문에 이 기록들은 전혀 다른 기록으로 읽힌다. 이러한 자료들은 김훈의 『남한산성』에서 묘사하는 인물들의 대화나 행동의 밑바탕이 되며, 소설과 역사적 기록 간의 상호텍스트적 관계를 이해하는 데 도움이 된다. 개인적으로는 영화 〈남한산성〉도 이런 다양한 목소리를 좀 더 입체적으로 담아냈다면 어땠을까, 하는 아쉬움이 남는다. 그 때문에 〈남한산성〉을 보면서 생뚱맞게도 〈라쇼몽〉이 떠올랐다.

---

14) 김기현 역주, 『박씨전/임장군전/배시황전』, 고려대학교 민족문화연구소, 1995, 136~139쪽, 219~221쪽.

〈고령가 소년 살인사건〉:
"**대만**의 신산한 근현대사를 읽다"

1.

 보통 우리가 '고전'(classic)이라고 부르는 책은 대체로 누구나 읽었을 것 같지만, 사실은 거의 읽지 않거나 누구나 읽었을 것으로 생각해 읽지 않았어도 읽은 척하는 그런 책이다. 심하게 말하면 봐도 그만 안 봐도 그만인 책이다. 책만 그런 게 아니라 영화도 그렇다. 영화를 조금 알고 본다는 사람이라면 누구나 봤을 것 같은데, 사실은 본 사람이 별로 없는 영화가 '고전 영화'다. 개인적으로는 에드워드 양(1947~2007)의 영화가 바로 그런 고전 영화에 속한다. 사실 에드워드 양은 '대만 뉴웨이브 영화'를 언급할 때 절대 빼놓을 수 없는 감독이지만, 그의 영화는 쉽지 않다. 그의 영화 중 초기작 중 하나로서 "도시 생활의 무기력한 권태를 다양한 인간 군상의 삶 속에 담아내고 있다"라는 평가를 받는 〈공포분자〉(1986)와 그의 이름을 전 세계에 알린 〈하나 그리고 둘〉(2000)은 예전에 보았지만, 다소 주관적으로 그의 '가장 대표작'이라 할 수 있는 〈고령가 소년 살인사건〉(1991)[15]은 오랫동안 '제대로' 보지 못했다. 변명하자면, 나중에 해야 할 숙제로 미루어놓고 보지 않았다.

---

15) 이후 〈고령가 소년 살인사건〉은 〈고령가〉로 약칭.

사실 영화 〈고령가〉에 대해서는 너무나 많은 말을 들어서 보기가 조금 두려웠다. 그런데도 불과 얼마 전까지도 대만 뉴웨이브 영화와 에드워드 양의 영화에 대해 어느 자리에서 말하거나 글을 쓸 때, 사실 이 영화를 보지도 않았으면서도 마치 본 것처럼 말하고 썼다. 그럴수록 '큰 잘못을 저지르고 있는 것은 아닌가'라는 걱정과 두려움은 더욱 커졌다. 아무튼 〈고령가〉는 끝내야 하는데 끝마치지 못하는 '오래된 숙제'로 계속 남았다. 그런데 얼마 전 이 오래된 숙제를 끝마쳤다. 어찌 된 영문인지 알 수는 없지만, 지난해 말 이 영화가 '개봉'됐다. 누가 봐도 전혀 흥행이 될 것 같지 않은 영화인데 개봉한다고 해서 적잖이 놀랐다. 처음에는 요즘 유행처럼 리마스터링을 거쳐 '재개봉'하는 줄 알았다. 그런데 이 글을 쓰면서, 이 영화가 국내에 정식 개봉하지 않았고 26년 만의 국내 정식 개봉한 것이라는 사실을 알게 되었다. 예전에 얼핏 본 것은 자막도 형편없고 화질도 조악한 불법 비디오테이프였다. 그걸 변환한 영화 파일은 지금도 인터넷에 떠돌고 있다.

처음에는 '걸작'이라는 입소문 때문인지 사람들이 제법 〈고령가〉에 꽤 관심을 두는 듯 했지만, 역시나 그 관심은 예상대로 아주 빨리 식었다. 이 글을 쓰는 시점에서 관객 수를 조회해보니 1만 명이 채 되지 않는다. 그것과 관계없이 마음을 다잡고 이 영화를 보았다. 숙제가 늘 그렇듯이 이 영화는 절대 쉽지 않았다. 누군가의 말처럼 "시대의 불안과 부평초 같은 대만인의 심리"라는 이 영화 주제도 이해하기 어려웠지만, 그보다도 4시간 가까운 러닝 타임이 너무 힘들었다. "인생의 하루를 바칠 충분한 가치가 있는 작품"이며 "영화에 관심이 있다면 이 영화는 봐야 한다"라는 영화평 때문에 간신히 끝까지 보았다. 하지만 여러 번에 걸쳐서 말이다. 미리 고백하지만, 극장에서 이 영화를 보지 못하고 파일로 보았다. 하지만 이번에는 화질도 좋고 자막도 믿을 만한 정식 파일이었다.

2.

　대만의 신산한 근현대사가 녹아있는 영화 〈고령가〉를 제대로 이해하기 위해서는 대만 뉴웨이브 영화와 대만의 역사적 상황을 어느 정도 알 필요가 있다. 먼저 대만 영화, 그 가운데 특히 '대만 뉴웨이브 영화'에 대해 살펴보자. 대만 영화는 중국과 홍콩 등 중화권 국가와 교류하면서 성장과 퇴보를 거듭했다. 즉 대만 영화는 1949년 중국에서 혁명이 일어난 후 대만으로 건너온 중국 영화인들에 의해 영화적 기틀이 어느 정도 형성되었고, 그 자양분을 바탕으로 1960년대 이후에는 홍콩 영화와 교류하면서 역량을 키웠다. 하지만 대만 영화는 중국이나 홍콩 영화와 달리 산업화하는 데 실패했고, 대신 정부의 엄격한 검열과 급속한 경제성장이 맞물리며 할리우드 스타일의 오락 영화가 주류를 이뤘다. 말초적이고 즉물적인 할리우드 영화의 가벼움에 지쳐갈 바로 그 무렵, 대만의 현실을 비판하거나 있는 그대로의 현실을 담아 내는 영화들이 대거 등장하기 시작했다. 1980년 초 해외 유학파 감독들이 하나 둘씩 귀국하고 정부의 검열도 느슨해지면서 새로운 영화 바람, 일명 대만 '뉴 웨이브'가 불었다.

　1982년 에드워드 양, 타도우 첸, 추안잉, 코이첸 등 네 명의 신인 감독이 연출한 옴니버스영화 〈광음적고사〉를 시작으로 '있는 그대로'를 찍으려는 새로운 영화적 흐름은 관객과 평단으로부터 호평을 받았다. 대만 뉴웨이브는 할리우드의 세트 촬영이 아니라 이탈리아 네오리얼리즘 영화처럼 로케이션 촬영을 통해 얻은 생생한 화면, 역사를 정면으로 응시하는 태도, 비전문 배우의 출연을 통해 새로운 시대적 흐름을 형성해 나갔다. 대만 뉴웨이브 영화는 이전의 대만 영화와 다르게 오락적 재미보다는 대만의 '차갑고 냉혹한 현실'에 더욱 관심을 두었다. 세부적으로는 다큐멘터리 영화처럼 담담하고 사실적인 묘사, 인간의 조건에 대한 날카로운 통찰, 개인의 삶에 투영된 굴곡진 역사적 상흔에 대한 조명, 감독 개인이 직접 겪은 성장담과 경험의 반영을 통해 민중들의 생명력을 진솔하게 담아냈다. 대만 뉴웨이브 영화는 "할리우드가 지향하는 보편타당한 감성의 상업 영화를 벗어나 대만이라는 구체적인 공간과 기억이 녹아든" 국민 영화로서의 '대만 영화'를 전 세계 영화인들에게 각인시켰다. 특히 허우샤오셴과 에드워드 양의 영화의 공이 컸다.

하지만 허우샤오셴과 에드워드 양의 새로운 영화적 시도와 세계적인 명성에도 불구하고 전체적인 대만 영화 산업은 크게 호전되지 않았다. 할리우드의 입맛에 길들여진 대다수 대만 관객들이 진지한 대만 영화를 외면했기 때문이다. 따라서 1990년대 이후 대만에서 영화를 만들기 위해서는 거의 투쟁에 가까운 인내와 노력이 필요했다. 대만에서 대중적으로 흥행에 성공한 영화는 리안 감독의 〈결혼 피로연〉(1993)과 〈음식남녀〉(1994) 정도였다. 리안 감독은 이전 세대 감독과 다르게 대만인들의 일상을 더욱더 따뜻하고, 대중적이고, 유머러스하게 묘사했다. 그는 베를린, 베니스 등 세계 유수의 영화제에서 주요 상을 받으며 감독으로서 국제적인 명성을 얻었다. 그의 뛰어난 영화적 재능은 할리우드의 눈에 띄었고, 그는 미국으로 영화적 망명의 길을 택했다.

참고로 1990년대 말 대만 영화에 등장한 또 하나의 주목할 만한 인물은 차이밍량이었다. 말레이시아 출신의 차이밍량은 대만 사회에 만연한 인간 사이의 단절, 죽음과도 같은 소통 부재의 상황 등을 차갑게 담아내 허우샤오셴과 에드워드 양을 잇는 대만 영화의 새로운 기수로 떠올랐다. 리안이 대만 뉴웨이브의 경향과 다른 영화적 세계를 지향했다면, 차이밍량은 대만 뉴웨이브 영화의 계보를 계승하면서도 자신만의 독창적인 영화 세계를 구축했다. 〈애정만세〉(1994)가 잘 예거하듯이, 차이밍량의 영화는 "도시의 군중 속에 숨겨진 이유 없는 고독과 소외감, 무의미한 만남과 관계" 등 현대 대만인들의 일상을 세밀하게 묘파한다. 리안과 차이밍량은 허우샤오셴과 에드워드 양 등 기존의 뉴 웨이브 감독들이 집중했던 역사에 대한 통찰, 도시에 대한 거시적 분석, 경제 발전에 관한 통찰 등 거시적인 담론에 관심을 기울이는 대신, 타이베이라는 현대 대도시의 미시적인 개인의 삶에 초점을 맞추면서 감각적이고 예술적인 영화 세계를 구축했다.

정리하면 에드워드 양, 허우샤오셴, 리안, 차이밍량은 할리우드 영화와 오락 영화 일색이었던 1980년대 대만의 영화계에 단어 그대로 '새로운 바람'을 불러일으켰다. 그렇다고 해서 그들의 영화를 '현재의 대만 영화'라는 하나의 범주로 묶기 어렵다. 왜냐하면 그들의 영화적 결이 때로는 조금씩, 때로는 많이 다르기 때문이다. 다시 말하지만 뉴 웨이브 제1세대인 허우샤오셴과 에드워드 양은 주로 도시화와 근대화 과정에서 국가 권력에 의해 초래된 대만인들이 겪는 소외와 가족의 붕괴를 다루었다. 제2세대인 리안과 차이밍량은 주로 개인의 고독감, 인간관계의 단절 또는 무위 등 온전하게 개인적인 문제에 천착했다. 특히 타이베이를 보는 시각이 완전히 달랐다. 제1세대에게 타이베이는 비극과 슬픔이 아로새겨진 역사적 공간인 데 반해, 제2세대에게 타이베이는 고독과 소외로 상징되는 대도시다. 같은 세대라고 하더라도 리안과 차이밍량의 영화적 결 또한 다르다. 리안은 전통적인 중국(대만) 사회와 현대 서구 사회의 갈등과 대립에서 불거지는 가족 구성원 간의 희극성을 시각화했다면, 차이밍량은 타이베이와 같은 고도성장을 경험한 대도시에 사는 현대인들의 고독과 소외, 그리고 개인의 정체성 상실 같은 문제를 섬세하고 예리하게 포착했다.

리안의 영화 활동 무대와 영화적 공간이 주로 미국이라는 점에서 그를 논외로 하면, 허우샤오셴과 차이밍량, 에드워드 양은 보통 '대만 비주류 영화감독'으로 범주화된다. 그들은 인간에 대한 깊은 탐구와 진실한 삶에 대한 개성적인 표현과 영화 언어에 대한 탐색과 창조를 통해 본토의 민생과 종족에 대한 영화적 '서사시'를 썼다. 또한 인문적 관조에 관심이 있는 대만의 새로운 영화를 그려냈고, 대만 비주류 상업 영화의 새로운 담론 공간을 구축했다. 그런데 그들은 스스로 내부의 비주류임을 선언했지만, 역설적으로 외부에서는 오히려 주류가 된다. 경계 안에서 호명되지 못하면서 경계 바깥에서 승인되는 '아이러니', 그렇게 그들은 유사한 방식으로 자신들만의 영화 세계를 쌓아 나갔다.

3.

에드워드 양은 중국에서 대만으로 건너온 '외성인'으로서 중국 상하이에서 출생했고, 공무원인 부모를 따라 대만으로 왔다. 그는 아버지의 영향으로 어렸을 때부터 영화를 즐겨보았다. 하지만 그는 1970년 미국으로 유학을 가서 컴퓨터 공학을 전공해 한동안 엔지니어로 일했다. 그러다가 영화를 전공했고, 귀국 후 1981년에는 영화 〈1905년의 봄〉 촬영에 참여했으며, 1982년에는 〈시간의 이야기〉를 공동 제작했다. 이후 〈바닷가의 하루〉(1983), 〈타이베이 이야기〉(1985), 〈공포분자〉, 1990년대 이후에는 〈고령가〉, 〈독립시대〉(1994), 〈마작〉(1996)을 발표했으며, 2001년에는 〈하나 그리고 둘〉로 칸 영화제에서 감독상을 받았다.[16] 허우샤오셴의 영화가 그런 것처럼, 에드워드 양의 영화에는 대만의 신산한 근현대사가 그대로 녹아 있다.

대만은 중국 본토에서 떨어진 섬으로서 17세기부터 네덜란드, 청나라, 일본, 미국 등으로부터 식민 통치를 받았다. 대만의 인구 구성은 크게 선주민족

---

16) 〈하나 그리고 둘〉은 '가족의 이면' 또는 '가족의 초상' 등 가족에 대해 진지하게 고민하게 한다. 간략하게 말하자면, 이 영화는 결혼식으로 시작해서 장례식으로 끝나는 현대 대만의 한 가족의 3대에 걸친 이야기다. 영화는 주로 NJ와 그의 딸 틴틴의 시선으로 가족들과 그 주변 인물들의 일상을 담담하게 보여준다. 사실 〈하나 그리고 둘〉은 영화 기법에 대해 할 이야기가 많은 영화다. 다양한 카메라 워크, 교차 편집, 공간의 재해석 등 이 영화의 탁월한 스타일에 대해서는 많은 영화 평론가들이 이미 극찬했다. 참고로 이 영화는 BBC 선정 '21세기 위대한 영화 100편' 중 8위에 올랐는데, 이 영화의 '위대함'은 영화 기법 면에서 비롯한다고 말해도 과언이 아닐 정도로, 스타일이 훌륭한 영화다. "〈하나 그리고 둘〉이 다음 세대에 거는 희망에 관한 영화라면, 〈고령가〉는 감독이 직시하는 어둠에 관한 영화다."

인 고산족과 한(漢)족인 본성인, 그리고 외성인으로 구성되어 있다. 대만은 일본의 제2차 세계대전 패망 후 중국으로 반환되었다. 하지만 새로 이주해온 외성인과 원주민인 본성인의 갈등이 촉발되어 1947년 2월 28일에는 '2·28사건'이 벌어지기도 했다.[17] 그 뒤 1949년에는 중국 공산당과의 내전에서 패배한 국민당 장제스 정권이 난징에 있던 '중화민국' 정부를 대만의 타이베이로 옮기면서 오늘날까지 본토의 '중화인민공화국'과 구분되는 독자적인 정치체제를 유지하고 있다.

대만의 국가기구는 총통과 행정원·입법원·사법원·고시원·감찰원의 5원(院), 중앙정부 및 지방정부 등으로 구성되어 있다. 총통은 국가원수로서 임기는 4년으로 1회에 한하여 재임할 수 있다. 1949년 이래 국민당 1당 지배체제를 펴오다가 1987년 7월 계엄령을 해제하고, 1989년 1월 복수정당제를 도입해 국민당 1당 체제를 벗어났으며, 마침내 2000년 대선에서 민진당의 천수이볜이 총통에 당선됨으로써 국민당 집권 정치에 마침표를 찍었다. 천수이볜은 연임에 성공했고, 그 후 국민당의 마잉주, 다시 민진당의 차이잉원이 총통에 당선되며 현재는 민주적으로 정권 교체가 이루어지고 있다.[18]

사실 한국과 대만은 역사적 경험으로 볼 때 매우 비슷하다. 한국과 대만 모두 일제 식민지, 내전, 분단, 군부독재, 민주화운동의 시기를 거쳤다. 개인의

---

17) 2·28사건은 1947년 2월 28일 중화민국 정부 관료의 폭압에 맞서 대만의 다수 주민인 본성인들이 일으킨 항쟁을 말한다. 허우샤오셴 감독의 영화 〈비정성시〉(1989)는 2·28사건을 역사적 배경으로 하고 있다. 이 영화는 4형제가 모두 죽거나 행방불명되는 비극적 가족사를 통해 2·28사건과 제2차 세계대전 이후의 대만의 혼란과 혼돈의 양상을 보여준다.
18) 1975년 장제스 사망 후 대만의 권력은 그의 아들 장징궈에게 계승되어 1988년까지 계속되었다. 하지만 국민당 정부는 1970년대 들어 국내외적으로 위기에 처한다. 대외적으로는 안보리 상임이사국 지위를 잃는 것을 시작으로, 미국, 일본 등 여러 나라가 대만과 단교하면서 국제적 고립이 심각한 상태에 이른다. 국내적으로는 민주화 요구도 높아져 결국 1986년 민주진보당(민진당)이 창당되고 1987년 7월 14일에는

희생을 바탕으로 국가권력이 유지되었고, 암담한 세월에 부모는 자식들에 희망을 걸고 살았다. 〈고령가〉는 40년간 이어진 대만의 계엄령이 해제된 1987년 직후 만들어진 영화로 '개발독재' 시대에 대한 회고의 시선이 담겨 있다. 그러나 그 시선은 과거의 '향수'가 아니라 '비판과 성찰'이다. 바로 이 점은 대한민국의 신산한 근현대사를 추억하고 미화하는 〈국제시장〉(2014)과 사뭇 비교된다. 다시 말하면 〈고령가〉에는 1960년대 대만에서 국가 권력이 어떻게 형성되고, 어떻게 국민을 옥죄는지 그 과정이 구체적으로 잘 나타나 있다. 또한 막강한 권력을 가진 정치적 집단으로서의 국민당이 국가개발을 담당할 테크노크라트를 양성하기 위해 교육기관을 통해 어떻게 학생(국민)을 길들이는지 그 과정이 구체적으로 잘 드러난다.

〈고령가〉의 중요한 역사적 맥락을 제공하는 대만의 역사, 장제스의 국민당 정부에 대해 조금 더 살펴보자. 1949년 12월 10일, 중국 내전에서 실패한 장제스는 국민당의 50만 군대와 함께 대만으로 들어와 '중화민국'의 이름으로 국가 체제를 갖추었다. 그는 일체의 정당 및 단체의 설립을 허용하지 않았고 '철혈정치'를 폈다. 그의 권력은 중국 본토에서 그랬던 것처럼 대만에서도 절대적이었다. 이 시기 냉전 체제의 세계 질서 속에서 대만은 미국의 소중한 우방이었다. 미국은 1950년 6월 대만 해협에 미 7함대를 배치하여 대만을 보호

계엄령 해제 선포를 하게 된다. 민진당은 2000년 총선에서 승리해 천수이볜 총통이 이끄는 집권 여당이 된다. 하지만 경제 성장 둔화, 물가 급등, 실업률 상승 등 경제정책 실패해 2008년 총선에서 국민당에 대패한다. 민진당의 대만 독립 노선은 중국을 자극하여 갈등을 심화시켰다. 2008년 다시 권력을 장악한 국민당 마잉주 총통은 금융위기를 극복하고 높은 경제 성장률을 기록하였으며 중화인민 공화국과의 양안관계를 크게 개선했다. 그러나 마잉주 이후 총통이 된 민진당의 차이잉원은 대만의 소리가 묻히고, 경제성장의 열매가 상위층에 독점되는 점을 비판했다. 또한 중국과의 관계도 대만의 주체적 의식과 원칙에 따라 중국과 상호 작용하는 새로운 모델을 강조했다.

했을 뿐만 아니라, 경제적으로도 많은 원조를 했다. 미국은 1970년대 중국과 화해하고 중국의 유엔 가입 및 상임이사국의 지위를 인정하게 될 때까지, 대만과 장제스 정부를 중국으로 공식 인정했다. 대만은 경제성장에 집중하여 아시아에서 가장 주목받는 신흥공업국으로 도약하였다. 1960년대에 섬유나 가전제품 등 노동집약적인 공업 중심의 수출지향형의 공업화로 눈부신 경제성장을 이루었다. 매년 10% 내외의 고도성장을 기록하였고 막대한 외환 보유액을 자랑하는 무역 흑자국이었다. 아시아 신흥공업국을 가리키는 이른바 '4마리 용' 가운데 가장 안정된 경제구조를 유지했다. 중국 본토와 대만의 경제 수준의 격차는 엄청나게 벌어졌다. 하지만 국가가 경제적으로 번영하면 할수록 개인의 삶은 점점 고독해지고 폭력은 더욱 일상화된다. 즉 국가가 개인에게 행하는 거시적 폭력은 개인과 개인 사이에서 벌어지는 미시적 폭력으로 전화한다.

4.

〈고령가〉는 에드워드 양의 다섯 번째 작품이자 '타이베이 3부작'의 마지막 편에 해당한다. 당시 미성년자가 저지른 최초의 살인사건이었던 실화를 영화로 옮긴 이 작품은 1960년대 대만 사회의 어두운 상황을 담담한 시선으로 그린다.[19] 상영 시간이 거의 네 시간 가까이 되지만, 영화의 줄거리는 비교적 간단하다. 열네 살의 샤오쓰(장첸 분)는 중국공산당이 본토를 점령한 뒤 부모를 따라 탈출한 외성인이다. 대만에서 새로운 삶을 꾸려야 하지만 현실은 쉽지 않다. 당시 대만 사회에서 소년이 선택할 수 있는 길은 두 가지다. 하나는 좋은

---

[19] 영화가 시작하면 자막으로 "1949년 공산당과의 내전 패배로 중국 본토에서 수백만 명의 사람들이 대만으로 이주해 왔고, 그들의 자식들은 자신들의 '미래에 대한 불안'에 의해 형성된 '불안한 환경' 속에서 양육되었고, 자신들의 정체성 형성을 찾기 위해 패거리를 이루었다"는 영화의 역사적 배경이 설명된다.

성적을 받아 선택된 엘리트 집단에 진입하는 것이고, 다른 하나는 '동네 깡패'(street gangs) 패거리에 의탁해 자신의 몸을 보호하는 것이다. 국어에서 낮은 점수를 받은 샤오쓰는 야간 학교로 진학하고 그곳에서 '소공원파'로 불리는 패거리 친구들과 어울린다. 하지만 샤오쓰는 그들과 늘 거리를 둔다. 언제나 한 발 떨어져 있다. 소공원파의 전설적인 두목 허니(Honey)의 복수극이 벌어질 때도 외부에서 망만 볼 뿐 적극적으로 나서지 않는다. 그는 모든 이들의 선망의 대상이기도 한 소녀 밍(양정의 분)에게 끌리지만, 그녀가 허니의 여자 친구임을 알게 되자 또 거리를 둔다.

얼마 뒤 소공원파와 적대적인 '271파'의 두목을 죽인 후 피신했던 허니가 돌아오자 샤오쓰는 그를 친형처럼 따른다. 하지만 허니가 어이없는 죽음을 맞이하자 샤오쓰는 허니의 복수와 함께 밍을 지켜주기 위해 싸움에 적극적으로 끼어든다. 그 결과 샤오쓰는 퇴학까지 당하고 잠시 외톨이가 되는데 이후 믿기 힘든 소식을 접한다. 밍이 군 간부의 아들 샤오마와 사귄다는 소문을 들은 것이다. 이에 격분한 샤오쓰는 샤오마를 죽이기 위해 찾아간다. 하지만 그는 마치 운명의 장난처럼 샤오마 대신 밍을 만나고 그녀를 우발적으로 살해한다.

영화 〈고령가〉는 주인공 샤오쓰의 이야기이지만, 영화는 그의 이야기뿐만 아니라 그 주변 인물 개개인의 삶의 태도와 흔적도 균형감 있게 담아낸다. 즉 영화는 '살인사건'이라는 핵심을 중심으로 흘러가기보다는 "등장인물의 매 순간을 묘사한 기록"을 중심으로 전개된다. 즉 샤오쓰 가족의 이야기와 밍을 포함한 소공원파 무리의 개별적인 이야기가 촘촘하게 엮여 있기 때문에, 어느 특정 인물의 서사로 영화 전체를 해석하는 것은 큰 도움이 되지 않는다. 감독은 영화적 시선을 한 개인의 특정 시각에 두지 않고 여러 사람들의 다양하고 다층적인 시각에 두고 있다.

사실 〈고령가〉는 감독 에드워드 양의 개인적인 경험을 일정 부분 반영하고

영화 〈고령가〉는 주인공 샤오쓰의 이야기이지만, 영화는 그의 이야기뿐만 아니라 그 주변 인물 개개인의 삶의 태도와 흔적도 균형감 있게 담아낸다. 영화는 '살인사건'이라는 핵심을 중심으로 흘러가기보다는 "등장인물의 매 순간을 묘사한 기록"을 중심으로 전개된다.

있다. 전술했듯이, 그는 중국 상하이에서 출생했고, 부모를 따라 대만으로 이주한 후 대만의 명문인 '건국 중학'에 입학한다. 〈고령가〉는 1961년 그가 건국 중학에 다니던 시절 한 동창생이 저지른 실제 살인사건을 영화적 소재로 삼고 있다. 그는 이 영화에서 중국본토에서 대만으로 이주한 사람들, 즉 외성인이 겪는 주체성의 '상실'에 국가 권력이 밀접하게 연관되어 있음을 묘파한다. 국가적인 역사와 개인의 삶이 어떻게 관계를 맺는지 그 방식도 탐색한다. 전술했듯이, 대만의 뉴웨이브 영화는 대체로 식민지 역사가 대만인의 삶에 어떤 영향을 끼치는가에 깊은 관심을 두고 있다. 영화의 양식적 요소들을 역사적 맥락과 사회적 토대와의 연관성 속에서 찾는다. 대만 뉴웨이브 관점에서 볼 때, 영화 〈고령가〉의 샤오쓰의 살인사건은 국가권력에 의해 끊임없이 가해지는 폭력적인 사회에서 겪는 '상실감'이나 '환멸'의 극단적 상황과 다름없다.

일제 식민 지배, 장제스 국민당 독재정권, 미국 자본주의의 유입 등은 〈고령가〉를 이루는 주요 배경이고, 동시에 샤오쓰의 비극과도 밀접한 관련이 있다.[20] 즉 일제 식민 지배에서 장제스의 독재정치로 이어지고, 미국의 자본주의를 받아들이고 중국과 대립하는 반공주의를 펼치는 과정에서 개인들은 일상적으로 폭력적인 환경에 노출된다. 그리고 이러한 폭력적인 환경은 개인의 사적 공간, 개인의 인간관계까지 영향을 끼친다. 그리고 그 영향은 주로 상실과 박탈, 소외 등과 같은 '어둠'으로 나타난다. 예컨대 샤오쓰의 어머니가 옆집에서 흘러나오는 일본 노래를 들으며 "일본을 쫓아내기 위해 피 흘린 사람들이 얼마인데 아직도 일본의 잔재가 흘러넘친다"라고 푸념하는 장면은 당시의 혼란한 시대적 상황을 잘 보여준다. 그리고 이 어둠은 어른들의 문제에 그치지 않고 아이들에게까지 확대된다. 당시 청소년들은 자체적으로 폭력 조직을 만들어 서로에게 칼을 휘둘렀지만, 어른들은 실제로 몰랐거나 아니면 모른 척했다. 그리고 의도치 않게 이 혼란에 휘말린 소년 샤오쓰는 친구들의 문제, 가족들의 문제 그리고 좋아하는 소녀 밍의 문제 사이에서 자신의 자리를 찾기 위해 노력한다.

〈고령가〉는 장소 상실의 정치적 현실을 생산하는 국가권력의 폭력성을 비판적으로 조명한다. 특이한 점은 그러한 폭력성이 국내자이면서 동시에 국외자인 '외성인'의 시선으로 그려지고 있다는 점이다. 외성인들은 한때 국민당 정부를 연인처럼 사랑했으나, 대만으로 이주한 후에는 정부의 계엄통치 하에서 끊임없이 감시받는 '불확실한' 신세로 전락했다. 자신들의 정체성도 불확실하지만, 그들이 현재 머무르고 있는 대만 역시 불확실하기는 마찬가지다.

---

[20] 〈고령가〉의 영어 제목은 'A Brighter Summer Day'인데, 이는 샤오쓰의 누나가 당시 유행하던 엘비스 프레슬리의 노래 「오늘 밤 당신 외로운가요?」(Are you Lonesome Tonight?)의 노래 가사 중 "당신은 햇볕 따가운 어느 날을 기억하나요?"(Does your memory stray to a brighter sunny day?) 중에서 "sunny"를 "summer"로 잘못 옮긴 데서 비롯된다. 〈고령가〉는 영화 전반에 걸쳐 당시 미국문화가 대만 젊은이들의 삶과 의식에 얼마나 큰 영향을 끼쳤는가를 잘 보여준다.

대만의 불확실성 속에서 중국본토는 외성인들에게 소중한 기억을 불러일으키고 실존적 존재의 기반을 제공하는 장소다. 중국본토는 특히 샤오쓰의 아버지가 감정적으로 직접 만나게 되는 지각공간이자 경험공간으로서, 비록 주관적이기는 하지만 그에게 친밀감을 제공하며 정체성의 토대다. 하지만 현재 국민당 정부는 대만이라는 국민 국가의 '국민 만들기' 과정에서 그에게 중국본토에 대한 망각을 강요하고 있다.

〈고령가〉의 영화적 공간인 타이베이는 일본, 중국, 그리고 미국의 영향이 복잡하게 뒤섞여 있는 도시로서 국가권력의 폭력성이 일상화된 공간이다. 타이베이의 일상은 혼란스러움, 폭력, 그리고 장소감의 상실로 인한 사회적 불확실성으로 가득 차 있다. 중국본토에서 대만으로 건너온 외성인들은 대만의 혼종적 문화에 '적응', '동화', '혼종화'하고자 노력하지만, 그들은 소외감과 이질감만 느낄 뿐이다. 즉 그들은 대만 정부의 국가권력 아래에서 자신들의 고유한 정체성을 인정받지 못한다. 특히 샤오쓰의 아버지가 생각하기에, 국가권력은 자신과 같은 외성인에게서 과거의 정체성을 지우기 위해 과거라는 시간을 망각시키고자 시도하는 폭력적 주체일 뿐이다.

사실 외성인들이 대만에서 '혼종화' 과정에서 분열되는 집단의 특성은 크게 두 가지다. 중심에 기대며 규범을 받아들이고 지배계급을 모방하는 동화주의 혼종성과 반대로 규범을 흐리게 하고, 시류에 거스르며, 중심을 전복하며 안정을 깨는 혼종성이다. 그 가운데 감독이 초점을 맞춘 것은 후자로서 현재의 체제로부터 소외되어 국가권력에 시달리는 외성인들의 '안정을 깨는' 혼종성이다. 현재의 정치체제에 순응하지 않는 외성인들은 국민당 정부로부터 끊임없는 감시를 받는데, 이러한 감시는 비가시적이고 익명적으로 행사된다. 푸코가 『감시와 처벌』에서 지적하는 것처럼, 그 감시의 시선은 여러 곳에 편재되어 있다. 개인적인 증오나 복수와는 관계없이 행사되는 이러한 감시의 한 예는 특히 샤오쓰의 아버지처럼 외성인들에게 불안감을 심어주는 국가권력에 의한 폭력이다.

샤오쓰의 아버지는 중국본토에서는 지식인이었으나 대만으로 이주한 후에는 지식인으로서의 자부심을 상실했다. 현재 그는 대만에서 공무원으로 일하고 있다. 하지만 경비총부라는 비밀경찰이나 주변 사람들로부터 끊임없는 감시를 받고 있다. 뚜렷한 증거도 없이 중국본토의 공산주의와 연계되어 있다는 혐의로 가족들이 보는 앞에서 체포되어 경비총부에서 심문을 당하기도 한다. 풀려난 뒤에도 그는 누군가가 끊임없이 자신을 감시하고 있다고 생각한다. 실제로 국가권력과는 전혀 상관없어 보이는 파티장에서도 그에 대한 감시는 계속된다.

국가권력에 의한 개인에 대한 폭력은 부모세대에서 자식 세대로 이어지고 있다. 특히 타이베이는 폭력이 일상화된 공간이다. 그곳에서 폭력은 이데올로기의 국가 장치들을 통해 행사되는데, 정부의 비밀경찰, 학교, 군대 등은 그런 폭력의 주체다. 샤오쓰가 가정, 학교, 그리고 사회에서 경험하는 장소 상실은 근본적으로는 외성인들이 대만에서 겪는 사회 폭력의 역사적 행위의 산물이다. 특히 학교는 국가권력이 비상식적으로 작동하는 관료기관 중 하나이다. 샤오쓰 뿐만 아니라 그의 아버지도 이러한 학교를 일종의 폭력의 공간으로 인식한다. 〈고령가〉에서 학교는 교육의 기능보다는 현실에 적응하지 못하는 학생들의 폭력의 공간이자 관료적 폭력이 일상화된 공간이다.[21]

그렇기 때문에 샤오쓰의 어머니는 아버지에게 "아무도 믿을 사람이 없다"

---

21) 유하의 〈말죽거리 잔혹사〉(2004)와 연상호의 〈돼지의 왕〉(2011)은 폭력이 일상화되고 내면화되어가는 과정을 잘 보여준다. 〈말죽거리 잔혹사〉는 1970년대 후반 대한민국의 고등학교의 풍경을 일상화한다. 이 영화는 "현수(권상우 분)라는 인물이 새로운 학교에 적응해가는 과정을 통해, 당시 사회 전체에 모세혈관처럼 퍼져 있던 '군사주의' 문화를 특정 개인이 내재화하는 과정을 상세하고 내밀하게 보여주고 있다. 〈돼지의 왕〉은 우리가 사는 사회에 대해 많은 생각할 거리를 던진다. 〈돼지의 왕〉의 등장인물들은 〈말죽거리 잔혹사〉의 등장인물들보다 더 어린 이제 막 중학교 1학년들이

〈고령가 소년 살인사건〉에서 학교는 국가권력이 비상식적으로 작동하는 관료기관 중 하나로서 교육의 기능보다는 현실에 적응하지 못하는 학생들의 폭력의 공간이자 관료적 폭력이 일상화된 공간이다.

라고 울부짖는다. 즉 그들은 중국 본토에서 '뿌리 뽑힘'을 경험하고 대만에서 '불확실한' 현실을 감내하고 있다.

대만은 적응하지 못하는 외성인들, 특히 샤오쓰 가족이나 그 주변 사람들에게는 다양한 물리적, 상징적 폭력이 남아 있는 억압의 공간이다. 샤오쓰의 아버지가 샤오쓰의 형을 때리고 샤오쓰가 좋아하던 샤오밍을 우발적으로 살해하는 극단적인 폭력적 행위는 국민당 정부를 따라 대만으로 이주하였으나, 그곳에서 안주하지 못하는 외성인들의 상실감과 비극이 '삐뚤게' 형상화된

다. 하지만 그들은 생물학적으로만 어릴 뿐 절대 어리지 않다. 오히려 그들은 〈말죽거리 잔혹사〉의 주인공들보다 더 교활하고 정치적이다. 〈돼지의 왕〉은 특히 폭력의 본질에 대해서 많은 것을 생각하게 한다. 폭력을 행사하는 입장이든 폭력에 순화되는 입장이든 간에, 폭력은 무의식적으로 내면화된다. 바꿔 말하면 폭력에 노출되면서 폭력에 길들여진다. 그리고 폭력에 길들여질수록 점점 무감각해진다. 특히 학교폭력은 학교 내에서 끝나지 않고 군대와 사회, 더 나아가 국가로까지 이어지고, 그러면서 일상화되기 때문에 더욱 위험하고 무섭다는 점을 일깨운다.

단적인 예이다. 그들은 국가 체제의 감시를 받는 상황에서 주변 사람들과 온전한 관계를 맺지 못해 고독과 소외감을 느끼고 결국은 비극적 상황에 처한 것이다.

5.

에드워드 양은 〈고령가〉에서 권위적이고 비도덕적으로 제도화된 국가체제 아래에서 장소 상실을 경험하는 대도시의 젊은이들을 비판하기보다는 포용하고, 심지어 그들의 행위를 다소나마 이해하는 방식으로 그려내고 있다. 그는 대만 뉴웨이브 영화를 주도하면서 홍콩, 도쿄, 로스앤젤레스를 오가며 유목민처럼 살다가 미국에서 죽음을 맞이했다. 하지만 자신의 삶에서 가장 중요했던 영화에서만큼은 타이베이를 벗어나지 않았다. 그래서인지 영화의 무대는 주로 타이베이다. 대만 뉴웨이브를 함께 주도했던 허우샤오셴의 영화가 대체로 농촌을 배경 대만인들의 신산함 삶을 현재화했다면, 에드워드 양의 영화는 타이베이라는 도시를 냉혹하게 해부하고, 비판했다는 점에서 대별된다. 사실 두 사람은 함께 뉴웨이브를 선도했으면서도 여러 면에서 대조적이다. 허우샤오셴이 다소 중국적이라면 에드워드 양은 유럽적이다. 허우샤오셴이 전통 농촌을 서정적으로 그려냈다면 에드워드 양은 현대화된 도시를 이성적으로 해부했다. 카메라 기법에서 허우샤오셴이 롱 테이크 미학을 추구했다면 에드워드 양은 자각적 몽타주 사유를 추구했다.

사실 세계 영화계는 에드워드 양의 영화보다는 허우샤오셴의 영화를 먼저 주목했다. 허우샤오셴은 일찍이 낭트 영화제에서 연속으로 그랑프리를 수상했고, 〈비정성시〉로 베니스 영화제에서 황금사자상을 받았다. 당연히 많은 이들은 대만 영화를 이야기할 때 당연히 허우샤오셴을 먼저 떠올렸다. 허우샤오셴의 영화에 대한 관심이 조금 수그러들자, 이번에는 다음 세대인 차이밍량의 영화에 더 주목했다. 나중에 에드워드 양이 〈하나 그리고 둘〉로 칸 영화제에서 감독상을 수상하기는 하지만, 국제적으로는 에드워드 양은 허우샤오셴이나 차이밍량보다 상대적으로 덜 주목을 받은 게 사실이다. 하지만 대만 뉴웨이브를 추동한 선구자는 에드워드 양임에 틀림없다. 그리고 그 중심에는 〈고령가〉가 있다. 누군가의 말처럼, 이 영화는 "역사에 대한 통찰, 화면의 디테일, 이야기의 집중력, 전개의 구성력 등 어떤 통로로 접근해도 거의 완벽하다."

영화 〈고령가〉에서 감독은 영화 속 인물들이 왜 이런 고통을 겪는지 그 이유를 명쾌하게 설명하지 않는다. 그에 대한 해답에 대해서도 쉽게 말을 꺼내지 않는다. 대신 감독은 긴 시간 동안 주인공이 속한 사회의 그늘을 예리하게 관찰한다. 마침내 세대 간 단절, 사상 대립, 급격한 도시화, 남녀차별 등의 문제가 한 덩어리로 뭉쳐 있고, 더 나아가 한 인물의 가슴 아픈 비극이 그 사회의 적나라한 단면이라는 결론에 이른다. 한마디로 〈고령가〉는 개인의 문제는 개인의 문제가 아니라 사회 또는 국가에서 비롯되고 있다는 그의 예술적 고민 또는 그의 세계관의 본령을 예거한다.

조금 거창하게 글을 맺자. 아리스토텔레스는 『시학』에서 "예술은 삶을 모방한다"라고 말했다. 그에 따르면, 예술은 삶과 동떨어질 수 없고, 마땅히 훌륭한 예술이라면 실제 삶에 더욱 충실해야 한다. 그래야 관객은 예술에 자신의 삶을 투영하고, 그 안으로 들어갈 수 있다. 다시 말하면 예술은 삶에 '동화'(assimilation)되어야 한다. 반면 브레히트는 아리스토텔레스와는 정반대로 "예술은 삶이 아니라 그냥 예술일 뿐이다"라고 말했다. 그에 따르면, 관객은 예술에 빠져들어서는 안 되고, 예술에 대해 비판적인 시각을 유지해야 한다. 즉 그는 예술에서 삶과의 '동화'가 아닌 '이화'(dissimilation)를 강조했다.

개인적인 생각에 〈고령가〉의 감독 에드워드 양은 브레히트의 예술관에 손을 들어 주고 있는 듯하다. 즉 그는 영화는 단지 영화일 뿐이라고 말한다. 사실 예술은 세계의 형태를 있는 그대로 그릴 수 없고, 한 사람의 생을 온전히 담을 수도 없다. 계급적인 모순을 짚는다고 해도 왜곡과 편집을 피할 수 없고, 실화를 있는 그대로 재현한다는 건 거의 불가능하다. 개인의 비극, 역사의 흐름, 고독과 불안을 통한 인간의 성장을 표현한다고 하더라도 그것은 전부가 아니라 파편일 뿐이다. 다시 말해 영화는 완전한 현실을 담을 수도 없고 역사를 완벽하게 재현할 수도 없다. 다시 말하지만 영화는 단지 영화일 뿐이다.

〈고령가〉에서 샤오쓰가 영화촬영소의 대들보에 올라가 촬영 현장을 바라보며 "진짜랑 가짜도 구분 못 하면서 영화를 찍는다고? 당신이 뭘 찍고 있는지 알고 있기나 해?"라고 외친다. 샤오쓰의 이 외침은 에드워드 양의 예술관을 잘 설명한다. 그럼에도 적지 않은, 아니 많은 감독들은 자신의 영화가 모든 것을 담고 있고, 진리를 말하고 있다고 생각한다. 그들은 영화를 통해 개인의 생각, 심지어는 세계를 바꿀 수 있다고 믿는다. 샤오쓰는 밍이 샤오마와 사귄다는 소식을 전해 듣고 그를 살해하기 위해 샤오마의 칼을 몰래 들고 학교 앞에서 그를 기다린다. 하지만 그가 만난 사람은 샤오마가 아닌 밍이었다. 그는 밍에게 자신이 유일한 희망이 되어주겠다고 말한다. 하지만 밍은 샤오쓰에게 "네가 날 바꾸겠다고? 난 이 세계랑 똑같아. 이 세계는 변하지 않아. 대체 네가 뭐라고 생각하는 거야?"라고 외친다. 밍의 이 외침 또한 에드워드 양의 예술관을 관통한다. 다시 말하지만 영화는 완전한 세상을 담을 수도 없고, 완벽한 답을 줄 수도 없다. 단지 새로운 사유의 씨앗을 던져줄 뿐이다.

〈고령가〉는 26년 만에 개봉된 오래된 영화지만 새롭고 유의미하다. 무엇보다 이 영화는 새로운 생각을 촉발시킨다. 봐도 안 봐도 그만인 그런 영화가 아니라 꼭 봐야만 하는 영화다. 그런 점에서 이 영화는 서두에서 언급한 의미와는 다른 차원에서 '고전'이다.

〈레이디 멕베스〉: 잔인하고 끔찍한 해피엔딩

1.

작년 여름에 국내 개봉해 아주 크지는 않지만 그래도 작지 않은 반향을 일으킨 영화 한 편이 있다. 다름 아닌 윌리엄 올드로이드 감독의 〈레이디 맥베스〉(2016)라는 제목의 영화다. 제목에서 알 수 있듯이, 이 영화는 윌리엄 셰익스피어의 희곡 『맥베스』(1604~05)를 떠올리게 한다. 하지만 영화 〈레이디 맥베스〉는 셰익스피어의 『맥베스』가 아니라 러시아 작가 니콜라이 레스코프의 소설 『러시아의 맥베스 부인』(1865)을 원작으로 하고 있다. 레스코프의 소설은 셰익스피어의 『맥베스』의 영향을 받았다. 정리하면 이 영화는 러시아 작가 레스코프가 영국 작가 셰익스피어의 작품을 '다시 쓴'(rewrite) 것을, 영국이 다시 가져와 영화로 만든 꽤 흥미로운 작품이다. 『맥베스』와 『러시아의 맥베스 부인』은 영화 〈레이디 맥베스〉의 메인 플롯과 등장인물의 성격화(characterization)에 직간접적으로 많은 영향을 주고 있기 때문에, 영화에 대해 본격적으로 논하기에 앞서, 먼저 『맥베스』와 『러시아의 맥베스 부인』을 간략하게나마 살펴볼 필요가 있다.

『맥베스』는 스코틀랜드를 배경으로 한다. 주인공 맥베스는 국왕 덩컨의 사촌으로 귀족이다. 그는 반란군 진압을 비롯해 많은 전투에서 공적을 쌓은 훌륭한 장군이다. 그러던 어느 날 그는 "장차 스코틀랜드의 왕이 될 것이다"라는 마녀들의 예언을 듣고 엉뚱한 야망을 품는다. 아내인 '레이디 맥베스'에게 마녀의 예언을 전하자, 그보다 야심이 더 큰 그녀는 그에게 왕이 되기 위해 덩컨 왕을 살해하라고 부추긴다. 그는 양심과 야망 사이에서 갈등하다가 결국 덩컨 왕을 시해하고 왕위에 오른다. 하지만 그는 점점 많은 사람을 죽이며 폭군이 되어간다. 심지어 그는 같은 자리에서 마녀로부터 후손이 왕이 되리라는 예언을 들은 전우이자 동료였던 뱅코우도 자객을 보내 살해한다. 그의 아들 플리언스까지 살해하려 했지만 실패한다.

권력의 정점에 오를수록 맥베스 부부는 죄의식과 양심의 가책으로 공포와 불면의 나날을 보낸다. 마침내 레이디 맥베스는 몽유병의 발작으로 절벽에서 떨어져 죽고, 맥베스도 왕자 맬컴과 함께 잉글랜드 지원군의 도움을 받아 쳐들어온 맥더프의 칼을 맞고 죽는다. 결국 권력에 대한 욕망이 비극적 종말을 불러왔다. 이제 정당한 왕위 계승자인 왕자 맬컴이 왕위에 오르며 스코틀랜드는 '질서가 회복'되어 안정을 되찾는다.

사실 맥베스는 충직한 장군이자 덕성과 영웅적인 면모를 지니고 있지만, 왕이 될 것이라는 마녀의 예언을 들은 뒤에는 가슴 속에 품고 있던 '어두운' 야망을 드러낸다. 처음에 그는 왕을 시해하는 것을 주저하지만, 아내 레이디 맥베스의 부추김으로 결국 왕을 시해하고 왕위에 오른다. 하지만 그는 양심의 가책으로 결국 파멸에 이르게 된다. 일찍이 아리스토텔레스는『시학』에서 영웅은 '성격적 결함'(hamartia)으로 비극에 이르게 된다고 말했다. 맥베스의 성격적 결함은 그가 초자연적인 암시에 쉽게 감응하는 동시에 내부에 잠재해 있는 양심에 대해서도 예민하다는 점이다. 그렇기 때문에 그는 달콤한 유혹에 쉽게 빠져 악행을 저지르고, 자신이 저지른 악행에 대해 끊임없이 번민하고 고뇌한다. 그는 성격적 결함으로 비극적인 상황에 처하고 결국 파멸에 이른다.

『맥베스』에서 주인공은 당연히 맥베스다. 하지만 레이디 맥베스의 역할도 맥베스 못지않게 크다. 마녀가 맥베스의 숨겨진 '야심'을 부추기는 존재였다면, 레이디 맥베스는 맥베스의 욕망을 실제로 추동하는 인물이다. 그녀는 맥베스가 왕의 살해를 망설이자 그를 부추기고, 그가 양심의 가책을 느끼며 괴로워할 때는 그를 다그친다. 그렇기 때문에 맥베스에게서 일말의 연민의 정이 느껴진다면, 레이디 맥베스는 악인인 자신뿐만 아니라 주변의 선한 인물도 파멸로 이끌기 때문에 동정의 여지가 전혀 없는 '악의 화신'으로 규정된다. 악의 화신으로서의 레이디 맥베스의 이미지는 레스코프의 소설에서도 반복된다.

2.

레스코프의 『러시아의 맥베스 부인』은 '불륜의 사랑'을 위해 세 차례에 걸쳐 끔찍한 살인을 저지르고, 마지막에 가서는 자신의 연적과 함께 스스로 목숨을 끊은 한 여인의 비극적인 삶을 다루고 있다. 레스코프의 초기 대표작으로 손꼽히는 이 작품은 여주인공이 주는 강렬한 인상, 고도로 압축된 구성, 역동적이고 극적인 줄거리 전개, 언어의 선명한 상징성 등으로 인해 다양하게 개작되고 있다.

작품에 앞서 먼저 작가 레스코프에 대해 살펴보자. 사실 그의 이름은 우리에게 다소 생소하다. 그는 19세기 후반 러시아 문단의 주류를 따르지 않는 독특한 문학세계로 인해 동시대인들부터 작가로서의 역량을 제대로 인정받지 못한 불운한 작가이다. 그러나 20세기에 들어와 러시아 문인들에 의해 그의 문학이 재조명되고, 토마스 만과 발터 벤야민 등에 의해 러시아뿐만 아니라 해외에도 알려지면서, 그는 러시아 문학에서 중요한 '한 자리'를 차지하게 된다. 미국의 작가 에드거 앨런 포가 생전 당대 미국의 평론가들에 의해 제대로 평가를 받지 못한 것처럼, 레스코프 또한 동시대 러시아 비평가들에 의해 '병든 재능'의 작가로 불리며 정당한 평가를 받지 못했다. 하지만 포의 문학이 프랑스 상징주의 시인들에게 크게 조명되고 나중에는 후대 미국 작가들에게 상당한 영향을 끼친 것처럼, 레스코프의 문학 또한 체호프와 고리키 등 20세기의 많은 러시아 작가들, 그리고 만과 벤야민 등 해외의 많은 작가들에 의해 재조명되고 후대 작가들에게 큰 영향을 끼쳤다.

독특한 언어와 특이하고 실험적인 장르의 파격으로 인해 레스코프는 소설가뿐만 아니라 주로 언어학자들인 러시아 형식주의자들로부터도 많은 주목을 받았다. 형식주의자들은 기존의 문학 연구가 내용을 중심으로 사회학이나 심리학, 철학에 따라 이루어지고 있다고 비판했다. 대신 그들은 문학 작품을 언어로 이루어진 세계로 간주하고, 언어 표현의 방법과 구조로 해석하려 했다. 그렇기 때문에 그들이 독특한 언어와 파격적인 형식을 본령으로 삼는 레스코프의 소설에 주목한 것은 어찌 보면 당연한 일이다. 19세기 후반 러시아 사회와 문학의 주류에서 소외된 주변 요소들, 예를 들어 지방 도시, 구교도, 괴짜, 촌부 등에 집중하고, 주류만을 지향하지 않고 주변으로 관심을 분산시키고, 또 주류문화에 대한 일종의 '해체화'를 지향한다는 점에서, 레스코프는 또한 러시아의 대표적인 포스트모더니즘 작가로 규정된다.

레스코프의 대표작 중 하나인 『러시아의 맥베스 부인』은 그의 어린 시절과 젊은 시절 형법재판소 사서로 일한 실제 경험을 토대로 한 작품이다. 그의 회고에 따르면, 러시아 오룔 지방에 살았던 어린 시절, 젊은 며느리가 나무 그늘에서 쉬고 있던 일흔 살의 시아버지 귀에 끓는 납을 부어 살해한 엽기적인 사건이 발생하여 많은 사람들이 놀랐다. 사건 직후 곧바로 체포된 그녀는 마을 광장에서 채찍질을 당하는 형벌에 처했는데, 그때 모든 사람들이 그녀의 미모에 또 한 번 놀랐다.

『러시아의 맥베스 부인』의 줄거리는 다음과 같다. 주인공 카테리나는 처녀시절 자유분방한 삶을 살다가, 집안 사정 때문에 어쩔 수 없이 나이 많은 부유한 상인과 결혼한다. 그녀는 대를 이어줄 아이를 낳아준다는 조건으로 시집

왔지만 결혼한 지 5년이 지났어도 그녀에게는 아이가 없다. 그녀는 시아버지의 따가운 눈총과 엄격한 가부장제의 속박을 견뎌내며 단조롭고 무료한 삶을 하루하루 이어가고 있다.

그러던 중 카테리나는 남편이 집을 비운 사이 하인 세르게이의 도발적인 유혹을 받고 그와 정을 통한다. 시아버지에게 발각되자 그녀는 시아버지를 독살하고 세르게이와 계속 관계를 맺는다. 그 후 아내의 부정을 알아채고 몰래 야음을 틈타 돌아온 남편 역시 그녀와 세르게이에 의해 무자비하게 살해당한다. 눈앞의 모든 장애물이 제거되고 재산을 모두 물려받은 카테리나는 다른 사람들의 눈치를 보지 않고 세르게이와 함께 집안을 다스린다.

그때 전혀 예기치 않게 남편의 어린 조카 페쟈가 공동상속자로 나타난다. 불확실한 미래에 위협을 느낀 나머지 그들은 급기야 어린 페쟈마저 살해하기에 이른다. 그러나 그들이 페쟈를 살해하는 장면이 지나가던 행인들에 의해 목격되고, 그들은 현장에서 체포된다. 겁에 질린 세르게이가 모든 범죄 사실을 실토함으로써, 그들은 함께 시베리아로 유형을 떠난다.

유형 길에서도 카테리나는 세르게이와 사랑을 유지하기 위해 온갖 노력을 기울이지만, 세르게이는 오히려 그녀를 증오하면서 많은 사람 앞에서 그녀를 모욕한다. 심지어 그녀를 두고 새 애인을 사귄다. 세르게이와 그의 새로운 애인 소네트카에 의해 많은 사람 앞에서 공개적으로 수치를 당한 카테리나는 결국 자신의 연적 소네트카를 끌어안고 볼가강에 투신한다.

『러시아의 맥베스 부인』에서 카테리나는 결혼 전에는 '자연적 공간'(시골의 냇가)에 속해 있다가, 결혼을 통해 '문화적 공간'(문명의 산물로서 상인의 저택)으로 이동했다. 하지만 그녀는 적응하지 못하다가 다시 '자연적 공간'을 접함으로써 자신의 억압된 본능을 되찾는다. 세르게이의 유혹으로 촉발된 카테리나의 욕망과 본능의 분출, 그 이후의 살인과 살인을 통해 성취된 사랑, 이 모든 복합적 상황은 '사과나무 정원'이라는 공간에 이르러 정점을 이룬다. 카테리나가 낙원으로 느끼는 사과나무 정원은 에덴동산을 연상시키는데, 이것은 카테리나가 사랑을 통해 경험하게 되는 환희와 그 속에 숨겨진 어두운 욕망과 죄를 함께 암시하는 공간이다.

『러시아의 맥베스 부인』에서 카테리나는 전혀 다른 모습을 동시에 보여준다. 그녀는 어느 면에서는 느리고 게으르지만, 어느 면에서는 재빠르고 활력이 넘친다. 뻔뻔스러우면서도 부끄럼을 잘 타고, 정열적이면서도 냉정하고, 단순하면서도 치밀하고, 잔인하고 냉혹하면서도 애처롭다. 그렇기 때문에 그녀는 안타까움을 유발한다. 이와 같은 카테리나의 양면성은 그녀에게 피해자인 동시에 가해자라는 이중적인 정체성을 부여한다. 즉 그녀는 억압된 사회구조의 희생자인 동시에 자신의 사랑을 위해서 극악무도하게 살인을 저지르는 범죄자이기도 하다.

반면 세르게이는 시종일관 부정적인 인물로 묘사된다. 잘생기고 건장한 그는 성적인 매력이 넘치고 입심이 좋아 끊임없이 여성들을 유혹하여 자신의 육체적 욕망과 함께 사회적 야심을 채우려 한다. 그는 카테리나를 통해 자신의 육체적 욕망을 충족시킬 뿐만 아니라 사회적 신분 상승이라는 자신의 야망을 꾀하려 한다. 그는 자신의 욕망을 이루기 위해 카테리나에게 그녀의 남편과 어린 조카를 살해하도록 사주하지만, 정작 살인을 하는 순간에서는 살인에 매우 소극적이고 겁에 질려 수동적인 모습을 보여준다. 또한 페자를 살해한 후에는 급기야 두려움을 참지 못하고 거의 실성한 사태에서 소동을 벌이다가 결국 체포된다. 체포된 후에는 모든 범행을 실토한다. 시베리아 유형 길에서 그는 이전에 보여주었던 인간적인 매력 대신 파렴치하고 비열한 행동으로 일관한다. 세르게이는 평소에는 뛰어난 언변을 구사하고 인간적 매력을 풍기지만 정작 실행의 차원에서는 나약하고 비겁한 모습을 보여주는 러시아 문학의 전형적인 남성상인 '잉여 인간'의 모습을 대변한다.

요컨대 『러시아의 맥베스 부인』에서 카테리나는 자기감정에 충실하고 적극적이고 강인한 러시아의 전통적인 여성상을 대변한다면, 세르게이는 동물적 쾌락에 탐닉하지만, 수동적이고 나약하고 비겁한 러시아의 전통적인 남성상을 대변한다.

3.

전술했듯이 영화 〈레이디 맥베스〉는 레스코프의 『러시아의 맥베스 부인』을 원작으로 하고 있지만, 영화의 공간적 배경은 러시아가 아닌 영국이다. 보다 구체적으로는 아마도 영화 초반에 여러 차례 언급되듯이 물리적으로 날씨가 '춥고 습한' 스코틀랜드로 추정된다. 영화는 캐서린(플로렌스 퓨 분)의 결혼 장면으로 시작된다. 하지만 그녀의 결혼 생활은 행복과는 거리가 멀다. 그녀 마음대로 할 수 있는 게 아무것도 없다. 그녀는 밖에 나갈 수도 없고, 심지어 잠도 마음대로 잘 수 없다. 실내에서는 항상 소파에서 똑바로 앉아 있어야 한다. 모든 것은 하녀 애나(나오미 아키 분)를 통해 이루어진다. 그녀는 캐서린의 거친 머리를 빗겨 주기도 하고, 코르셋으로 캐서린의 몸을 조여주기도 하고, 몸을 씻어 주기도 한다. 그녀는 캐서린의 모든 것을 도와주지만, 실제로는 캐서린의 시아버지 보리스(크리스토퍼 페어뱅크 분)와 남편 알렉산더(폴 힐턴 분)의 명령에 따라 캐서린의 모든 것을 감시하고 통제하는 감시인이다.

그러던 중 남편과 시아버지가 사업차 런던으로 떠나자 캐서린은 머리를 풀어헤치고 발을 드러낸 채 소파에 누워 있다. 이 장면은 자유 또는 일탈을 꿈꾸는 숨겨져 왔던 그녀의 '자유분방한' 성격을 잘 예거한다. 그녀는 하인 세바스찬(코스모 자비스 분)의 유혹에 이끌려 '정열적인' 쾌락에 빠진다. 집에 돌아온 시아버지가 둘의 관계를 알아채고 세바스찬을 채찍질하고 그를 창고에 가두자, 캐서린은 용서를 구하는 대신 시아버지를 독버섯으로 독살한다. 시아버지가 죽자 캐서린과 세바스찬의 '선을 넘는' 쾌락은 더욱 타오른다. 그녀는 "언제, 어디서나 함께 하겠다"고 다짐한다.

〈레이디 맥베스〉의 캐서린에게는 사랑보다 욕망이 더 중요하다. 원작소설에서 카테리나에게 세르게이와의 '사랑'이 전부였다면, 영화에서 세바스찬은 캐서린의 '욕망'의 한 대상일 뿐이다. 욕망은 일시적인 충동이기 때문에 그 대상은 언제든지 바뀔 수 있다.

    캐서린에게 애정 따위는 없고 오로지 사회적 체면만을 중요하게 여기는 캐서린의 남편 알렉산더는 캐서린과 세바스찬의 관계를 알게 되자 그녀를 "창녀"라고 비난하며 그와의 관계를 정리하라고 요구한다. 하지만 캐서린은 남편의 요구를 거절한다. 세바스찬과의 관계를 숨기지 않고 오히려 당당하게 밝힌다. 결국 캐서린은 세바스찬과 함께 남편을 살해하고 그가 타고 온 말과 함께 그를 묻는다. 세바스찬이 두려움에 휩싸이자 캐서린은 그를 위로한다. 이제 세바스찬은 캐서린 남편의 옷을 입고 캐서린과 식탁에 마주 앉아 애나의 시중을 받으며 식사를 한다. 캐서린은 세바스찬과의 관계를 숨기지 않는다.

    그러나 남편의 피후견인 어린 테디의 등장으로 그들의 '짧았던' 행복은 끝난다. 세바스찬은 원래 상태, 즉 하인의 신분으로 되돌아가고, 캐서린도 자신의 방을 테디에게 내어주게 된다. 캐서린은 자신을 엄마처럼 따르는 테디에게 마음이 잠시 흔들리지만, 세바스찬과의 사랑을 위해 테디를 교살한다. 테디의 죽음이 살인사건으로 밝혀지자 세바스찬은 양심의 가책으로 모든 것을 고백하며 캐서린을 "질병"이라고 비난한다. 하지만 캐서린은 태연하게 세바스찬이 "거짓말을 하고 있으며", 테디의 살인은 그가 애나와 함께 저지른 일이라고 발뺌한다. 결국 세바스찬과 애나는 형장으로 끌려가고, 하녀와 하인들이 모두 떠난 저택에 캐서린만 홀로 남게 된다.

마지막 장면을 제외하면 〈레이디 맥베스〉는 원작 소설과 크게 다르지 않다. 원작 소설에서 카테리나는 사랑을 위해 모든 것을 포기하고, 심지어 사랑을 위해 자신의 목숨조차 버린다. 하지만 영화에서 캐서린에게는 사랑보다 욕망이 더 중요하다. 다시 말하면 원작소설에서 카테리나에게 세르게이와의 '사랑'이 전부였다면, 영화에서 세바스찬은 캐서린의 '욕망'의 한 대상일 뿐이다. 원래 욕망은 일시적인 충동이기 때문에, 그 대상은 언제든지 바뀔 수 있다. 다시 말하면 늙은 지주에게 팔려 왔고, 자유를 빼앗긴 채 권태로운 나날을 보내던 중, 자신의 욕망에 눈을 뜨게 한 세바스찬이 캐서린의 현재의 삶에서 중요하지만 전부는 아니다. 그녀에게는 또 다른 욕망이 있다. 욕망을 채워줄 누군가를 또 찾으면 된다. 모든 사람이 떠난 저택에서 그녀는 분명히 또 다른 욕망을 꿈꾼다.

4.

『맥베스』에서 레이디 맥베스는 양심과 야망 사이에서 결정하지 못하는 남편 맥베스를 부추기고 압박해 덩컨 왕을 시해하게 하고, 결국엔 스스로 미쳐서 죽는 조연으로서 '악녀'였다. 반면 〈레이디 맥베스〉에서 캐서린은 『러시아의 맥베스 부인』의 카테리나가 그랬던 것처럼 이리저리 휩쓸리지 않고 자신의 의지와 욕망을 적극적으로 따르는 능동적인 '주체'다. 하지만 캐서린은 카테리나와 달리 자신의 사랑을 위해 모든 것을 버리지 않는다. 따라서 〈레이디 맥베스〉는 한편으로는 캐서린 나름대로는 '치명적이고 정열적인' 사랑도 했

〈레이디 맥베스〉에서 캐서린은 자신의 의지와 욕망을 적극적으로 따르는 능동적인 '주체'다. 캐서린은 '치명적이고 정열적인' 사랑도 했고, 막대한 재산도 차지했으므로 나름 '해피엔딩'이다. 하지만 그 결말은 너무나 잔인하고 끔찍하다.

고, '막대한' 재산도 차지했기 때문에 나름 '해피엔딩'이다. 하지만 그 결말은 너무나 '잔인하고 끔찍하다'.

그러나 다른 한편으로 〈레이디 맥베스〉는 캐서린을 통해 빅토리아 시대의 엄격하고 경직된 사회 분위기와 그에 대한 저항을 예거한다. 캐서린의 남편과 시아버지는 캐서린에게 끊임없이 '복종'과 '순종'을 강요한다. 캐서린도 처음에는 그들의 명령에 복종하고 순종했지만, 그러면 그럴수록 그에 대한 저항감이 커졌다. 마침내 시아버지와 남편이 사업차 출장을 떠나고, 세바스찬과 뜨거운 연애를 하면서 그녀의 저항감은 외재화된다. 목사가 저택을 방문해 캐서린에게 '외출이 잦다', '집에서 쉬는 게 좋다'라고 충고하지만, 캐서린은 그의 충고를 따르지 않는다. 차를 마시는 도중 그를 쫓아낸다. 그리고 시아버지에게 세바스찬과의 관계를 들켰을 때도 캐서린은 당당하게 그를 풀어달라고 요구한다. 그가 방으로 들어가자 하녀 애나에게 식탁에서 같이 식사하자고 제안한다. 이처럼 캐서린은 빅토리아 시대의 엄격한 가부장적 제도와 관습에 균열을 일으킨다. 하지만 그녀는 때로는 빅토리아 시대의 가부장적 관습을 내면화하기도 한다. 예컨대 남편과 시아버지가 출장 간 뒤 하인들이 자신의 말을 듣지 않자 남편이 자신에게 했던 "벽을 봐", "웃지 마"와 같은 명령을 그들에게 고스란히 되돌려주며 신분상 자신의 우위를 드러낸다.

샬럿 브론테의 『제인 에어』(1847)가 단순히 신분과 계급을 초월한 지고지순한 사랑 이야기에 머물지 않고, 다양한 성적, 계층적, 인종적 차별의 담론의 장(場)인 것처럼, 〈레이디 맥베스〉도 "성적, 계층적, 인종적 차별과 그 전복"의 '파노라마'다. 전술했듯이 애나는 캐서린의 하녀로서 캐서린의 머리도 빗겨주고, 옷 입는 것도 도와준다. 하지만 동시에 그녀는 캐서린의 감시자이기도 하다. 그렇기 때문에 시종일관 캐서린과 애나 사이에는 같은 여성으로서의 연대보다는 긴장과 갈등이 감지된다. 그리고 그 긴장과 갈등은 세바스찬과 애나 관계에 대한 의심으로 발전한다. 계급적인 측면에서 보자면 캐서린의 남편 레스터 가문은 '부유한' 중산층 상인 가문이다. 그들은 귀족 가문이 아니기 때문에 신분상 캐서린과 큰 차이가 나지 않는다. 그런데도 그들은 그녀에게 계급적 우위를 내세우며 끊임없이 복종과 순종을 강요한다.

세바스찬이 테디의 죽음뿐만 아니라 캐서린의 시아버지와 남편의 죽음에 모두 캐서린이 관련되어 있다고 말할 때, 함께 있던 의사, 심지어는 테디의 할머니조차도 그의 말을 믿지 않는다. 캐서린은 세바스찬의 이야기를 들으면서도 태연하다. 오히려 죽은 테디에 대한 자신의 모성애를 이야기하며 시아버지의 죽음에 따른 충격 때문에 말을 잃은 애나와 세바스찬에게 모든 죄를 떠넘긴다. 의사와 테디의 할머니는 캐서린의 말을 신뢰하고 오히려 그녀를 위로한다. 개인적으로 이 장면이 영화에서 가장 흥미로우면서도 혼란스럽다.

요컨대 〈레이디 맥베스〉는 누군가의 말처럼 "맥베스 전체를 관통하는 인물들의 끝없는 자기모순, 다양한 가치 충돌, 절대 악과 절대 선의 경계의 모호함을 영화 전체에 그대로 펼쳐낸다." 게다가 성, 계급, 인종 등에 대해 다양한 해석의 가능성을 열어 놓는다. 그런 점에서 〈레이디 맥베스〉는 『맥베스』의 '다시 읽기'가 아니라 '새로운 읽기'다.

트럼프 시대의 미국 영화들

1.

공식적으로 미국은 영국에서 종교적인 박해를 받은 청교도들이 건너와서 세운 '이민자들'의 나라다. 그 후 네덜란드, 프랑스, 스페인을 비롯해 남유럽, 동유럽, 아일랜드, 아시아, 아메리카, 아프리카 등 세계 각지에서 종교적 목적뿐만 아니라 다른 여러 목적으로 미국에 건너온 이민자들에 의해 오늘날의 '미국'이라는 나라가 형성되었다. 미국은 건국 초부터 문화적 '다양성'(diversity)과 국가적 '총체성'(wholeness)을 최고의 가치로 여겼다. 미국의 다양성과 총체성은 각각 '샐러드 볼'(Salad Bowl)과 '멜팅 포트'(melting pot)로 표상된다. 건국 이후 지금까지 미국의 다양성과 총체성은 상식을 가진 미국인이라면 누구나 인정하고 받아들이는 보편적인 국가 이념이자 개인의 가치다.

다양성과 총체성은 미국의 정치, 경제, 사회뿐만 아니라 문학과 문화에서도 대단히 중요한 의제이자 화두다. 사실 미국문학과 미국문화는 20세기 들어서기 전까지는 영국을 비롯해 유럽문학과 유럽문화와 비교했을 때 어깨를 나란히 할 수 있는 수준이 아니었다. 마크 트웨인이나 헨리 제임스를 통해 미국이라는 국가와 미국문학에 대해 자부심을 느끼게 되었지만, 여전히 영국문학을 부러움 또는 시기의 시선으로 바라보았다. 하지만 두 차례의 세계대전을 겪으며 미국문학과 미국문화는 변방에서 벗어나 세계문학과 세계문화와 어깨를 나란히 할 수 있는 수준까지 올라서게 된다. 그 이유가 한편으로는 두 차례의 세계대전을 통해 미국의 정치적·경제적 영향력이 국제적으로 높아졌기 때문일 수도 있지만, 다른 한편으로는 세계대전을 겪으며 미국에 다양한 인종의 사람들, 즉 기존의 유럽계 백인 이민자들 외에 유대인, 흑인, 히스패닉, 아시아 등 새로운 비유럽계 이민자들이 대거 유입되면서 미국의 문화가 다양해지고 풍성해졌기 때문으로 볼 수 있다. 요컨대 제2차 세계대전 이후 미국문학은 영국문학을 앞서게 되고, 세계문학의 중심으로 자리 잡게 된다. 그 모든 중심에는 '이민자들'이 있다.

문학뿐만 아니라 교육 영역에서도 마찬가지다. 미국 교육은 세계에서 가장 경쟁력이 있다고 평가된다. 혹자는 미국 교육 경쟁력의 가장 중요한 원인으로 합리적이고 우수한 교육 시스템을 꼽는다. 어떤 이들은 합리적인 교육 시스템보다는 다양성, 특히 '문화적 다양성', '문화적 혼종성'을 그 원인으로 든다. 따라서 미국 교육의 경쟁력은 합리적인 교육 시스템 못지않게 문화적 다양성에서 비롯된다고 할 수 있다.

다시 말하지만 문학이나 교육 영역에서 미국의 탁월함 또는 우수성은 주로 인종적 다양성 또는 문화적 다양성에서 비롯된다. 그렇기 때문에 모든 미국인들이 동의하는 바는 아니지만, 대다수의 미국인들은 인종적 다양성 또는 문화적 다양성을 상식이자 미국의 정체성의 본령으로 받아들였고, 이민자들에게 지금까지 대체로 우호적인 태도를 보였다.

그런데 2016년 미국 대선에서 부동산 재벌 출신의 '정치 이단아' 도널드 트럼프가 제45대 미국 대통령에 당선되면서 미국의 다양성과 총체성은 흔들리기 시작한다. 사실 대선 전부터 그런 조짐은 있었다. 경제적으로 낙후된 미국 북동부 5대호 주변의 쇠락한 공장지대인 일명 '러스트 벨트'(Lust Belt)와 중서부 곡창지대인 '팜 벨트'(Farm Belt) 지역 유권자들은 주로 유럽계 백인 이민자들로 구성되어 있다. 그들은 자신들이 경제력이 비유럽계 이민자들 때문에 위축되었다고 생각해서 지난 대선에서 비유럽계 이민자들에 대해 부정적이고 배타적인 혐오 발언을 쏟아 낸 트럼프를 지지했다.

꼭 그 이유 때문이라고 말할 수는 없지만 어쨌든 트럼프는 유럽계 백인, 특히 경제적으로 낙후된 지역의 노동자와 농민의 절대적인 지지로 대통령에 당선되었다. 그는 대통령 당선 후 원래 자신의 정치 철학 때문인지, 아니면 자신의 지지자들을 결속시키기 위해서인지 정확히는 모르겠지만, 공약대로 비유럽계 이민자들을 혐오하고 배제하는 차별적인 '반(反)이민 정책'을 견지하고 있다. 그런데 거의 모든 미국인이 다 그렇듯이, 사실 트럼프 자신도 이민자 후손이다. 그의 할아버지는 오스트리아계 이민자고, 심지어 그의 부인은 동유럽계 불법 이민자고, 그의 사위는 유대계 이민자다. 그런데도 그는 미국의 문화적 다양성을 배격하고 백인우월주의를 조장해 결국 대통령에 올랐고, 이를 정략적으로 활용하고 있다. 논리와 상식으로는 트럼프의 '비상식적인' 정책이나 언행을 결코 설명할 수 없다. 트럼프를 보면 논리와 상식이 비논리와 비상식을 결코 이길 수 없다는 말이 괜한 말이 아니다.

트럼프는 대통령 당선 후 정치, 경제, 외교, 사회, 문화 등 전 분야에 걸쳐 파격적인 행보를 보여 왔다. 좋게 말하면 그는 '슈퍼 팩'(Super PAC)처럼 돈에 얽매이는 기존의 낡은 '워싱턴 정치' 관습을 타파하고 새로운 정치 문화를 만들어 가고 있다고 긍정적으로 평가할 수 있지만, 나쁘게 말하면 그는 혐오와 공포, 조롱과 경멸을 통해 대중들에게 정치 혐오를 부추기고 정치를 희화화하고 있다. 트럼프의 정치 사전에 대화와 타협은 처음부터 존재하지 않는다. 오직 '협상'만이 있을 뿐이다. 그는 자칭 '협상의 달인'이다. 그래서 자신이 쓴 책 『거래의 기술』(1987)을 대통령의 추천도서로 꼽았다.

기업에서는 협상을 통해 자신이 원하는 바를 얻거나 자신의 이익을 극대화하는 게 본령이지만, 정치에서는 끊임없는 대화와 타협을 통해 때로는 자신이 원하는 바를 상대방에게 주기도 해야 한다. 하지만 트럼프에게는 대화와 타협보다는 철저하게 자신의 이익을 극대화하는 협상만이 있을 뿐이다. 그리고 목적을 위해서라면 거짓말, 협박, 조롱, 혐오 등 어떤 방법도 서슴지 않는다. 그렇기 때문에 공화당과 민주당의 유명 정치인, 심지어 트럼프보다 훨씬 더 지적이고 세련되고 논리적인 힐러리 클린턴조차도 대선 토론에서 그의 정치적 먹잇감으로 전락했다. 여러 이유가 있겠지만 가장 큰 이유는 무엇보다도 처음부터 트럼프와 정상적인 대화 또는 토론을 하는 게 불가능하다는 데 있다. 그런 상황에서 언론을 포함해 그 누구도 감히 트럼프의 비상식적이고 비논리적인 언행과 정치적 행보에 맞서지 못했다. 반대로 트럼프를 지지하는, 그것도 열광적으로 지지하는 지지자들이 생겨났는데, 그들은 대체로 자신들을 '미국의 중산층'이라 생각하는 사람들이다.

2.
그렇다면 지난 대선에서 미국의 '중산층'(자신을 중산층이라고 생각하는 계층)은 왜 트럼프를 지지했을까, 그리고 지금도 왜 트럼프를 지지할까. 찬찬히 생각해보자. 미국의 정당 정치는 아주 오래전부터 민주당과 공화당 양당제로 구성되어 있다. 대체로 민주당은 비교적 관대한 이민정책, 소수자 우대정책, 세수를 통한 보편적 복지정책을 기본 정책으로 삼는다. 반면 공화당은 반(反)이민 정책, 소수자에 대한 특혜를 반대하는 사실상 백인 중심주의, 세금을 적게 걷어 개인의 복지를 줄이고 기업을 지원하는 친기업 정책을 기본 정책으로 삼는다. 그래서 보통은 민주당은 정부의 역할을 강조하는 '큰 정부'를 지향하는 데 반해, 공화당은 정부의 역할을 줄이고 기업에 자율권을 주는 '작은 정부'를 지향한다고 말한다.

트럼프 행정부 이전 오바마 행정부는 8년 동안 민주당의 기본 정책을 일관되게 추진해왔다. 오바마 행정부의 정책의 방향은 한마디로 사회적 정의(social justice)를 바탕으로 교육과 의료의 확대, 이민자에 대한 우호적인 정책, 사회적 약자에 대한 배려로 수렴된다. 그렇기 때문에 오바마 행정부에 대해 우리나라를 포함해 전세계적으로 대체로 긍정적이었다. 하지만 일부 또는 상당수 미국인들, 주로 백인 노동자들은 그런 오바마의 정책에 대해 불만을 가졌다. 왜냐하면 그들은 오바마 행정부가 자신들에게 마땅히 돌아가야 할 경제적 몫을 이민자와 소수자에게 나누어줬다고 생각하기 때문이다. 그들의 불만은 생각보다 훨씬 더 깊고 단단했다. 결국 백인 노동자들의 개인적인 불만에 오바마 또는 민주당 정부에 대한 때로는 정당한, 때로는 근거 없는 불신과 반감이 결합해 트럼프의 대통령 당선이라는 예기치 못한 '극적 사건'이 벌어졌다.

다시 말하지만 오바마 행정부의 핵심적인 정치적 의제는 '소수자 차별 폐지'와 '복지의 확대'였다. 오바마 행정부는 미국 사회를 '백인 위주의 불평등한 사회'로 보았고, 그런 불평등과 불의를 타개하기 위해 정부 주도의 폭넓은 복지정책과 소수자 우대정책을 폈다. 저소득층을 위해 교육과 의료에 많은 재정을 지출했고, 복지비용을 충당하기 위해 세금을 인상했고, 더 많은 미국 국채를 발행했다.

적지 않은 이들은 문제의 출발이 바로 여기라고 생각한다. 미국 정부가 발행된 국채가 상당 부분 중국으로 흘러 들어갔다. 당연히 미국 경제의 중국 의존도는 높아졌고, 값싼 중국산 소비재가 미국으로 유입되었다. 미국과 중국의 무역 불균형은 더욱 심화되었고, 무역 불균형은 다시 소득의 불균형으로 이어졌다. 즉 고소득층, 주로 금융·의료·교육·전문직 종사자들의 소득은 상승했지만, 예전의 중산층이었던 저소득층은 소득이 오히려 줄었고 저임금 일자리만 전전하다 극빈층으로 전락했다. 저임금 일자리마저 이민자들이 대체했다.

객관적인 '사실'(fact)과 주관적이고 감정적인 '주장'(opinion)이 뒤섞여 있다. 오바마 행정부가 국채를 발행하고 그것을 중국이 매입한 것까지는 객관적인 '사실'에 가깝다. 대부분의 사람들이 대체로 동의한다. 그런데 국채의 발행으로 소득의 불균형이 발생했고, 그에 따라 백인 노동자들의 일자리가 줄었다는 주장에 대해서는 전문가들뿐만 아니라 일반인 사이에서도 갑론을박이 벌어지는 주관적인 '의견'일 뿐이다. 이처럼 정확한 인과관계를 규명할 수 없음에도 많은 사람들, 특히 백인 저임금 노동자들은 오바마 행정부의 정책을 미국 국채 발행, 중국의 국채 매입, 미국의 대(對)중 무역 의존도 심화, 소득 불균형, 이민자 증가, 일자리 감소로 도식화하고 있다. 그들은 자신들이 미국 경제에 헌신했음에도 불구하고 난민, 이민자, 소수인종들에게 일자리를 빼앗기는 등 역차별을 받고 있다고 생각한다. 요컨대 중산층의 경제적 위기와 백인 남성들의 정치적 위기의식이 결합되어 트럼프의 대통령 당선이라는 결과를 가져왔다. 원인과 결과의 분석이 사후적이라서 논리적으로 완전무결하지는 않지만, 트럼프를 선택한 그들의 정치적 선택은 이렇게 어느 정도 설명이 가능하다.

트럼프는 대통령 당선 후 여러모로 오바마와 다른 정책을 폈다. 먼저 그는 오바마와는 정반대로 강력한 반이민 정책을 시행했다. 멕시코와 미국의 국경 경비 강화를 대선 공약으로 내세웠다. 즉 그는 미국으로 들어오는 불법 이민자들, 주로 멕시코에서 오는 이민자들을 추방하겠다고 선포했다. 또한 아랍계를 비롯해 비유럽계 이민자들의 입국 절차를 더욱더 까다롭게 하겠다고 공언했다. 다행스럽게도 대통령에 취임 후 그의 정책이 공약과 공언대로 다 이루어지지는 않았지만 이민자들에게 '공포감'을 심어주기에는 충분했다. 사실 정책의 목적은 실행보다도 실행하겠다는 의지와 그 정책의 실행으로 피해 또는 영향을 받게 될 계층이 느끼는 공포감이다. 트럼프는 반이민 정책을 통해 이민자들에게 입국 불허 또는 추방이라는 공포감을 고조시키고 있다.

또한 트럼프 정부는 대대적인 세금 감면 정책을 폈다. 주지하듯 미국은 여윳돈이 생기면 저축하기보다는 소비를 하는 대표적인 '소비국가'다. 트럼프 행정부가 들어서고 표면적으로 미국에서 소비가 늘자 생산이 늘고, 생산이 늘자 고용이 증가했다. 하지만 이런 경제적 '선순환'이 언제까지 이어질지, 장기적으로 그것이 미국 경제에 어떤 영향을 끼칠지는 확실하지 않다.

트럼프 행정부는 중국에 대해서도 오바마 행정부와 다른 입장을 취하고 있다. 미국 국민들의 대(對)중국 견제 심리를 이용하고 있다. 트럼프가 궁극적으로 기대하는 바는 중국을 압박함으로써 중국을 비롯해 '해외로 진출한'(off-shoring) 미국 기업들이 생산 시설을 미국 국내로 이전하는 '리쇼어링'(reshoring)이다. 트럼프의 리쇼어링 프로젝트의 의도 또는 효과는 간단하다. 먼저 감세를 통해 중국에 들어간 자본을 회수하고, 그에 따라 중국에 진출한 미국 제조업 업체를 국내로 회귀시켜, 미국 저소득층의 일자리를 늘리고, 소득 양극화를 해소하겠다는 것이다. 한마디로 미국의 이익을 극대화하는 보호무역 정책이다. 하지만 많은 경제 전문가들은 트럼프 행정부의 리쇼어링 프로젝트의 가능성과 경제적 효과에 대해서 회의적이다.

트럼프는 기본적으로 미국 내 사회 불평등이 심화된 이유가 미국제조업을 빼앗아간 중국, 미국으로 이익을 보는 다른 나라들, 그리고 미국 내 불법 이민자들 때문이라고 보고 있다. 하지만 트럼프의 이런 원인 분석은 다분히 감정적인 접근이다. 그리고 원인과 결과에 대한 상관관계 분석도 충분하지 않다. 그런데도 많은 미국의 중산층이 트럼프의 어찌 보면 말도 안 되는 정책을 지지했고, 지금도 지지하고 있다. 미국 중산층이 트럼프의 정책에 동조한다기보다는 트럼프가 그들의 생각에 맞는 정책을 내놓고 있다고 말할 수도 있다.

다시 말하지만 트럼프는 문제의 원인을 외부에서 찾고 있다. 현재 미국의 경제적 불평등은 심각한 상태이다. 그는 이 문제를 단순히 돈을 줘서 해결하는 게 아니라 무역전쟁을 통해, 즉 외국에 나간 제조업 일자리를 미국 내로 돌아오게 함으로써 문제를 해결할 수 있다고 믿는다. 대외 무역수지 적자를 해소하는 것은 덤이다. 일견 간명하고 현실성이 있어 보이지만, 앞서 말했듯이 많은 전문가들은 트럼프의 이런 보호무역 경제 정책에 대해 회의적이다. 오히려 장기적으로는 미국 경제에 더 큰 부작용을 가져올 수 있다고 우려한다.

그런데도 미국 중산층, 실제로는 저소득층인데 중산층이라고 믿는 사람들은 시대를 역행하는 트럼프의 경제 정책을 지지하고 있다. 경제 정책뿐만 아니라 그의 반이민 정책, 소수자 차별 정책에 대해서는 적극적인 지지는 아니더라도 암묵적으로 지지하고 있다. 그들은 트럼프의 경제 정책을 포함해 여러 정책에 내재한 '혐오와 공포', '배제와 차별'을 당연하거나 어쩔 수 없는 것으로 간주하고 있다.

그런데 지금은 주로 이민자와 소수자가 배제와 차별의 대상이지만, 그 차별과 배제의 대상은 언제든지 바뀔 수 있다. 조금 극단적으로 생각하면 지금 당장 트럼프의 절대 지지층인 백인 노동자가 내일이나 내년에는 오히려 차별과 배제의 대상이 될 수 있다. 이 점을 결코 간과해서는 안 된다. "하나의 차별은 또 다른 차별을 불러온다. 하나의 차별을 인정하면 또 다른 차별도 인정해야 한다. 그렇기 때문에 모든 사람은 차별에 저항해야 한다." 차별해서 안 되는 이유는 수없이 많지만, 이 하나만으로도 충분하다.

3.

다행스럽게도 모든 미국인들이 트럼프의 '미치광이 전략'에 침묵하는 것은 아니다. 몇 년 전부터 할리우드는 트럼프를 포함해 극우 정치인들, 혹은 '가짜 보수들'과 그들의 주장에 동조하는 이들을 비판해오고 있다. 사실 할리우드는 부끄러운 역사를 갖고 있다. 1950년대 '매카시즘'(McCarthyism) 열풍이 불었을 때, 할리우드는 공산주의에 경도되었던 동료 예술가를 고발하는 것이 정당한지를 두고 첨예하게 갈등했다. 예컨대 엘리아 카잔은 영화 〈워터프론트〉(1954)에서 내부 고발을 통해 국익을 우선해야 한다고 주장했고, 아서 밀러는 『시련』(1953)에서 매카시즘을 마녀사냥과 유비(analogy)해서 개인의 양심의 중요성을 역설했다. 카잔과 밀러는 소위 '절친'이었지만 매카시즘에 대해 전혀 다른 입장을 취했다. 어떤 이들은 양심의 가책을 느끼면서도 동료를 고발했고, 어떤 이들은 끝까지 거부했다. 당연히 거부한 이들에게는 '고통'과 '시련'이 따랐다. 일상적인 감시는 물론이고, 한동안 예술 활동을 금지당했다. 밀러의 경우에는 결국 무죄로 풀려났지만 국회모독죄로 처벌받기도 했다. 결국 매카시즘은 한 우스꽝스러운 정치인의 '해프닝'으로 끝났지만, 할리우드 예술인들에게 남긴 상처는 너무나 크고 깊었다. 매카시즘의 트라우마 때문인지 많은 할리우드 배우와 감독들은 트럼프의 인종차별주의에 대체로 반대의 목소리를 견지해오고 있다. 일회적으로 그치지 않고 계속 이어져 오고 있다.

미국 영화의 현재를 가장 잘 보여주는 것은 무엇보다도 '아카데미 영화상 시상식'(Academy Awards Ceremony)이다. 기실 아카데미 영화상 시상식은 단순한 영화상 시상식이 아니라, 현재 미국의 정치, 경제, 사회, 문화의 양상을 보여주는 거울이자 담론의 장(場)이다. 그동안 아카데미는 당대의 현실을 반영하는 영화보다는 예술성과 창의성이 도드라지는 영화에 호의적이었다. 정치적으로는 보수적이었다. 그런데 최근 들어 그런 보수적인 아카데미에 변화의 바람이 불고 있다. 누군가는 큰 변화라고 말할 수 있고 누군가는 작은 변화라고 말할 수 있겠지만, 아카데미에 변화의 바람이 불고 있는 것만큼은 틀림없다. 아카데미에 불고 있는 변화의 방향과 속도를 가늠하기 위해 올해를 포함해 최근 3년 동안의 아카데미 시상식을 살펴보자.

먼저 2016년 제88회 아카데미 영화상 시상식이다. 작품상은 〈스포트라이트〉, 감독상은 〈레버넌트: 죽음에서 돌아온 자〉(이하 〈레버넌트〉)가 차지했다. 남우주연상은 〈레버넌트〉의 리어나도 디캐프리오, 여우주연상은 〈룸〉의 브리 라슨, 남우주연상은 〈스파이 브릿지〉의 마크 라일런스, 여우조연상은 〈대니쉬 걸〉의 알리시아 비칸데르에게 돌아갔다. 제88회 아카데미 시상식은 주요 부문 후보군에 백인 남성만이 포함됐고, 〈캐롤〉 등 여성이 주인공인 영화와 흑인 배우들이 출연하는 영화를 홀대했다는 비판을 받았다. SNS에서도 "오스카는 너무 하얗다", "오스카는 너무 남성적이다"라는 비판이 줄을 이었다.

그러나 2016년 아카데미 시상식이 더 문제가 되었던 것은 미국 내에서 흑인을 제외한 유색인종을 바라보는 시선이 여성에 대한 차별보다도 한층 더 차별적이라는 점이었다. 그래서 많은 미국인들은 미국 내에서 모든 인종과 양성이 평등한 '멋진 날'을 '아주 먼 미래의 날', 혹은 '오지 않을 날'이라고 회의적으로 바라보았다. 불과 몇 달 전에 동성애 결혼 합헌 결정이 내려졌음에도 많은 미국인들은 여전히 '무지개'를 현실이 아닌 꿈으로 보았다.

2016년 제88회 아카데미 영화상 시상식은 아쉬움이 남는 게 사실이다. 하지만 〈스포트라이트〉가 작품상을 받았다는 사실 하나만으로도 상당히 유의미하다. 전술했듯이 지금까지 아카데미는 주로 예술성과 창의성이 돋보이는 영화에 작품상을 수여했다. 그런 보수적인 아카데미가 '가톨릭 교단의 성추행과 조직적 은폐'라는 정치적·종교적으로 대단히 민감한 문제를 다룬 〈스포트라이트〉가 작품상을 받았다는 것은 대단히 '큰' 일이고, 아카데미가 변하고 있다는 것을 보여주는 예로 충분하다.

불과 1년 사이에 아카데미의 분위기가 더 바뀌었다. 2017년 제89회 아카데미 시상식은 '반(反)트럼프 시상식'이라고 할 정도로 트럼프의 차별 정책에 비판의 날을 세웠다. 먼저 시상식 사회자 지미 키멀은 "올해 오스카의 인종차별은 트럼프 덕분에 사라졌다"라는 말로 트럼프를 풍자 또는 조롱했다. 그러자 트럼프 역시 트위터를 통해 "오스카가 너무 정치에 집중한다"라고 독설을 날렸다. 아무튼 2017년 아카데미 시상식은 전년도와 비교했을 때 의미 있는 변화를 끌어냈다. 그리고 그 변화의 중심에는 〈문라이트〉가 있다. 〈문라이트〉는 작품상과 각색상을 수상했다. 마허샬라 알리와 비올라는 남녀 조연상을 수상했다. 총평하자면 제89회 아카데미 시상식은 〈문라이트〉의 작품상 수상과 두 흑인 배우들의 조연상 수상을 통해 전년도의 "백인들의 잔치"라는 오명을 벗어날 수 있는 최소한의 발판은 마련했다.

2018년 제90회 아카데미 시상식의 키워드는 2017년에 이어 '반(反)트럼프'와 '페미니즘'이다. 전년도에 이어 연속으로 사회를 본 지미 키멀은 무대 한쪽에 놓인 오스카 트로피를 바라보며 "두 손을 곱게 모은 자태로 보아 쓸데없는 막말을 안 할 것 같고, 무엇보다 그는 성기가 없다"라며 하비 와인스타인의 성폭력 사건으로 촉발된 최근의 할리우드의 '미투(#MeToo) 운동'을 풍자하는 인사말을 남겼다. 미투 운동의 여파로 와인스타인은 당연히 불참했고, 성추문 사건에 연루된 전년도 남우주연상 수상자 케이시 애플렉도 불참했다. 로라 던, 루피타 니용고 등 많은 여배우들은 안경을 끼고 시상식에 참여했다. 감독상을 시상하러 나온 에마 스톤은 "후보에 오른 4명의 감독과 그레타 거윅"이라고 말하며 한 명의 여성 감독 후보의 존재감을 알렸다. 2018년 아카데미 시상식은 앞선 두 해보다 진일보한 할리우드의 모습을 보여주었다.

사실 와인스타인은 '아카데미 시상식에서 신(神)보다 더 많이 언급되는 사람'이라고 일컬어질 정도로 할리우드에서 막강한 권력의 거물 영화 제작자다. 2017년 그의 성범죄를 폭로한 《뉴욕 타임스》의 보도는 할리우드를 넘어 미국 연예 산업 전반을 뒤흔들었다. 앤젤리나 졸리, 귀네스 팰트로 등 유명 배우들의 용기 있는 폭로가 이어지며, '와인스타인의 성범죄 스캔들'은 전 세계 여성들의 '미투 운동'으로 발전했고, 지금도 여전히 진행 중이다.

다시 말하지만 2018년 아카데미 시상식의 키워드는 '반트럼프'와 '페미니즘'이다. 트럼프는 대선 전부터 이민자들에 대해 부정적이었고 소수자에 대해서도 혐오발언을 아무렇지도 않게 쏟아냈다. 그는 미국의 정체성인 문화적 다양성도 부정하며 백인우월주의를 내세웠다. 그래서 많은 할리우드 영화인들이 트럼프의 정책에 반대했고, 자신들의 생각을 영화를 통해 표출했다. 그런 이유 때문인지 올해 아카데미 시상식에서 소개된 영화들은 유독 정치적인 메시지를 많이 담고 있다. 주로 반트럼프 정서가 배어 있다.

저예산 영화 〈겟 아웃〉은 은밀하게 감춰져 있던 인종주의자들의 욕망을 난

폭하게 까발리며 자칫 심각할 수 있는 인종차별 문제를 가볍고 영리하게 다루었다. 《가디언》은 〈겟 아웃〉이 장르 요소를 세심하게 배치해 처음부터 끝까지 긴장을 놓을 수 없게 만들었다고 호평했다. 캐스린 비글로의 〈디트로이트〉는 1967년 여름 미국에서 실제로 있었던 디트로이트 폭동 사건을 소재로 하고 있다. 영화는 폭동 당시 알지어스 모텔에서 발생한 백인 경찰의 흑인 살해 사건에 초점을 맞추며 미국 사회의 고질적인 인종차별과 공권력의 폭압이라는 문제를 날카롭게 포착한다. 에마 스톤 주연의 〈빌리 진 킹: 세기의 대결〉은 지독한 남성우월주의자와 성별과 무관하게 동등한 처우를 주장한 페미니스트의 세기의 테니스 시합을 소재로 한다. 〈플로리다 프로젝트〉는 플로리다 디즈니랜드 맞은편 '매직 캐슬'이라는 이름의 모텔에 장기 투숙 중인 한 홈리스 가족의 일상을 통해 미국 빈곤층의 신산한 삶을 보여준다. 조금씩 결은 다르지만, 위 영화들은 인종차별, 성차별, 경제적인 차별 등으로 미국 사회에서 차별받고 배제당하는 사회적 소수자의 일상을 비교적 객관적이고 냉철하게 그리고 있다. 무엇보다도 사회적 소수자를 안타까운 시선으로 바라보며 동정을 구하지도 않고, 관객을 계몽하려 시도하지 않는다. 그들의 힘겨운 일상을 보여줄 뿐이다. 그리고 판단을 유보한다. 판단은 관객의 몫으로 남긴다.

최근 들어서는 할리우드 영화는 인종차별과 성차별 문제에 정치적인 함의가 결합되며 미국 사회를 보다 비판적인 시선으로 바라보고 있다. 그런 이유 때문인지 실제 사건과 실존 인물을 영화적 소재로 택하고 있다. 〈더 포스트〉는 1971년 미국 정부가 비밀리에 베트남전 발발에 개입했다는 국방부 기밀 문서 '펜타곤 페이퍼'를 폭로한 《워싱턴 포스트》의 실화에 바탕을 두고 있다. 〈백시트〉는 미국 역사상 가장 강력한 부통령이라 불렸던 딕 체니의 전기 영화로 그가 세상을 어떻게 변화시켰는지에 주목한다. 〈채퍼퀴딕〉은 1969년 채퍼퀴딕섬에서 벌어진 실제 사건을 다루고 있다. 에드워드 케네디 상원의원이 운전하던 차량이 다리 밑으로 추락해 함께 탔던 로버트 케네디의 선거도우미

최근 할리우드 영화는 인종차별과 성차별 문제에 정치적인 함의가 결합되며 미국 사회를 보다 비판적인 시선으로 바라보고 있다. 그런 이유 때문인지 최근의 많은 영화들은 실제 사건과 실존 인물을 영화적 소재로 택하고 있다.

메리 조 코페친이 사망한다. 하지만 에드워드 케네디가 신고하지 않아 이 사건은 10시간 가까이 사고가 알려지지 않는다. 〈프론트 러너〉는 1984년 민주당의 유력한 대통령 후보였던 게리 하트 전 상원의원이 젊은 모델 도너 라이스와의 섹스 스캔들로 인해 후보 경선 중 출마를 포기했던 실제 사건을 다루고 있다. 이 영화들은 실제 사건의 극적 요소를 부각하거나 실존 인물의 성공담 또는 실패담에 감정 이입을 의도하기보다는 과거 사건을 통해 현재 미국 사회를 비판하는데 영화적 방점을 두고 있다.

페미니즘은 이민자(난민을 포함해) 문제와 함께 미국 사회에서 가장 뜨거운 사회적 문제다. 〈온 더 베이시스 오브 섹스〉는 여성, 장애인, 성소수자 등 사회적 약자의 권익을 보호하는 데 앞장선 법조인 루스 베이더 긴즈버그의 전기 영화다. 미국 역사상 두 번째 여성 대법관인 긴즈버그는 성(性)을 '섹스'(sex) 대신 '젠더'(gender)로 지칭할 것을 주장했다. 젠더는 성을 생물학적 의미로만 국한하지 않고 사회적·주체적 인식까지 포괄하기 때문이다. 긴즈버그의 주장은 지금은 상식에 가깝지만 당시로서는 대단히 혁명적이었다.

〈온 더 베이시스 오브 섹스〉가 여성, 장애인, 성 소수자 등 사회적 약자의 권익을 옹호하고 대변하는 일종의 다큐멘터리라면, 기예르모 델 토로의 감독의 〈셰이프 오브 워터: 사랑의 모양〉(이하 〈셰이프 오브 워터〉)는 〈온 더 베이시스 오브 섹스〉의 '동화'(童話) 또는 '판타지' 버전이라 할 수 있다.

2018년 제90회 아카데미 시상식의 정점은 역시 〈셰이프 오브 워터〉이다. 이 영화는 작품상을 포함해 감독상과 음악상을 수상했다. 감독 델 토로는 수상 소감에서 "나는 미국과 유럽 등 여러 곳에서 살아온 이민자입니다. 젊은 영화인들이여, 꿈을 꾸는 사람들에게 (나의 수상이) 그 길로 들어오는 문이니, 이 문을 박차고 들어오라고 말해주고 싶습니다"라고 말해 많은 사람들에게 감동을 주었다.

〈셰이프 오브 워터〉는 여성, 장애인, 성 소수자 등 사회적 약자에 관한 보고서라 할 정도로 그들의 소소하고 일상적인 이야기가 영화 대부분을 차지한다. 영화는 크게 두 부분으로 구성되어 있다. 첫 번째 부분은 다른 사람의 말은 듣지만 자신의 말을 하지 못하는 언어 장애인 여성 청소부 일라이자가 정부 산하의 연구소에 취직해 우연히 양서류 인간, 즉 '괴물'을 만나 사랑에 빠지는 과정을 그리고 있다. 두 번째 부분에서 그녀는 고약한 인종주의자 보안 책임자의 눈을 피해 연인을 도피시키려는 계획을 세우지만 만만치 않다. 하지만 그녀의 이웃인 실직한 게이 예술가, 그녀의 동료 흑인 주부, 러시아 출신 스파이 등 사회적 약자들이 그녀의 계획을 돕는다. 결국 그녀와 괴물은 주변 사람들의 도움으로 탈출하고 그들의 사랑을 완성한다. 감독은 아름답고 기괴한 동화를 통해 냉전 시대의 정치적 잔혹함과 약자를 대하는 미국 사회와 트럼프 시대를 유비적으로 보여준다. 영화 속으로 조금 더 들어가자.

4.

영화 〈셰이프 오브 워터〉의 줄거리는 비교적 간단하다. 1960년대 미 항공

우주 연구센터의 비밀 실험실에서 일하는 청소부 일라이자(샐리 호킨스 분)의 삶은 지극히 단조롭고 고요하다. 어느 날 그녀는 비밀 실험실에 갇혀 있는 괴생명체를 발견한다. 그녀는 비늘로 뒤덮여 있으며 아가미로 호흡하지만 인간의 형상을 한 이 정체불명의 존재와 교감하며 어느덧 그를 사랑하게 된다.

소련과의 우주 경쟁에서 뒤처져 초조해진 미국은 그들의 '히든카드'인 괴물을 해부해 실험에 박차를 가하려 한다. 일라이자는 실험실의 보안 책임자 스트릭랜드(마이클 섀넌 분)의 눈을 피해 그녀의 연인인 괴물을 탈출시킬 계획을 세운다. 결국 그녀는 직장 동료와 이웃의 도움으로 괴물을 탈출시키는 데 성공하지만, 보안 책임자가 쏜 총에 맞는다. 괴물은 총에 맞은 그녀를 물속으로 데려간다.

다시 말하지만 〈셰이프 오브 워터〉는 언어 장애인 일라이자와 괴물 간의 '러브 스토리'다. 그런데 이 영화를 연출한 델 토로 감독의 필모그래피를 보면 러브스토리가 잘 그려지지 않는다. 잘 알려져 있듯이, 그는 〈미믹〉(1997)과 〈헬보이〉(2004) 등을 연출한 '몬스터 영화'의 거장이다. 그렇기 때문에 그와 친한 제임스 캐머런 감독조차도 델 토로 감독에게 "러브 스토리는 결코 만들 수 없을 것이다"라고 말했다고 한다. 사실 캐머런의 말대로 델 토로와 사랑이란 단어는 잘 어울리지 않는다. 그런데 델 토로는 예상을 깨고 〈셰이프 오브 워터〉라는 아주 로맨틱하고 멋진 러브 스토리 영화를 선보였다. 이 영화는 여느 로맨스 영화들처럼 절절하고 애틋한 감정과 로맨틱한 시퀀스, 그리고 감미로운 멜로디를 오롯이 담고 있다.

〈셰이프 오브 워터〉는 분명 러브 스토리지만 일반적인 러브 스토리와는 다르다. 일반적인 러브 스토리에서 사랑의 장애물은 보통 경제적 부를 포함해 신분과 계급이다. 하지만 이 영화에서 가장 큰 사랑의 장애물은 '종(種)의 장벽'이다. 전술했듯이 이 영화는 언어 장애인과 괴물 간의 러브 스토리다. 그렇기 때문에 감독은 무엇보다도 영화의 방점을 '다름'에 두고 있다. 감독 자신도

〈셰이프 오브 워터〉의 메인 서사는 언어 장애인 여성과 괴물의 '사랑 이야기'다. 하지만 이 영화는 그들의 사랑 이야기 외에 여성, 장애인, 성 소수자 등 사회적 약자에 관한 보고서라 할 정도로, 그들의 소소하고 일상적인 이야기를 촘촘히 다룬다. 감독은 미국 사회의 주변부에 위치한 인물들에게 따뜻한 눈길을 주고 있다.

어느 인터뷰에서 "이 영화에서 목소리를 가지지 못한 사람들, 쉽게 눈에 띄지 않는 존재들, 자신의 정체성을 숨겨야 하는 사람들 등과 같이 '다름'을 가진 사람들의 사랑 이야기를 들려주고 싶었다"라고 말했다. 영화는 러브 스토리를 넘어 목소리를 가지지 못한 사람들, 쉽게 눈에 띄지 않는 존재들, 자신의 정체성을 숨겨야 하는 사람들처럼 '다름'을 지닌 사람들이 그중에서도 가장 다른 존재인 괴물을 구하기 위해 힘을 합치는 이야기로 발전한다. 요컨대 〈셰이프 오브 워터〉를 통해 델 토로는 궁극적으로 "사랑에 형태가 없다"라는 점을 역설한다. 그에 따르면, "우리는 사랑이 어떤 모습을 하게 될지 알지 못한다." 또한 "우리는 어떤 것이 형태를 이루어 사랑이 될지 알지 못한다."

델 토로의 전작과 비교했을 때 〈셰이프 오브 워터〉의 가장 큰 차이점은 그가 이 작품에서 비로소 '어른들'의 눈높이에 맞춰 세상을 바라보기 시작했다는 점이다. 그동안 델 토로의 영화 세계에서 중심은 〈악마의 등뼈〉(2001)와 〈미믹〉를 비롯해 〈판의 미로: 오필리아와 세 개의 열쇠〉(2006)처럼 대개 정서적으로 또는 물리적으로 고립된 '아이들'이었다. 그들을 보다 효과적으로 표현하기 위해 감독 자신도 그들의 마음과 시선으로 세상을 바라봐야 했다. 그래서 그는 어느 인터뷰에서 다음과 같이 말했다.

> "그동안 나는 영화를 통해 내 유년 시절을 반영한 이야기를 해왔다. 그런데 〈셰이프 오브 워터〉를 만들던 시점의 나는 성인이 된 뒤 내게 영향을 미친 것들에 대해 생각해보게 되었다. 영화, 사랑, 다르다는 것을 적대시하는 분위기에 대해."

그렇다면 아이가 아니라 어른이 주인공이고 그의 삶과 사랑을 본격적으로 다룬 〈셰이프 오브 워터〉는 델 토로의 '성인 동화'(adult fairy tales)라 부를 수 있다.

많은 사람들이 말하듯이 〈셰이프 오브 워터〉에서 가장 흥미로운 장면은 일라이자가 자위하는 장면과 그녀가 괴물과 사랑을 나누는 장면이다. 특히 그녀의 자위 장면은 적지 않은 논란을 일으켰다. 이에 대해 감독은 "중요한 건 성적인 행위 자체를 자연스럽게 보여주는 게 아니라, 누군가는 변태적이라고 볼 수도 있는 모습이 누군가에는 지극히 정상적인[일상적인] 모습이 될 수 있다는 점을 보여주기 위해 이 장면을 연출했다"라고 밝혔다. 즉 영화에서 일라이자의 자위는 억눌린 성적 욕망의 뒤틀린 분출이 아니라 매일 아침 샤워와 함께 반복적으로 이루어지는 일상이다. 감독은 이 장면을 통해 일라이자가 단순히 왕자를 기다리는 동화 속 공주가 아니라 자신의 욕망에 충실한 주체적인 여성이라는 점을 시사한다.

일라이자는 물속에서 알몸으로 괴물과 사랑을 나눈다. 하지만 이 장면은 결코 혐오스럽거나 괴기스럽지 않다. 오히려 상당히 로맨틱하다. 일반적인 몬스터 영화에서 괴물은 끔찍한 형상으로 묘사되어 혐오감을 불러일으킨다. 하지만 〈셰이프 오브 워터〉에서 괴물은 아름답고 심지어 섹시하기까지 하다. 실제로 감독은 디자이너에게 괴물을 "여성이 키스하고 싶은 입술과 각진 턱, 둥그런 눈을 가진 핸섬한 외모"로 만들어 달라고 부탁했다고 한다. 감독은 아름답고 섹시한 괴물을 형상화함으로써 사람들이 괴물에 대해 갖고 있는 고정관념을 깨뜨리고 있다. 감독은 '다르다는 것은 혐오스럽거나 금기해야 하는 것이 아니라, 단어 그대로 단지 다를 뿐'이라는 사실을 말하고 싶었는지 모른다.

전통적인 동화라면 마법에 걸려 목소리를 잃은 공주와 저주를 받아 괴물이 된 왕자는 사랑의 힘으로 마법과 저주가 풀려 각각 목소리와 멋진 외모를 되찾는다. 그리고 그들은 '진짜' 공주와 왕자가 되어 행복하게 오래오래 산다. 그들의 이야기는 단어 그대로 '해피 엔딩'으로 끝난다. 그러나 조금 특이한 동화인 〈셰이프 오브 워터〉에서 일라이자는 목소리를 되찾지 못하고 괴물도 그냥 괴물로 남는다. 그런데도 영화의 결말은 씁쓸하거나 불행하지 않고 나름 행복하다. 왜냐하면 둘의 사랑은 지상에서는 허락되지 않았지만 물속에서는 영원할 것이기 때문이다. 그들은 서로를 구원했다. 일라이자는 괴물을 구출했고, 괴물은 일라이자를 구원했다. 감독은 영화 속에서 괴물이 사람을 구원했듯이, 괴물이라고 생각한 누군가 혹은 무언가가 우리 인간을 구원할 수도 있다는 사실을 말하고 싶었던 게 아닌가, 생각도 해본다.

〈셰이프 오브 워터〉에서 델 토로가 주목하는 '어른들'은 언어 장애를 겪고 있는 일라이자, 그녀의 동료 청소부이자 흑인 여성인 젤다(옥타비아 스펜서 분), 실직한 게이 아티스트 자일스(리처드 젱킨스 분), 신분을 감추고 미국에서 과학자로 살아가는 러시아 스파이 호프스테틀러(마이클 스털버그 분) 등 미국 사회의 주변부에 위치한 인물들이다. 괴물까지 포함해서 말이다.

먼저 일라이자는 다른 사람들이 하는 말은 들을 수 있지만 말을 못 하는 '언어 장애인'이다. 여주인공을 언어 장애인으로 설정한 이유에 대해서는 감독은 이렇게 말한다.

"말은 때때로 오해를 낳고 우리를 혼란스럽게 한다. 하지만 말이 없는 사람들은 서로를 완벽하게 이해할 수 있다. 왜냐하면 그들의 눈빛과 몸짓은 거짓말을 하지 않기 때문이다. 나는 일라이자라는 인물을 통해 언어를 넘어 소통할 수 있는 사랑을 다뤄보고 싶었다. 본질과 본질이 연결되는 사랑 말이다."

영화 속에서 일라이자와 괴물 간의 소통은 말이 아니라 수화를 포함한 '몸의 교감'을 통해서 이루어진다. 그들이 보여주는 몸의 교감은 언어가 초래하는 혼란과 잡음을 배제하기에 고요하면서도 아름답다. 그들은 몸의 교감을 통해 원초적이지만 보다 본질적인 사랑을 추구한다.

일라이자는 말을 하지 못하지만 동시에 하지 않으려 한다. 그녀가 말을 하지 않는 이유가 꼭 그녀가 언어 장애인이기 때문만은 아니다. 그보다는, 보안 책임자 스트릭랜드를 통해 알 수 있듯이, 집에는 최신식 TV가 있고 매끈한 새 자동차로 출퇴근하지만 직장에서는 소련과의 우주 경쟁에서 이기기 위해 앞만 보고 나아가는 중산층 미국인들에겐 언어 장애가 있는 청소부의 수화를 끈기 있게 들어줄 마음의 여유가 없기 때문이다. 다시 말하면 당시 미국 중산층은 설령 일라이자가 언어 장애인이 아니더라도 그녀의 말에 귀를 기울이지 않았을 것이다.

미래에 대한 기대로 충만했던 1960년대 미국 사회에서 일라이자를 포함해 당시 아무도 주목하지 않던 영화 속 주변부 인물들은 한마디로 그림자와 같은 존재다. 감독은 1960년대 미국을 이렇게 규정한다.

"나는 사람들이 '다시 한번 [1960년대와 같은] 위대한 미국을 만들자'라고 말할 때, 그 말이 결코 구체화될 수 없다는 걸 알고 있다. 당신이 앵글로색슨의 혈통을 지닌 청교도였다면, 1960년대는 좋은 시절이었을 거다. 당신은 제트카를 가졌을 것이고, 모든 것이 신속하게 처리되는 부엌을 가지게 되었을지도 모른다. 하지만 1960년대가 모두에게 그렇게 좋은 시절이었던 건 아니다."

멕시코 이민자 출신으로 미국 사회에 정착해 살아가며 수많은 차별을 경험했다는 델 토로 감독은 〈셰이프 오브 워터〉에서 경제적 풍요의 이면에 인종차별과 성적 지향성에 대한 억압이 존재했던 1960년대의 미국을 소환해 현재 미국 사회가 직면한 문제를 고찰하려 한다. 예컨대 다름을 인정하지 않는 사회적 분위기와 소수자에게 쏟아지는 차가운 시선 같은 풍경 말이다. 일라이자가 괴물과 사랑에 빠지게 되는 상황은 아마도 가장 이질적이고 수용하기 힘든 풍경일 것이다.

〈셰이프 오브 워터〉는 1960년대를 시대적 배경으로 하고 있다. 델 토로 감독에 따르면, 미국 역사에서 1960년대는 국가의 이상과 나아가야 할 방향이 점점 더 확고해지고 구체화되는 시기였다. 하지만 동시에 인종과 젠더, 섹슈얼리티의 '다름'으로 인한 갈등과 분열이 표면화되는 시기이기도 했다. 그는 1960년대의 갈등과 분열의 상황이 현재 미국이 직면한 갈등과 분열의 상황과 크게 다르지 않다고 생각하는 듯하다. 궁극적으로 그는 〈셰이프 오브 워터〉를 통해 현재 미국인들이 직면한 '불관용'과 '다름'을 인정하려 하지 않는 상황에 대해 더 깊이 성찰할 수 있는 방법은 '과거를 들여다보는 것'이라고 역설한다. 그러면서 그는 '현재의 본질은 과거에 있다'는 상식을 환기한다.

5.
앞에서 여러 차례 언급했듯이 최근 몇 년 동안 아카데미는 현실을 반영하는 영화보다는 〈아티스트〉(2011), 〈버드맨〉(2014), 〈라라랜드〉(2016) 등 주로 예술성과 창의성이 두드러지는 영화에 우호적이었고 더 좋은 평가를 내렸다. 하지만 올해는 다르다. 2018년 제90회 아카데미 시상식은 작년에 이어 '영화가 예술적 재현이라기보다는 현실을 반영하는 거울'이라는 명제에 방점을 두고 있다. 정치성이 두드러진 영화를 주목했다. 앞에서 언급했던 영화들, 즉 인종차별이란 소재를 영리하게 비튼 호러영화 〈겟 아웃〉, 정부와 언론의 대치를 다룬 〈더 포스트〉 뿐만 아니라, 잘못된 트랙 위에 놓인 사람들을 다룬 〈레이디 버드〉, 누구도 들어주지 않는 목소리를 세상에 알리기 위해 파격적인 방법을 선택하는 여성의 이야기인 〈쓰리 빌보드〉와 같은 영화도 관심을 가졌다. 이 영화들은 공통적으로 트럼프 시대의 미국 사회가 간과하거나 묵살한 존재들에 관한 이야기들이다. 그리고 이 '보이지 않는 존재들'을 한데 모은 결정체가 바로 델 토로의 〈셰이프 오브 워터〉다. 따라서 언어 장애인, 흑인 여성, 게이 예술가, 러시아 스파이 등 사회의 '주변부 인물들'이 힘을 한데 모아 '아마존에서 온 괴물'(alien)을 '보수적이고 폭력적인 백인 남성'으로부터 구한다는 이 영화의 줄거리는 그야말로 '반트럼프'를 외치는 최적의 사례로서 손색이 없다. 아직 트럼프 시대가 2년이나 남았다. 4년이 더해질 수도 있다. 앞으로 2년 또는 6년 동안의 트럼프 시대에 미국이 어떻게 될지 그에 따라 미국의 영화가 어떤 모습을 보일지 무척 궁금하다.

전규환 영화: '도시의 이면 엿보기'

1.

'학자와 작가의 가장 큰 차이점은 무엇일까?'라는 조금 엉뚱한 질문으로 글을 시작하려 한다. 최근에 읽은 어느 책에서는 "학자는 낯설고 새로운 개념을 익숙하게 만드는 사람이고 작가는 익숙한 것을 낯설게 하는 사람"이라고 했다. 다르게 말하면 학자는 어른의 눈을 갖고 있어야 하고, 작가는 아이의 마음을 갖고 있어야 한다. 아이의 마음은 한편으로 사람이나 사물을 순수하게 바라보는 '동심'으로 해석할 수도 있지만, 다른 한편으로는 편견이나 정치적인 해석을 개입시키지 않고 있는 그대로 보고 들려주는 솔직한 태도라고 할 수 있다. 작가에게는 순수한 마음과 솔직한 태도가 무엇보다도 중요하다. 작가를 예술가로 치환시켜도 마찬가지다. 즉 작가가 그런 것처럼 예술가도 '순수한 마음'과 '솔직한 태도'를 가져야 한다.

하지만 모든 예술가들이 순수한 마음과 솔직한 태도를 예술의 본령으로 삼고 있는 것 같지 않다. 예술가뿐만 아니라 예술을 대하는 일반 대중도 마찬가지다. 예술가가 예술 작품을 창작할 때 자기 검열을 통해 정치적·윤리적·도덕적으로 문제가 될 요소를 배제한다면, 관객들은 다분히 주관적인 정치적·윤리적·도덕적 기준으로 예술 작품을 재단한다. 평가는 주로 외면적 평가에 머문다. 그리고 평가 행위에 대해 '예술은 정치, 사회와 거리를 두고 오직 예술 그 자체에 충실해야 한다'고 자신을 정당화한다.

　만일 어떤 예술가 혹은 어떤 예술 작품이 외면하고 싶은 우리 사회의 어둡고 불편한 모습을 '너무나 솔직하게' 보여주는 경우에는 불편함과 불쾌함을 넘어 극도의 혐오감을 드러내기도 한다. 때때로 혐오감은 작품에 머물지 않고 예술 작품을 만든 예술가에 대한 인신공격으로 이어지기도 한다. 특히 그 예술가가 주류에 편입되지 않았거나 주류에 편입되기를 거부하는 경우에는 그 혐오의 강도와 세기는 상상을 초월할 정도다. 그런 혐오 공격에 누군가는 가열차게 맞서 싸우고, 누군가는 피하고, 누군가는 순응한다. 맞서 싸운 얼마 안 되는 누군가는 육체적으로 정신적으로 고통을 받아 피폐한 삶을 살고 있고, 그 때문에 세상을 등지기도 했다.

　한국 영화계에 별로 유명하지 않은 전규환이라는 영화감독이 있다. 그는 매우 특이한 방식으로 한국 영화계에 발을 들여놓았다. 그는 2008년에 첫 장편영화 〈모차르트 타운〉을 완성했다. 하지만 영화를 전공하지도 않았고, 충무로의 도제 시스템도 거치지 않았다. 그렇다고 영화 아카데미나 영화학교 출신도 아니다. 배우들의 매니저 생활을 하다가 마흔을 넘긴 나이에 초저예산으로 첫 장편영화를 만든 감독에게 관심을 보이는 국내 영화인들은 아무도 없었다. 심지어 비교적 진입 문턱이 낮다고 하는 독립 영화계조차도 그의 영화에 관심을 보이지 않았다. 구원의 손길은 해외에서 왔다. 〈모차르트 타운〉이 2008년 동경국제영화제를 비롯해 해외의 많은 영화제에 초청을 받으며, 전규환 감독은 세계적으로 주목을 받게 되었고, 그것에 자신감을 얻어 차기작을 선보였다.

　〈모차르트 타운〉 이후 발표한 〈애니멀 타운〉(2009)과 〈댄스 타운〉(2010)이 해외의 각종 영화제에 초청받고 영화상을 수상하면서 해외에서 전규환에 대한 관심이 더욱 높아졌다. 해외 영화계에서 호평이 쏟아지자 국내 영화계도 뒤늦게 그의 영화에 반응을 보이기 시작했다. 〈애니멀 타운〉이 2010년 전주국

만일 어떤 예술가 혹은 어떤 예술 작품이 외면하고 싶은 우리 사회의 어둡고 불편한 모습을 너무나 사실적으로 보여준다면 사람들은 종종 불편함과 불쾌함을 넘어 극도의 혐오감을 드러내기도 한다. 때때로 혐오감은 작품에 머물지 않고 예술 작품을 만든 예술가에 대한 인신공격으로 이어지기도 한다. 사진은 전규환 감독의 영화 〈댄스 타운〉의 한 장면.

제영화제에 초청을 받았고, 〈댄스 타운〉과 〈불륜의 시대〉(2011)가 잇달아 부산국제영화제에 초청을 받게 된다. 그리고 2011년에는 일명 '타운 3부작'이라 불리는 〈모차르트 타운〉, 〈애니멀 타운〉, 〈댄스 타운〉이 국내에 개봉되면서, 국내 관객들도 이제 전규환의 영화들을 극장에서 볼 수 있게 되었다.

그러나 행운과 불행은 동전의 양면이라는 말처럼, 전규환에게 '타운 시리즈'의 국내 개봉이라는 행운은 그에게 곧 불행이 되었다. 그리고 그 불행은 생각보다 오래 지속된다. 새로운 예술 작품을 접했을 때 많은 사람들은 본능적으로 보수적인 기제를 작동해 '신선하다' 또는 '새롭다'보다는 '불편하다', '잘 모르겠다'고 생각한다. 백번 양보해서 여기까지는 수긍할 수 있다. 그런데 많은 사람들이 전규환의 영화에 대해 '불편함'을 넘어 '나쁨'이라는 편견을 갖기 시작했다. 사실 그 편견은 대체로 조장된 혹은 조작된 것이다. 그렇다 보니 사람들은 그의 영화를 제대로 보지 않고 외면하기 시작했다. 외면하는 이유를 물어보면 그의 영화가 '예술적 완성도가 떨어진다'는 핑계를 댔다. 그리고 그런 핑계는 언제부터인가 그의 영화에 대한 혐오발언으로 이어지기 시작했다. 그의 영화에 대한 폄하와 혐오는 온라인과 오프라인에서 전방위적으로 이루어졌다.

전규환 영화에 대한 일련의 반응(대부분은 폄하 또는 혐오)을 보며 기시감이 든다. 최근에 논란이 되고 있는 그의 과거 행동을 절대로 옹호하는 것은 아니지만, 김기덕의 영화가 처음 나왔을 때 사람들의 반응은 대체로 전규환 영화에 대한 반응과 비슷했다. 김기덕도 전규환처럼 영화를 제대로 배운 적도 없고, 늦은 나이에 감독으로 데뷔했으며, 아주 짧은 기간 동안 많은 영화를 완성했다. 김기덕의 영화도 불편함과 불쾌함으로 수렴되었다. 그리고 영화적 불쾌함과 불편함은 매번 도덕적·윤리적 논쟁으로 치달았다. 특히 여성에 대한 폭력과 성적 도구화 등은 끊임없이 그를 괴롭혔다. 그러므로 김기덕은 데뷔작 〈악어〉(1996) 때부터 논란의 중심이 된 〈나쁜 남자〉(2002)에 이르기까지 자신의 영화에 대해 항상 도덕적·윤리적 해명을 해야만 했다. 그러나 사람들은 그의 해명을 쉽게 받아들이지 않았다. 전규환도 자신의 영화에 대해 관객들이 갖고 있는 편견(폭력적 장면과 불편한 소재)에 대해 나름 해명하지만 역시나 쉽게 받아들여지지 않았다.

전규환의 영화는 대체로 대도시를 배경으로 소외된 삶을 살아가는 기층민, 시쳇말로 일명 '밑바닥 인생'의 삶을 사실적으로 묘사한다. 웬만큼 사실적으로 묘사해야 하는데 너무나 사실적으로 묘사하기 때문에 오히려 관객은 불편하다. 아리스토텔레스의 '모방이론'에 따르면, 예술은 삶을 모방하고 관객은 삶을 모방한 예술을 통해 예술 작품에 자신의 삶을 '동화'(assimilate)한다. 그런데 전규환의 영화는 분명 삶을 모방했음에도 불구하고, 관객들은 오히려 이질감을 느낀다. 오히려 자신의 삶을 예술과 다르게 느낀다. 아니 의식적으로 자신의 삶과 예술을 '분리'(dissimilate)한다. 분리로 끝나지 않고 불평하고 혐오감을 드러낸다.

전술했듯이 전규환은 '타운 시리즈'를 통해 해외 영화계의 주목을 받았고, 그의 이름을 알린 '타운 시리즈'는 얼마간의 시간이 흐른 뒤 국내에 정식으로 소개되었다. 다시 말하지만, 그의 영화는 김기덕의 영화가 그랬듯이 논쟁을 불러일으켰다. 그의 영화를 둘러싼 논쟁은 역시 김기덕의 영화가 그랬듯이 영화 자체에 대한 논쟁보다는 주로 도덕적·윤리적 논쟁이었다. 하지만 '타운 시리즈'에는 기존의 영화 문법과 장르적 관습에 정면으로 맞서려는 감독의 의지가 담겨 있다. 전규환은 '타운 시리즈' 발표 후에도 몇 편의 장편 영화를 연출했지만, 영화의 제작 방식이나 등장인물, 그리고 주제에서는 여전히 '타운 시리즈'를 계승, 발전, 확장하고 있다는 점을 고려할 때, '타운 시리즈'는 전규환 영화의 본령이자 핵심이라 할 수 있다.[22] 따라서 이 글에서는 '타운 시리즈'에 나타난 등장인물의 성격화에 초점을 맞추어 전규환의 영화 세계를 살펴보려 한다.

2.

전규환의 '도시 이야기'인 '타운 시리즈'는 처음부터 3부작으로 의도한 게 아니다. 어느 인터뷰에서 밝혔듯이, 그는 〈모차르트 타운〉이 해외영화제에서 관심을 끌면서, 〈애니멀 타운〉을 구상했고, 〈모차르트 타운〉으로 받은 상금과 사비로 〈애니멀 타운〉을 완성한 후 〈댄스 타운〉을 구상했다. 따라서 이 세 작

---

22) 전규환 감독은 '타운 시리즈' 이후 〈불륜의 시대〉, 〈무게〉(2012), 〈마이보이〉(2013), 〈성난 화가〉(2014), 〈숲속의 부부〉(2017)를 발표한다. 〈마이보이〉를 제외하면 대부분의 영화는 '타운 시리즈'에 나타난 등장인물의 성격화, 주제 의식을 계승, 발전, 확장하고 있다.

품을 관통하는 일관된 영화 미학이 있다고 말하기는 어렵다. 그렇지만 이 세 편의 영화는 서울이라는 공통적인 배경으로 기층민, 시쳇말로 밑바닥 삶을 사는 우리 사회의 주변부 인물들, 예컨대 노점상, 전과자, 술집 여인, 건달, 외국인 노동자 등을 너무나 사실적으로 묘사하고 있다.

'타운 시리즈'는 내러티브 구조로 보았을 때 중심을 이루는 메인 플롯은 존재하지 않고, 대신 각 인물들이 도시 속에서 살아가는 다양한 모습이 에피소드로 병렬되어 있다. 플롯에 따라 인물의 행동이 변화하는 게 아니라 독립적인 인물의 행동이 영화의 본령이기 때문에, 등장인물 간의 관계보다는 각 인물들의 개인적인 내면 심리를 파악하는 것이 이 영화를 이해하는 데 가장 중요한 요소가 된다. '타운 시리즈'는 선명한 주제 의식과 강렬한 상황 설정과 사실적인 연기 등이 어우러져 전규환의 일관된 영화 세계를 구축하고 있다.

'타운 시리즈'는, 대도시를 배경으로 소외된 삶을 살아가는 다양한 인간 군상의 모습을 자연주의적인 시선으로 포착한 초기 김기덕의 영화를 얼핏 떠올리게 한다. 인물들의 행동과 대사는 마치 현실의 그것처럼 강렬하고 충격적이다. 세트 촬영이 아니라 로케이션 촬영이 주를 이루기 때문에 장식적인 기교가 전혀 사용되지 않았을 뿐만 아니라, 정서적인 반응을 유도하기 위한 클로즈업이나 주관적인 내레이션, 내러티브를 보조하는 장치로서 배경음악 등도 최소화되었다. 심지어 그는 배우의 연기마저도 최소화했다. 사실주의가 현실을 있는 그대로 재현하고 표현주의는 주관적으로 재현한다는 점을 고려했을 때, 전규환의 연출 의도나 촬영 방식은 원론적으로는 사실주의에 가깝다. 하지만 에피소드식 사건들이 하나의 접점에 모여 큰 충격을 주고 다시 흐트러지는 내러티브 구조의 특징은 표현주의에 가깝다. 이처럼 전규환 영화는 사실주의와 표현주의 두 범주의 경계에 모호하게 걸쳐 있다. 대표적인 예로 핸드헬드 촬영기법은 사실주의와 표현주의의 경계에 걸쳐 있는 전규환의 영화 세계를 특징적으로 예거한다. 핸드헬드 촬영은 카메라의 자율적 운동에 따른 거칠고 생생한 현장감을 관객들에게 전달한다. 동시에 끊임없이 흔들리고 미세하게 떨리기 때문에 핸드헬드 촬영은 오히려 관객들에게 낯선 느낌을 준다. 왜냐하면 우리의 일상은 인위적이고 생경하기보다는 대체로 평범하고 평면적이기 때문이다. 요컨대 누군가의 말처럼, 전규환 영화는 홍상수의 '일상성'과 김기덕의 '반추상성'이 모호하게 공존하는 특이성을 보인다.

'타운 시리즈'는 서울이라는 대도시를 배경으로 사각지대 안에서 소외된 채 살아가는 도시인의 모습을 날카로운 시선으로 포착하여 도시의 모습을 사실적으로 담아내고 있다. 〈모차르트 타운〉으로 시작하자. 〈모차르트 타운〉은 교환교수로 온 사라가 본 서울의 모습이다. 그녀의 눈에 비친 서울은 항상 깨끗하고 평화롭게 보이지만, 실제 그곳에 살고 있는 사람들에게는 차갑고 냉혹한 공간이다. 가판점을 운영하는 지원은 경제적 기반이 되는 이 자그마한 공간 안에 갇힌 채 자신을 버리고 떠난 남편에게 묶여 벗어나지 못하는 상황에 놓여 있다. 그런 지원에게 덕상이 다가온다. 그는 원래 피아노 공장에서 조율사로 일하지만, 아버지의 일을 이어받아 관광버스를 운전한다. 그는 채팅사이트로 지원을 알게 된 후 그녀를 직접 만난다. 지원은 일상에서 벗어나기 위해 혹은 마지막 도피처로 덕상을 선택하고 그와 데이트를 한 뒤 여관에서 관계를 맺으려 하지만 결국 실패하고 만다. 한편 단란주점을 운영하면서 부업으로 채권 추심을 하는 일환은 동네 양아치들로부터 형사에 이르기까지 끊임없는 착취의 위협에 놓여 있다. 하지만 그 자신도 때로는 폭력을 행사한다. 그리고 그의 폭력은 결국 자신에게 돌아온다. 일환은 돈을 갚지 않는다고 공장 사장에게 폭력을 행사했고, 공장 사장은 불법 체류 중인 외국인 노동자 에투에게 일환의 살인을 사주한다. 경제적으로 궁핍한 에투는 일환을 칼로 찌르고 도주한다. 즉 사라에게 깨끗하고 평화롭게 보였던 도시는 가장 폭력적인 공간으로 변모했다. 아니 처음부터 도시는 냉혹하고 폭력적인 공간이었는지 모른다.

〈애니멀 타운〉은 비교적 다양한 인물을 다루었던 〈모차르트 타운〉과 달리 성범죄 가해자인 성철과 피해자인 형도의 삶을 교직하고 있다. 아파트 공사장에서 막일하는 성철의 거주 공간은 철거 예정인 낡은 아파트다. 인쇄소를 운영하는 형도는 오토바이를 타고 도시를 관통하며 출퇴근한다. 성철과 형도는 도시의 가난에서 벗어나지 못하고 있다. 성철은 노임을 제대로 받지 못해 궁핍한 상태다. 아파트는 난방도 되지 않는다. 형도는 운영하는 인쇄소는 자신이 다니는 교회와 주변 상인들의 홍보 전단지 인쇄를 도맡고 있지만, 하나뿐인 직원을 해고해야 할 정도로 경영난을 겪고 있다. 성철과 형도뿐만 아니라 영화 속 등장인물들 모두 '도시'의 가난에서 벗어나지 못하고 있다. 특히 성철과 같은 아파트에서 사는 소녀는 성철의 성적 욕망의 대상으로서 육체적으로 위협을 받고 있을 뿐만 아니라 경제적으로 궁핍한 상태다. 〈애니멀 타운〉의 등장인물들은 경제적 궁핍하고, 그들의 경제적 궁핍은 생존의 위협으로 작용한다. 성철은 자신이 일한 노임을 받지 못해 택시 기사로 일하지만 한 승객과의 시비 끝에 그녀를 살해한다. 그는 또다시 범죄를 저질렀다는 죄책감에 자살을 시도하지만 뒤따라온 형도에 의해 실패하고 만다. 결국 그는 도로에 달려든 멧돼지에 의해 사고를 당해 죽는다. 그리고 자신의 빈 집으로 돌아온 형도는 여전히 존재하는 것처럼 여겨지던 아내의 환상에서 벗어나 딸의 침대에 앉는다.

　〈댄스 타운〉은 탈북자 정림의 탈북 전후의 시퀀스와 함께 내려오지 못한 채 당국에 체포된 남편의 시퀀스를 병치한다. 공간적으로 서울과 평양이라는 두 도시 공간을 동시에 보여준다. 서울과 평양을 각각 '자유'와 '감시'로 단순화할 수 없다. 탈북자들은 탈북 후 국가 기관 내 취조실에서 탈북 경위 및 목적을 집요하게 취조당한 후 지원정책에 따른 주거 공간 및 생활자금을 지원받는다. 하지만 그들의 주거 공간에는 곳곳에 CCTV가 설치되어 있어 항상 감시를 받는다. 즉 그들은 밖에서는 차나 술을 마시는 등 여느 도시민의 삶을 살

〈모차르트 타운〉은 교환교수로 온 사라가 본 서울의 모습을 그리고 있다. 그녀의 눈에 비친 도시 서울은 항상 깨끗하고 평화롭다. 사람들도 친절하고 예의가 바르다. 하지만 실제 그곳에 살고 있는 사람들에게 서울은 차갑고, 냉혹하고, 폭력적인 공간이다. 그리고 사람들은 서로에게 불친절하고 적대적이다.

아가지만, 집안에서는 일상적인 감시에 시달린다. 그런 정림에게도 사랑 비슷한 것이 찾아온다. 경찰인 성태는 그녀에게 다가온다. 경찰인 성태와 그의 동료는 탈북자에 관한 국가 지원을 거론하며 오히려 그들이 자신들보다 더 나은 대우를 받으며 살아간다고 신세 한탄을 늘어놓는다. 처음에 성태는 의도적으로 정림을 검문했지만 점점 그녀에게 개인적인 관심을 갖게 된다. 하지만 처음부터 순수한 의도로 시작되지 않았기에 정림에 대한 성태의 관심은 극단적인 폭력으로 변질된다. 그는 만취한 상태의 정림을 골목길에서 강간한다. 한편 함께 탈북하지 못하고 당국에 체포된 그녀의 남편은 수용소에서 총살당하게 되는데, 그 소식을 알게 된 정림은 한강을 사이에 두고 그 너머에 도시의 전경이 보이는 어느 순환도로 위에서 절규한다.

이 장면에서 독립적인 시퀀스로 여학생 지나가 등장한다. 넉넉하지 않은 가정환경의 지나는 공중화장실에서 자신이 임신했다는 사실을 알게 되고, 불법으로 유통되는 낙태약을 구매한다. 그녀는 결국 학교 복도에서 멍하니 선채로 유산하게 된다. 그녀는 생활고를 이겨내기 위해 노동에 전념하는 어머니에게 말조차 하지 못하고, 한강 둔치의 갈대밭 사이에 숨어 본드를 흡입하다 쓰러진다. 그녀의 사정을 알지 못하는 행인들은 아무 일도 없다는 듯 그녀를 지나친다. 정림의 절규와 지나의 절망이 영화 속에서 공명한다.

다시 말하지만 '타운 시리즈'는 메인 플롯이 존재하지 않으며, 대신 다양한 등장인물들의 삶의 양태를 중심으로 에피소드를 나열해가는 방식을 취한다. 각각의 에피소드는 유기적으로 연결되지 않고 파편화된다. 〈모차르트 타운〉에서는 지원이 있는 가판을 중심으로 지원, 일환, 덕상, 에투, 사라가 교차한다. 하지만 그들은 단편적으로 흩어졌다가 다시 한데로 모이고 다시 원래 상태로 되돌아간다. 그들은 전체 상황을 알지 못하고, 심지어 자신의 에피소드에 맞물려 있는 인물들이 어떤 상황에 처했는지조차 파악하지 못한다. 〈애니멀 타운〉의 성철과 형도는 성 범죄 가해자와 피해자 관계다. 따라서 그들의 관계에서는 사뭇 긴장감이 기대되지만 성철은 죄책감으로 죽고 형도는 절망과 무기력함에 빠져 혼자 남겨지는 것으로 끝난다. 형도는 성철이 사고를 당해 죽었다는 사실조차 모른다. 소녀 가장은 성철의 성적 욕망의 대상이자 형도의 죽은 딸을 연상시키기 때문에 영화 속에서 중요 인물로 상정된다. 하지만 영화 속에서 그녀는 단지 경제적 결핍에 내몰린 소녀가장으로만 기능할 뿐 그 이상의 역할은 없다. 〈댄스 타운〉의 정림은 국정원 요원 수진의 감시와 성태의 폭력으로 사회에 적응하지 못하고 부유한다. 하지만 정림과 수진, 정림과 성태의 에피소드는 서로 연결되지 않는다. 앞서 살펴본 낙태한 여고생 지나의 에피소드와 정림의 에피소드는 전체 영화의 맥락에 비추었을 때 자연스럽게 연결되지 않는다.

'타운 시리즈'에서 전규환 감독이 표현하고자 하는 '도시가 품은 이야기'는 결국 도시 속에서 살아가는 소외된 자들의 삶에 관한 이야기로 요약된다. 그들의 삶을 카메라에 담아내는 과정에서 그들이 살고 있는 도시라는 공간의 특징이 부각된다. 도시는 결코 안정적이고 않고 평화롭지 않다. 다양한 출신과 계층이 뒤섞여 있기 때문에 순수하지도 않다. 도시는 무언가를 중심으로 모여들고, 그 중심을 위시한 세계가 휘어지면서 그 주변이 지평을 형성하게 되고, 이러한 행동에 의한 이미지의 만곡을 통해 영화적 공간이 형성되고 지각된다. 도시는 단순히 주거 공간을 넘어서 사회적 총체성을 확인할 수 있는 하나의 모델로 구체화되고, 더 나아가 정신적인 것과 주관적인 것을 필연적으로 포함하고 있는 사회적 토대의 본질을 재현한다.

3.
과학기술과 민주정치의 발달로 인해 오늘날 과거의 그 어느 때보다도 개인의 권리가 존중되고 생명이 중요시된다. 그런데 바로 그 오늘날 '나의 신체, 나아가 나의 삶의 주인이 누구인가'라는 의구심을 자아내게 하는 삶이 도처에서 목도된다. 그것은 나의 몸과 삶이 어떤 인간적인 권리도 행사할 수 없는 무력한 상태에 놓이는 삶이다. 이탈리아의 정치 철학자 조르지오 아감벤은 일찍이 그런 무력한 상태를 '벌거벗은 삶'이라 명명하고, 그에 대한 통찰력 있는 설명을 제시해왔다.

벌거벗은 삶은 한마디로 '호모 사케르'로 규정될 수 있다. 호모 사케르는 희생될 수 없는 인물이기에 그를 죽이는 것도 금지되어 있다. 다시 말하면 신성한 종교의 영역에서도 배제되었다는 것을 의미한다. 이런 의미에서 호모 사케르는 한편으로 그가 속한 공동체에서 이중적으로 배제되어 있다. 그러나 다른 한편으로 호모 사케르는 자신을 배제시키는 주권 권력과 폭력적인 불가분의 관계에 있다. 호모 사케르는 정확히 죽음의 무조건적인 위협에 항시적으로 노출되어 있는 한에서 그를 추방한 권력과 계속적인 관계 속에 포획될 수밖에 없다. 요컨대 호모 사케르는 그를 배제한 특수한 권력과 특수한 관계 속에 포획된 조에, 즉 생물학적인 삶으로 명명될 수 있다. 역설적이게도 이 특별한 존재는 정치적인 영역으로부터 '배제적인 포함'의 형태로 주권 권력에도 포섭된다.

'벌거벗은 삶'은 단순히 자연적인 삶이나 생물학적인 존재 자체를 가리키지 않는다. 인간의 신체가 '삶'으로 변형되어 그것이 정치의 최고의 관심사가 될 때, 그의 신체는 '벌거벗은 삶'이 된다. 즉 호모 사케르는 인구로 셈하여질 수 없는 신체, 그럼으로써 죽게 내버려진 삶은 사회로부터 보호받을 가치가 없는 '생명', 다시 말하면 단순히 생물학적으로 살아 있는 신체가 된다.

어느 나라와 마찬가지로 한국 사회에도 엄연히 살아 있음에도 불구하고 국가 권력에 의해 부정되는 소위 법적으로 죽은 이들이 존재한다. 너무 가난해서 주민등록 등재가 가능한 거주지에서 살 수 없는 노숙인, 채권 추심을 피해 신분과 거주지를 노출시킬 수 없는 채무불이행자, 주거부정의 부랑자, 언제 추방될지 몰라 늘 불안해하는 이주노동자 등이 이에 속한다. 아감벤의 말대로 만약 우리의 신체가 이미 생-정치적이고 벌거벗은 삶이라면, 그것으로부터 해방되는 지점은 바로 그 생-정치적인 지평 안에서 찾아야 한다. 정확히 우리의 신체가 언제 생-정치적인 대상이 되는가를 포착할 때, 비로소 우리의 신체는 그것에 저항할 수 있는 방편을 찾을 수 있다.

'타운 시리즈'는 도시에 관한 영화이면서 동시에 그 도시에 거주하는 사람들에 관한 영화다. 여러 차례 언급했듯이 전규환 감독이 주목한 대상은 수많은 도시의 구성원들 가운데 가장 밑바닥 인생을 살아가는 이들이다. 〈모차르트 타운〉의 건달 일환과 외국인 노동자 에투, 〈애니멀 타운〉의 아동 성폭력 전과자 성철, 〈댄스 타운〉의 탈북자 정림 등은 사회적으로 전혀 주목받지 못하는 인물들이다. 다시 말하면 그들은 분명히 도시 안에서 살고 있지만, 사회적으로 소외되어 자신들의 실체를 인정받지 못한 채 유령처럼 살아간다.

'타운 시리즈'에서 소외된 인물들은 공통적으로 자신을 사로잡고 있는 외부적인 생존 조건을 넘어설 수 있는 의지와 능력이 결여되어 있다. 〈모차르트 타운〉에서 지원은 덕상과 일환이라는 두 명의 남자를 만나면서 숨 막힐 것 같은 일상에서 벗어날 수 있다는 희망을 품지만, 결국 자신을 떠났던 남편의 전화를 받고 다시 자신의 삶으로 되돌아간다. 〈애니멀 타운〉에서 성철은 아동성범죄자이기 때문에 전자발찌에 묶여 있고, 피해자인 형도는 죽은 딸과 아내로부터 결코 벗어나지 못하고 정신적으로 마비된 삶을 살아간다. 〈댄스 타운〉의 정림 또한 탈북 후 늘 감시를 받기 때문에 삶이 피폐하고 고단하지만, 그렇다고 다시 북한으로 돌아갈 수 없다. 게다가 그녀는 총살당한 남편에 대해 아무것도 할 수 없다는 무력감에 빠져 있다.

'타운 시리즈'의 등장인물들은 외부적인 힘의 통제에 적극적으로 저항하지 못하고 무력감을 호소한다. 그들은 넋이 나가 울고, 화를 내고, 구역질한다. 〈애니멀 타운〉에서 성철은 자살을 시도하는 순간의 괴로움을 일그러진 표정으로 토로한다. 형도는 성폭력으로 딸과 아내를 잃은 피해자다. 그 역시 〈모차르트 타운〉의 지원과 마찬가지로 자기 자신으로부터 완전히 소외된 채 정신적으로 마비된 채 일상을 견뎌내고 있다. 그는 성폭력으로 딸과 아내를 잃어버린 후에도 딸과 아내의 망령에 사로잡혀 있다. 그가 겪은 정신적 고통을 극복하기가 어렵다는 것은 충분히 이해할 수 있지만, 그는 더 이상 앞으로 나아가지 못한다. 아니 앞으로 나아가지 않으려 한다.

'타운 시리즈'의 등장인물들은 타인과의 관계가 단절된 채 관성적으로 살아간다. 어떤 일을 하고 있건 간에 그들은 모두 자신의 노동에서 소외된 채 살아간다. 그들에게는 슬픔도, 분노도, 기쁨도 없다. 그들에게 오직 중요한 것은 그저 오늘 하루를 견디는 것이기 때문에 자신들에게 할당된 임무를 묵묵히 수행할 뿐이다. 그들은 이성에 따른 반성적 사고를 하지 못하고 오직 본능에 따라 행동한다. 그런데 만일 누군가가 그들의 본능을 위협하거나 그들의 관성적 일상에 틈입한다면 그들은 폭력적인 성향을 분출한다.

'타운 시리즈'의 등장인물들은 정상적인 사회적 관계를 맺지 못하고 끊임없이 소외되어 자신의 삶을 주도하지 못한다. 그들은 다양한 사회적 관계에 예속된 채 수동적으로 살아가는 삶에 자괴감도 느끼고, 경제적 또는 문화적인 차별에 따른 박탈감을 느낀다. 그러나 그들은 개인의 노력으로 극복될 수 없다고 생각한다. 따라서 그들은 반성적 사고를 하지 못하고 자동인형처럼 수동적이고 관성적으로 움직인다. 그들에게는 자기 소외 상태를 극복하려는 내적 의지가 결여되어 있다. 사실 그들이 사회에서 혐오의 대상이자 기피의 대상으로 인식되는 데는 그들 자신보다도 사회 구조적인 원인에서 비롯되고 있음에도 불구하고 그들은 불만을 제기하지 못하고 자기 상실과 무력감에 빠져 있다. 그리고 자기 상실과 무력감은 때로 극단적인 폭력으로 표출된다.

'타운 시리즈'의 등장인물들은 행운을 행운으로 받아들이지 못한다. 〈모차르트 타운〉에서 지원은 가판대에 앉아 넋이 나간 채 일상을 무의미하게 보낸다. 그러던 어느 날 그녀에게 일환과 덕상이 나타난다. 그들은 단조롭고 막막하던 그녀의 삶에 균열을 일으키고, 그녀로 하여금 탈출에 대한 욕망과 미래에 대한 기대를 갖게 만든다. 지원은 덕상과 여관에 함께 들어온다. 그녀는 덕상이 샤워를 하는 동안 밖으로 나가서 콘돔을 사서 들어온다. 바로 그 순간 자신을 버리고 떠난 남편에게서 연락이 온다. 결국 그녀는 콘돔을 손에 든 채 눈물을 흘리며 여관을 나선다. 즉 그녀는 행운을 행운으로 받아들이지 못한다. 더 엄밀히 말하면 행운이 불행으로 끝날 수 있다는 불안 때문에 행운의 기회를 받아들이지 않는다. 행운 또는 행복을 얻을 수 있는 시도조차 하지 않는다.

노점상, 술집 여자, 전과자, 건달, 외국인 노동자, 탈북자 등 영화 속 전규환 영화 속 등장인물들은 한국 사회의 기층을 구성하고 있는 존재들이다. 그들은 분명히 존재하지만 동시에 존재하지 않는 존재이기도 하다. 사람들은 그들을 투명인간으로 간주하고, 당연히 그들의 고통을 외면한다. 죽어도 관심조차 기울이지 않는다. 그러면 그럴수록 그들이 느끼는 상실감과 소외감은 증폭되고, 상실감과 자기 소외를 극복하려는 내적 의지는 소멸된다. 처음부터 없었던 게 아니라 소멸되었다. 그들에게 자신을 구원하려는 의지가 결여된 것은 그들의 의식이 미성숙한 상태이기 때문이거나 그들의 개인적인 성품에 문제가 있기 때문이 아니다. 오히려 자신들이 겪고 있는 소외 상태를 극복할 기회가 원천적으로 봉쇄되어 있다는 것을 의식적으로 또는 무의식적으로 인지하고 있기 때문이다. 그들이 사회에서 혐오와 기피의 대상이 된 데에는 그들 자신보다도 사회의 책임이 더 크다. 모든 사람들이 알고 있다. 그들도 알고 있다. 하지만 그 누구도 관심을 기울이거나 노력하지 않는다. 그러면 그들은 여전히 분명히 존재하지만 존재하지 않는 존재로 머물 수밖에 없다.

4.

'타운 시리즈'에 다루어졌던 소재와 주제 의식은 전규환의 영화에서 계속 반복, 변주된다. 평범한 부부가 평범하지 않은 상황으로 치닫는 이야기를 그린 〈불륜의 시대〉의 영어 제목은 '서울에서 바라나시로'(From Seoul to Varanasi)다. 제목에서 알 수 있듯이 이 영화는 두 도시 이야기다. "위태로울 것도, 흥미로울 것도 없는 결혼 10년 차 부부" 영우와 지영 사이에 아랍계 청년 케림이 끼어들면서 둘의 관계는 예측할 수 없는 지경에 이른다. 영화의 큰 줄기는 '부부의 불륜'이지만 영화적 방점은 '도시의 차가움'에 찍힌다. 그 때문인지 케림이라는 '외국인 노동자'에 시선이 자꾸만 간다. 〈무게〉 역시 도시 이야기다. 그런데 감독은 이 영화에서 도시의 겉이 아니라 속에 대해 이야기한다. "태초부터 숨어 살아야만 했던 사람들의 분출하지 못하는 기괴한 욕망에 관한 이야기"라는 부제에서 알 수 있듯이, 이 영화는 상상하기 어렵지만 세상에 실제로 존재하는 사람들, 즉 척추 장애인 장의사, 트랜스젠더, 코끼리 맨 등 일명 '병신'이라고 불리는 사람들의 이야기를 담고 있다. 〈성난 화가〉(2015)는 밖에서는 도축 일을 하고 집에 있을 때는 주로 그림을 그리는 화가와 택시 운전을 해서 먹고사는 드라이버의 이야기다. 그들은 연쇄살인범과 같은 사회의 쓰레

기이자 악인들을 잡아서 죽이고, 그들의 장기를 꼭 필요로 하는 환자들에게 보낸다. 그 과정에서 불가피하게 물리적인 충돌이 빚어진다. 그러므로 이 영화는 색다른 액션 영화를 지향한다. 그럼에도 도시를 배경으로 밑바닥에 있는 사람들의 이야기라는 점에서는 '타운 시리즈'와 크게 다르지 않다. '세상 끝에 내몰린 사람들의 잔인하게 황홀한 슬픈 이야기'라는 부제의 가장 최근작 〈숲 속의 부부〉(2017)는 두 가지 이야기로 구성된 옴니버스 영화다. 영화는 학비와 생활비를 벌기 위해 성매매를 하는 여학생의 이야기와 세상을 향해 쌓아 둔 절망과 분노를 끔찍한 방법으로 터뜨리게 된 남자와 그의 아내의 이야기로 구성되어 있다. 그들 역시 '타운 시리즈'의 인물들과 마찬가지로 사회적으로 소외되어 세상 끝에 내몰렸다. 남자가 죽이는 조직 폭력배와 고등학생들 역시 마찬가지다.

'타운 시리즈'뿐만 아니라 위에서 설명한 전규환 영화에는 도시에서 그 존재를 승인받지 못한 채 철저하게 익명의 '타자'의 삶을 살아가는 인물들이 등장한다. 그들 대부분 생계는 하루 벌이에 의존하고 있고, 사회적으로 고립되어 자신의 존재 가치를 인정받지 못한 채 잉여적인 삶을 살아간다. 이제 그들에게 남은 선택지는 두 가지다. 둘 중에 하나를 골라야 한다. 타인을 파괴하거나 자신을 파괴하거나. 극단적인 선택이라는 점에서는 마찬가지다. 〈모차르트 타운〉에서 외국인 노동자 에투는 장기 매매를 통해 급전을 마련하려다 여의치 않자 공장 사장의 사주로 일환을 칼로 찌른다. 〈애니멀 타운〉의 성철과 〈댄스 타운〉의 정림은 세상에서 자신의 존재를 지우기 위해 자살을 선택한다. 하지만 그들의 자살은 실패로 끝나고 만다. 그들의 자살 선택은 에밀 뒤르켐이 말하는 이기적 자살이나 아노미적 자살이라기보다는 자신의 존재를 그냥 지우려는 시도일 뿐이다. 하지만 그들은 자살을 시도하지 않더라도 이미 사회에서 지워진 존재다. 그렇기 때문에 그들의 자살은 사회적으로나 개인적으로도 큰 의미가 없다.

전술했듯이 전규환 영화는 김기덕 영화는 유사한 지점이 있다. 대표적으로 영화 속 등장인물들이 사회의 기층민이라는 점과 영화에서 재현되는 성적 장면의 극단적인 사실성을 들 수 있다. 김기덕의 영화에서 섹스 장면은 거칠고 대단히 폭력적이기 때문에 첫 영화 〈악어〉 때부터 논란에 휩싸였다. 전규환의 영화도 마찬가지다. 그런데 그 장면이 담고 있는 함의는 사뭇 다르다. 김기덕 영화에서는 어쨌든 섹스가 사랑하는 존재들 사이 합일의 계기나 외롭고 소외된 존재들 사이 화해의 실마리를 제공한다. 반면 전규환의 영화에서 섹스는 밑바닥까지 내몰린 존재들의 육체와 정신 속에 내재화된 불안과 두려움의 비정상적인 표출이다. 이런 비정상적인 섹스가 욕망, 불안, 외로움을 해소시켜 주지 못하는 것은 당연하다. 오히려 바닥까지 떨어진 이들이 겪는 공포와 불안을 더욱 심화시킬 뿐이다.

전규환 영화의 등장인물들은 대체로 공손한 태도와 조용한 몸짓, 그리고 은둔 생활을 통해 세상에 자신들이 위험한 존재가 아니며, 타인의 삶에 끼어들 의사가 없다고 절박하게 외친다. 하지만 세상은 그들의 태도와 몸짓을 전혀 신뢰하지 않는다. 대신 그들을 끊임없이 자극한다. 결국 그들은 점점 짐승이 되어간다. 〈모차르트 타운〉의 에투나 〈애니멀 타운〉의 성철의 예에서 볼 수 있듯이 그들은 처음부터 짐승이 아니라 세상 사람들에 의해 짐승이 되었다.

결론적으로 말해 전규환 감독의 영화는 소외된 사회적 약자들의 비극적인 삶을 통해 대도시의 찬란하고 위풍당당한 모습 뒤에 감추어져 있던 사회적 문제와 개별자들의 실존적 문제들을 전경화하고 있다. 그렇다고 사회적인 문제를 본격적으로 다루고 문제에 대한 해결책을 직접 제시하거나 해결책을 촉구하지도 않는다. 다만 보여줄 뿐이다. 그렇기 때문에 그의 영화가 불편하고 때로는 고통스럽다. 그러나 불편한 게 틀리거나 그른 것은 절대 아니다.

전규환 영화는 현실을 넘어서 미래를 전망하지 않는다. 현실의 표층에 천착할 뿐이다. 그의 시선은 날카롭고 집요하다. 그의 시선은 항상 심연에 가라앉아 있는 축축하고 이질적인 것을 표층으로 끌어 올리는 일에 집중되어 있다. 그는 현실과 쉽게 화해하려 하지 않는다. 대신 우리가 살아가는 세상이 동화의 세계가 아닌 공포와 폭력으로 가득 차 있다는 것을 끊임없이 일깨운다.

'**은유**'로서의 삶은 가능한가

1.

시계를 한 십 년 전쯤으로 돌려보면, 당시 '힐링'(healing)이라는 단어가 대유행이었다. 지금도 힐링이라는 단어가 가끔 쓰이기도 하지만, 사용 빈도나 인기 면에서 예전과 비교해보면 훨씬 못하다. 그때는 모든 게 힐링이었다. 힐링 푸드, 힐링 뮤직, 힐링 에세이, 힐링 투어, 힐링 게임 등 힐링이 삶의 모든 영역에 걸쳐 있었다. 힐링은 우리말로 옮기면 '치유'다. '치료'가 아니다. 치료가 어떤 증상을 의학적 처방을 통해 더 좋게 하는 것이라면, 치유는 직접적인 치료가 아니더라도 시간이 지나면 자연적으로 더 좋아지거나 예전처럼 좋아지는 것이다. 조금 더 단순화시키면, 치유는 "지금은 조금 아프고 힘들더라도 참고 견뎌라"로 풀이된다. 힐링하면 자연스럽게 떠오르는 책 한 권이 있는데, 바로 김난도의 『아프니까 청춘이다』(2010)이다. 당시 이 책은 많은 사람들의 입에 오르내리며 힐링의 대명사가 되었고, 책의 저자는 힐링의 전도사가 되었다.

『아프니까 청춘이다』의 책 표지 글귀 "시작하는 모든 존재는 늘 아프고 불안하다. 하지만 기억하라, 그대는 눈부시게 아름답다"는 많은 사람들의 가슴을 뭉클하게 했다. 책 속의 또 다른 구절, "그대, 좌절했는가? 친구들은 승승장구하고 있는데, 그대만 잉여의 나날을 보내고 있는가? 잊지 말라. 그대라는 꽃이 피는 계절은 따로 있다. 아직 그때가 되지 않았을 뿐이다. 그대, 언젠가는 꽃을 피울 것이다. 다소 늦더라도, 그대의 계절이 오면 여느 꽃 못지않은 화려한 기개를 뽐내게 될 것이다. 그러므로 고개를 들라. 그대의 계절을 준비하라"는 힘겨워하는 많은 사람들, 특히 젊은이들에게 희망을 품게 했다. 저자는 이 책에서 자신의 젊은 시절 실패 경험을 통해 힘들어하는 젊은이들에게 "지금 당장 힘들어도 희망을 잃지 말고 미래를 준비해야 한다"라고 격려한다.

하지만 모든 사람들이 이 책에 찬사를 보낸 것은 아니었다. 누군가는 『아프니까 청춘이다』가 "잘 포장된 불쏘시개에 불과하다"고 비난했다. 또 다른 누군가는 "이룰 거 다룬 배부른 돼지들의 뜬구름 잡는 소리에 불과할 뿐이다"라고 혹평했다. 그들의 주장을 범박하게 요약하면 이렇다. "아프니까 청춘이 아니라, 아플 땐 왜 아픈지 알고 왜 아파야 하냐고 묻는 게 청춘이지." 몇몇 사람들은 여기에서 한 발 더 나아갔다. 대표적으로 『88만원 세대』(2008)의 공저자 우석훈이다. 그는 김난도와는 정반대로 "20대여, 토플 책을 덮고 바리케이드를 치고 짱돌을 들어라"라고 충고한다. 그렇다고 그가 젊은이들에게 혁명과 반란을 하라고 선동하는 것은 결코 아니다. 그는 젊은이들에게는 '먼 미래'보다도 '지금 당장'이 더 중요하고, 가만히 있으면 그 누구도 목소리를 들어주지 않기 때문에, 밖으로 나가서 자신들의 목소리를 '함께 내야 한다'고 역설한 것이다. 우석훈의 주장을 한마디로 요약하면 이렇다. '아프면 아프다고 소리쳐라. 그래야 사람들이 쳐다본다.'

이처럼 대략 10년 전쯤에 '힐링'과 '짱돌'을 둘러싸고 나름 치열하게 논쟁이 벌어졌다. 그러나 그 논쟁은 보다 생산적인 토론으로 이어지지 못하고 논쟁으로 끝나고 말았다. 그렇다면 10년이 지난 지금은 사정은 그때와 비교했을 때 어떤가. 젊은이들이 느끼기에 지금 상황이 그때보다 좋아졌을까. 아니 대부분의 젊은이들은 오히려 지금 상황이 그때보다 훨씬 더 안 좋아졌다고 말한다. 그들이 느끼는 삶의 무게는 그때보다 훨씬 무겁고 버겁다. 10년 전에는 취업의 문이라면 바늘구멍이라도 뚫고 들어가야겠다는 희망, 의지, 용기가 있었지만, 이제 그들의 사전에서 희망, 의지, 용기라는 단어를 찾아볼 수 없다. 점점 그들에게서 희망은 절망으로, 의지는 무기력으로, 용기는 포기로 바뀌어 가고 있다.

'헬 조선'이라는 단어가 몇 년 전부터 자조적으로 쓰이기 시작하더니, 지금은 일상적인 맥락에서도 쓰이고 있다. 그런데 궁금하다. 왜 '헬 대한민국'이 아니라 '헬 조선'일까? 주지하듯 조선은 신분제 계급사회였다. 따라서 능력이 아닌 출신과 지역에 따라 모든 게 결정되었다. 지금의 대한민국은 조선의 신분 계급 사회를 너무도 많이 닮았기 때문에 누군가 자조적으로 현재의 대한민국을 헬 조선이라고 부르기 시작했고, 그 용어가 점점 보편화되었을 것이다. 헬 조선은 암울한 대한민국의 모습을 대변하는 키워드가 되었다. 전술했듯이 젊은이들의 입에서 미래 또는 희망이란 단어를 듣기 어렵다. 취업난 때문에 그들에게는 연애조차도 사치다. 그들에게 희망을 품고 미래를 준비하라고 말하기 쉽지 않다. 교양을 쌓고 정서를 함양하기 위해 책을 읽으라는 말은 더더욱 할 수 없다. 그들에게 현재의 삶은 '꿈으로 가득 찬 낭만'이 아닌 '지독하고 끔찍한 현실'이다.

2.

이창동 감독의 영화 〈버닝〉(2018)을 보면서도 그런 생각이 들었다. 알려진 것처럼, 영화 〈버닝〉은 무라카미 하루키의 단편 「헛간을 태우다」(1983)을 '원작으로 하고 있다'(based). 그리고 그보다는 덜 알려졌지만, 하루키의 「헛간을 태우다」는 윌리엄 포크너의 단편 「헛간 타오르다」(1939)로부터 '영감을 받았다'(inspired). 그런데 하루키 자신은 자신의 소설이 포크너로부터 '영감을 받았다'는 사실을 부담스러워했다. 그래서 주인공이 "여자를 기다리면서 공항에서 포크너의 소설을 읽고 있었다"라는 내용을 단행본으로 출간할 때는 조금 바꿨다. 그런데 주인공의 성격화 측면에서 보면 〈버닝〉의 종수(유아인 분)는 하

영화 〈버닝〉의 종수에게 삶은 낭만적인 문학이 아니라 버겁고 끔찍한 현실이다. 반대로 문학과 상관없어 보이는 벤에게 삶은 낭만적인 문학이다. 다시 말하면 종수에게 은유로서의 삶이 처음부터 가능하지 않았다면, 문학과는 별 상관없어 보이는 벤에게 은유로서의 삶이 처음부터 가능했다.

루키의 소설 속 주인공보다는 포크너의 주인공과 더 닮았다. 즉 주인공의 직업으로 보면 종수(소설가 지망생)는 하루키의 주인공(소설가)과 비슷하다. 그러나 성격화 측면에서 종수와 하루키의 주인공은 사뭇 다르다. 하루키의 주인공은 극심한 무기력과 권태에 빠져 있지만, 〈버닝〉의 종수는 아버지가 분노조절 장애로 공무원을 폭행해 구속되어 구치소에 갇히자 어쩔 수 없이 아버지 대신 농장 일을 한다. 그 역시 정체성의 혼란을 겪고 때로는 무기력과 권태에 빠지기도 하지만, 힘겨운 삶이 결코 그를 무기력과 권태에 잡아 두지 않는다. 종수는 농장주의 헛간을 태우는 아버지를 무력하게 바라볼 수밖에 없는 포크너의 주인공과 더 닮았다.

 소설가 지망생인 종수는 소설을 쓰고 싶지만 아직 무엇을 써야 할지 아직 모른다. 그는 감당할 수 없는 삶의 무게에 짓눌려 있다. 종수에게 삶은 낭만적인 문학이 아니라 때로는 버겁고 때로는 끔찍한 현실이다. 반대로 문학과 상관없어 보이는 벤(스티븐 연 분)에게 삶은 낭만적인 문학이다. 바꿔 말하면 종수에게 은유로서의 삶이 처음부터 가능하지 않았다면, 문학과는 별 상관없어 보이는 벤에게 은유로서의 삶이 처음부터 가능했다.

〈버닝〉의 줄거리는 간단하면서도 복잡하다. 종수는 택배 기사 아르바이트를 하다가 모델 아르바이트하는 어릴 적 친구 해미(전종서 분)를 우연히 만난다. 그리고 그녀를 통해 벤을 알게 된다. 둘의 만남에서 알 수 있듯이, 종수와 해미의 삶은 '아르바이트'와 '카드값'으로 대변된다. 하지만 벤은 그들과는 전혀 다른 삶을 산다. 즉 아르바이트로 하루하루 근근이 버티는 그들과는 반대로 벤은 넓은 집에 살고 있고 좋은 차를 타고 다닌다. 그러므로 종수와 벤 사이에는 긴장감 또는 위화감이 느껴지고, 그들의 대화는 계속 겉돌기만 한다.

그러던 어느 날 벤과 해미는 종수가 사는 파주 농장을 방문한다. 해미가 술에 취해 잠을 자는 동안 벤은 종수에게 자신의 취미가 '쓸모없어진 비닐하우스를 태우는' 것이라고 말한다. 그는 "비닐하우스가 불타는 모습을 보면 가슴속에 베이스가 느껴진다"라고 말한다. 그리고 "내가 진짜 여기 온 이유는 사전 답사를 위해서였다"라고 덧붙인다. 종수는 벤의 말에 불편함을 느끼며, 느닷없이 "나는 해미를 사랑하고 있다"라고 부르짖는다. 이 말을 들은 벤은 그저 웃기만 한다.

벤과 해미가 종수에게 다녀간 그다음 날부터 해미와 연락이 닿지 않자 종수는 그녀를 찾아다닌다. 또한 벤이 방화한 비닐하우스를 알아내기 위해 집 주변의 비닐하우스를 샅샅이 수색한다. 결국 해미의 행적을 쫓다가 벤을 미행하기 시작한다. 우연을 가장한 그와의 의도적인 만남에서 종수는 비닐하우스를 태웠는지 묻고 벤은 "이미 깨끗하게 태웠다"라고 대답한다. 종수가 집 주변에 탄 비닐하우스가 없었다고 반박하자 벤은 "대상이 너무 가까이 있으

해미와 함께 종수가 사는 파주 농장을 방문한 벤은 종수에게 자신의 취미가 '쓸모없어진 비닐하우스를 태우는' 것이라고 말한다. '비닐하우스 태우기는 곧 사회적으로 무의미한 사람 없애기'의 은유적 표현이다. 종수는 그의 문장을 '문자 그대로' 해석해 불탄 비닐하우스를 찾기 위해 집 주변을 수색하다가 마지막에 가서야 벤의 문장이 담고 있는 비유적 의미를 깨닫고 그를 살해한다.

면 모를 수도 있다"라며 웃는다. 종수는 벤에게 해미의 행방을 묻지만, 벤은 "해미는 사라졌어요. 연기처럼"이라는 뜻 모를 말만 남긴 채 새 여자 친구 연주와 자리를 뜬다. 종수는 계속해서 벤을 미행한다. 마침내 그는 파티가 벌어진 그의 집 화장실 서랍장에서 발견한 여성 화장용품과 액세서리를 통해 벤이 해미를 살해했을지도 모른다고 생각한다. 의심은 점점 확신으로 굳어져 종수는 "해미를 찾았다"라는 거짓말로 벤을 구석진 들판으로 유인한 뒤 칼로 찔러 그를 살해한다. 그는 벤의 시체와 벤의 피가 묻은 자신의 옷가지를 차에 넣고 태운다. 알몸이 된 그는 멍한 표정으로 자신의 트럭을 타고 살인 현장을 유유히 빠져나오면서 영화는 끝이 난다.

3.

종수가 벤을 살해하는 영화의 마지막 장면은 사실 하루키의 소설에는 없는 장면이다. 소설에서는 주인공이 카페에서 그녀의 애인을 우연히 만나 "그녀가 사라졌다"라는 이야기를 하고, 집으로 돌아와 불에 탄 헛간을 찾기 위해 마을 주변을 달리는 것으로 끝난다. 즉 원작 소설에서는 그녀가 살해되었다는 어떤 암시도 없다. 하지만 영화에서는 해미가 살해되었고, 그에 대한 복수로 벤을 살해하고 그를 태우는 것으로 끝난다.

그런데 종수는 벤을 살해하기 바로 직전 해미의 집에서 소설을 쓰기 시작한다. 그렇기 때문에 실제로 종수가 벤을 살해한 것인지, 아니면 소설 속 이야기인지 정확하지는 않다. 즉 벤이 해미를 살해했다고 생각해 그에 대한 복수로 그를 칼로 찔렀다고 볼 수도 있고, 아니면 모든 게 종수의 소설 속 이야기 또는 종수의 머릿속에 있는 이야기로도 볼 수도 있다. 그보다는 종수는 벤을 선망하면서 동시에 혐오한다. 벤을 선망하는 이유는 정작 소설가 지망생인 자신은 은유로서의 삶이 가능하지 않지만, 벤은 그것이 가능하기 때문이다. 만일 종수가 실제로 벤을 살해한다면, 그것은 해미에 대한 복수 때문이기도 하지만 동시에 벤에 대한 선망과 혐오 때문일 수도 있다.

다시 말하지만 〈버닝〉에서 벤이 해미를 포함해 수많은 여성을 실제로 죽였을 수도 있고, 그렇지 않았을 수도 있다. 그의 집 화장실 장식장에 있었던 여성 화장용품과 여성 장신구를 통해 그가 많은 여성을 살해했을 것으로 추정할 수 있다. 그렇다면 그가 "쓸모없는 비닐하우스를 태운다"라는 문장은 "사회에 불필요한 사람을 죽인다"로 해석될 수 있다. 즉 '비닐하우스 태우기는 곧 사회적으로 무의미한 사람 없애기'의 은유적 표현이다. 다시 말하지만 벤의 경우 은유로서의 삶이 가능하다. 하지만 종수는 그의 문장을 '문자 그대로'(literally) 해석해 불탄 비닐하우스를 찾기 위해 집 주변을 수색한다. 그리고 마지막에 가서야 벤의 문장이 담고 있는 비유적 의미를 깨닫고 그를 살해한 것이다.

종수와 해미도 영화 속에서 종종 비유적 대사를 한다. 해미는 종수와 처음 만나서 술을 마시면서 '귤껍질 까기' 팬터마임을 통해 삶을 은유한다. 또한 그녀는 벤의 집에서 벌어진 파티에서 아프리카 부시맨을 예를 들어 '리틀 헝거'

와 '그레이트 헝거'를 비교하며 삶의 의미에 대해 역설한다. 하지만 삶에 대한 그녀의 비유는 공허하고 울림도 작다. 왜냐하면 앞에서 말했듯이 종수가 그런 것처럼 그녀 역시 은유로서의 삶이 처음부터 불가능하기 때문이다.

해미와 종수의 삶에는 문학이 틈입할 작은 공간조차 없다. 반면 경제적으로 윤택하고 이해심이 많고 너그러운 벤의 삶의 은유는 의미망도 넓고 풍성하다. 벤은 "자신이 마음먹은 대로 만들고 최종적으로 자신이 그걸 먹을 수 있다는 점에서 요리를 좋아한다"라고 말한다. 이 문장은 단어 그대로 그의 취미가 요리라고 해석될 수 있다. 하지만 그의 취미 요리란 곧 살인이라고 비유적으로 해석될 수도 있다. 만일 후자라면 연쇄살인범인 그는 자신이 먹잇감을 직접 고르고 잘해준 뒤에 경계심을 누그러뜨리고 완전히 무장해제 시킨 뒤 여성을 살해한다. 흔적도 없이 "깨끗하게" 말이다. 정확하게 알 수 없다. 아마도 종수는 벤의 말을 '서술'이 아니라 은유로 해석한 듯하다.

영화 〈버닝〉의 관객 리뷰를 찾아보니 평단의 반응과는 달리 "원작과 너무 다르다", "너무 모호하다", "개연성이 결여되었다" 등 조금 부정적인 내용이 많다. 특히 마지막 장면에 대해 말이 많다. 그런데 개인적인 생각에 이 영화의 결말은 그다지 중요하지 않다. 그보다는 종수, 해미, 벤으로 대표되는 현재 대한민국 젊은이들의 초상에 더 끌린다. 종수나 해미의 경우에는 미래에 대한 꿈을 꾸는 것조차도 허락되지 않는다. 앞에서 여러 차례 말했듯이, 그들의 삶에는 희망이 들어갈 자리가 없다. 그렇기 때문에 그들에게는 '은유로서의 삶'이 가능하지 않다. 바로 이 점이 이창동 감독이 어느 인터뷰에 말한 가장 큰 "서스펜스이자 텐션"일 수 있다. 그는 그 인터뷰에서 자신의 젊은 시절과 오늘날을 비교했는데, 필자 입장에서도 사뭇 공감이 간다. 그의 말을 듣는 것으로 두서없는 이 글을 끝맺으려 한다.

"그렇다. 그때는 문제가 분명했고 싸울 대상이 있었다. 쉽지는 않아도 민주화든 무엇이든 앞으로 잘될 것이라는 희망이 있었다. 물질적으로도 앞으로 내 삶이 나아질 거라는 확신도 가능했다. 지금의 문제는 그 믿음이 없어졌다는 거다. 겉으로 보기엔 별문제가 없는 것처럼 보인다. 편리해졌고, 세련되어졌고, 깔끔해졌다. 그런데도 개개인의 삶에는, 특히 청년의 입장에서는 희망이 없다. 그게 이 세계의 미스터리다."

떠나는 이의 **뒷모습**이 아쉽다

1.

보통 회사의 경우에는 정년퇴직이라는 게 있어서 정년을 맞으면 대부분 자신의 의지와 무관하게 은퇴를 한다. 예전에 경기가 좋았을 때는 은퇴 뒤 제2의 삶을 꿈꾸며 정년을 고대하는 경우도 종종 있었지만, 요즘에는 대부분 정년을 어쩔 수 없이 밀려 나가는 순간이라고 생각해서, 정년을 맞이하기 전부터 정년 이후의 삶을 걱정한다. 실제로 정년을 맞이했다고 자발적으로 진짜로 경력을 끝내는 사람은 별로 없다. 정년을 맞이해도 예전의 직장에서 다시 일하거나, 같은 직장은 아니더라도 동종 업계의 다른 곳에서 예전에 했던 일과 비슷한 일을 한다. 운동선수의 경우에도 은퇴는 대부분 어쩔 수 없는 선택이다. 특히 운동선수는 신체 능력에 크게 영향을 받기 때문에, 어느 순간이 오면 은퇴를 선택해야 한다. 화려한 은퇴라고 하더라도 당사자 입장에서 은퇴는 아쉽기는 마찬가지다.

반면 아주 드물지만, 자발적으로 은퇴하는 경우도 있다. 은퇴하면 현직(現職)이 아니라 전직(前職)이 된다. 전직 운동선수나 전직 교사 등은 비교적 익숙한데, 전직 시인이나 전직 배우는 조금 낯설다. 전직이라는 단어와 시인이나 배우라는 단어의 조합이 영 어색하기만 하다. 왜냐하면 그들은 자신의 의지만 있다면 언제든지 다시 본업으로 돌아갈 수 있기 때문이다. 그런데 얼마 전 영국 출신의 '명배우' 다니엘 데이-루이스가 영화 〈팬텀 스레드〉(2017)를 마지막으로 은퇴를 선언했다. 최근에는 로버트 레드포드도 〈미스터 스마일〉(2018)을 마지막으로 은퇴를 선언했다. 레드포드야 이제 여든이 넘었으니까 그렇다 치더라도 데이-루이스는 우리 나이로 이제 예순을 갓 넘겼기에 그의 은퇴 선언은 놀라울 수밖에 없다. 그런데 다른 한편으로는 그의 연기를 더 이상 볼 수 없다는 게 아쉽다. 개인적으로는 놀라움보다는 아쉬움이 훨씬 더 크다.

영화를 선택하는 이유는 사람마다 다르다. 어떤 사람은 감독을 보고 영화를 선택한다. 또 어떤 사람은 그 영화에 대한 입소문으로 영화를 선택한다. 드문 경우이기는 하지만 출연한 배우만으로 영화를 선택하는 경우도 있다. 데이-루이스는 바로 그 경우다. 다시 말하지만 그는 그냥 배우가 아니라 '대배우'다. 누군가는 그를 '메소드 연기의 장인'이라고 부른다. 영화 속에서 보여주는 모습이 영화마다 너무나 달라서 관객으로 하여금 같은 배우라는 것을 의심하게 한다.

연기도 연기지만 사실 데이-루이스의 이력을 보면 더 대단하다. 그의 아버지는 영국문학사에도 한 자리를 차지하고 있는 계관 시인 세실 데이-루이스다. 그리고 그의 외할아버지는 마이클 밸컨 경으로, 영국의 유서 깊은 일링 스튜디오(Ealing Studios)를 이끌었던, 영화사적으로 중요한 인물이다. 이사벨 아자니와는 한때 연인 관계였고, 지금의 아내는 영화감독이자 배우인 레베카 밀러다. 참고로 레베카 밀러는 미국의 극작가 아서 밀러의 딸이다. 그는 영국 출신의 배우로서 유일무이하게 미국의 아카데미 남우주연상을 무려 세 번이나 받았다. 2010년 7월에는 브리스톨 대학에서 명예박사학위를 받았고, 2014년에는 연극에 공헌한 공로를 인정받아서 경(卿)의 작위를 받았다. 데이-루이스를 '대배우'라는 호칭으로 부르기에는 뭔가 부족하다.

2.

데이-루이스의 필모그래피를 모두 살펴볼 수는 없기에 개인적으로 기억에 남는 몇 편만 살펴보려 한다. 데이-루이스라는 배우를 처음 알게 된 영화는 〈나의 아름다운 세탁소〉(1985)다. 영화 자체도 어렵고 아주 오래전에 봐서 정확히 무슨 내용인지 알 수는 없었지만, 어렴풋이 동성애를 다룬 영화였던 것 같다. 무엇보다도 이 영화를 통해 데이-루이스라는 배우를 처음으로 알게 된 게 가장 큰 수확이었다. 다음은 E. M. 포스터의 동명 소설을 영화로 옮긴 〈전망 좋은 방〉(1985)이다. 이 영화는 영화 자체도 너무 좋았지만 데이-루이스의 모습이 너무나 낭만적이었다. 특히 헬레나 본햄 카터와의 영화 속 키스 신은 기억에 많이 남는다.

데이-루이스의 모습이 결정적으로 각인된 것은 〈프라하의 봄〉(1988)을 통해서였다. 주지하듯, 이 영화는 밀란 쿤데라의 『참을 수 없는 존재의 가벼움』(1984)을 원작으로 했다. 원작 소설 자체가 이해하기 어려운 편임에도 불구하고, 영화라는 매체의 장점을 잘 살려 원작 소설을 이해하기 쉽게 잘 풀어서 설명하고 있다. 영화 속 데이-루이스가 분한 토마스는 지나칠 정도로 여자를 좋아하고 여자와의 관계를 몹시 가볍게 생각하는 바람둥이다. 그는 카페에서 우연히 만난 테레사에게 끌려 그녀와 결혼하지만, 결혼 후에도 그의 방탕한 생활은 계속된다. 그는 자신이 테레사에게 예속되어 있음을 깨달았음에도 바람기를 중단하지 못한다. 소설을 먼저 읽고 영화를 보아서 그랬는지 영화를 보는 내내 데이-루이스에 소설 속 토마스가 겹쳐졌다.

짐 셰리단 감독이 연출한 두 편의 영화 〈아버지의 이름으로〉(1993)와 〈나의 왼발〉(1989)에서 데이-루이스는 시쳇말로 '미친' 연기력을 보여주었다. 그는 공권력에 의해 점점 절망해 가는 게리와 뇌성마비로 오직 왼발밖에 쓸 수 없지만 포기하지 않고 강인한 정신력과 오기로 화가와 작가로 성공한 크리스티를 완벽하게 구현했다. 데이-루이스는 이와 전혀 다른 모습을 영화 속에서 보

드문 경우이기는 하지만 출연한 배우만으로 영화를 선택하는 경우도 있다. 데이-루이스는 바로 그 경우다. 그는 그냥 배우가 아니라 '대배우'다. 누군가는 그를 '메소드 연기의 장인'이라고 부른다. 영화 속에서 보여주는 모습이 영화마다 너무나 달라서 관객으로 하여금 같은 배우라는 것을 의심하게 한다. 사진은 〈데어 윌 비 블러드〉의 한 장면.

여주기도 한다. 〈라스트 모히칸〉(1992)과 〈갱스 오브 뉴욕〉(2003)에서는 '정의로운 영웅'과 잔인한 '갱단의 우두머리'라는 극과 극의 모습을 보여주었다. 특히 〈갱스 오브 뉴욕〉에서는 자세히 보지 않으면 갱단의 우두머리가 데이-루이스라는 것을 알아차리기 어려울 정도로 빛나는 연기를 보여주었다.

그러나 개인적으로 데이-루이스의 영화 중 가장 기억에 남는 영화는 〈데어 윌 비 블러드〉(2008)와 〈링컨〉(2012)이다. 두 영화 모두 말이 필요 없을 정도로 '압도적인' 영화다. 참고로 소설가 김봉곤의 단편소설 「데이 포 나이트」(2018)에서는 소설 속 등장인물들인 영화과 학생들이 "〈노인을 위한 나라는 없다〉와 〈데어 윌 비 블러드〉를 함께 개봉한 건 미친 일이라고, 이건 영화사에서 길이길이 사건이라고" 말한다. 〈데어 윌 비 블러드〉는 "야망과 탐욕, 폭력과 사랑, 성공과 실패의 대서사시!"라는 영화의 타이틀이 영화의 모든 것을 말해준다. 영화는 19세기 말의 혼란스럽고 냉혹한 미국 현실을 지독하고 무섭게 비판한다. 이 모든 것을 뒷받침하는 것은 데이-루이스의 '미친' 연기력이다. 영화 〈링컨〉을 보면서는 보는 내내 혼란스러웠다. 데이-루이스가 분한 링컨은 위인전 속의 위대하고 정의로운 링컨이 아니라 보통 사람처럼 고뇌하는 나약한 인간으로서의 링컨이다. 영화 속에서 링컨은 국민을 위해 전쟁을 끝내야 하는지, 아니면 인류를 위해 자유를 선택해야 할지 고뇌한다. 마치 『칼의 노래』(2001)의 이순신 장군처럼 말이다. 결국 링컨은 자신의 이익이 아니라 미국, 더 나아가 인류와 세계를 위해 '위대한' 선택을 한다. 그렇기 때문에 비록 그가 사용하는 방법이 때로는 조금은 정당하지 않다고 하더라도 그것을 문제 삼지 않는다.

링컨은 마땅히 '정치인'(politician)이 아니라 '정치가'(statesman)로 불려야 한다. 영화 〈링컨〉은 지금 우리나라에 그런 정치가가 있는지 생각하게끔 한다. '정치가'는 바라지도 않는다. 주위를 돌아보면 '정치인'은커녕 '정치꾼'으로 넘쳐난다. 존경받는 대통령, 국민을 위한 대통령이 되기 위해서는 무엇을 갖추어야 하는지 영화 〈링컨〉은 유감없이 보여준다. 그리고 이 모든 것을 가능하게 한 것은 데이-루이스의 '연기력'과 그가 배우 또는 한 인간으로서 갖고 있는 '신뢰감'이다.

문득 '좋은 연기란 무엇인가?' 생각해 보게 된다. 좋은 연기란 단지 기술적으로 연기를 잘하는 것만을 의미하지 않는다. 울림을 주어야 한다. 어찌 보면 기술적으로 조금 부족하다고 하더라도 배우로서 주는 신뢰감이 훨씬 더 중요하다. 데이-루이스의 경우에는 기술적인 연기력뿐만 아니라 배우로서의 신뢰감까지 갖추고 있지만 말이다. 그렇기 때문에 그는 늘 '좋은 연기'를 보여준다. 다시 말하면 그는 언제나 깊은 울림을 준다.

3.
앞에서 말한 것처럼 데이-루이스는 〈팬텀 스레드〉를 끝으로 배우로서 은퇴를 선언했다. 그가 전에도 배우 은퇴 선언을 한 뒤 번복했기에 많은 그의 팬들은 이번에도 그가 은퇴 선언을 철회하고 다시 돌아오기를 바란다. 그런데 이번에는 은퇴 선언이 진짜처럼 보인다. 다시 말하면 그가 〈팬텀 스레드〉를 자신의 마지막 영화로 택한 것 같은 느낌이 든다. 왜냐하면 시대의 유행에 영합하지 않고 오직 자신만의 장인정신으로 웨딩드레스를 예술작품으로 승화한 드레스 메이커 레이놀즈에 데이-루이스의 모습이 자꾸 겹쳐지기 때문이다. 스타가 되기 위해서가 아니라 연기를 위해 배우가 된 데이-루이스와 오직 웨딩드레스를 짓는 일에 일생을 바친 레이놀즈가 자꾸만 같은 사람이라는 생각이 든다.

영화 〈팬텀 스레드〉의 줄거리는 간단히 이렇다. 레이놀즈(다니엘 데이-루이스 분)는 뛰어난 웨딩드레스 디자이너다. 왕족과 상류층뿐만 아니라 많은 여성들은 그의 드레스를 한번 입어보는 것이 소원이다. 하지만 그는 실력만큼 성격이 굉장히 엄격하고 예민해 자신이 정해놓은 규칙대로 모든 일이 이루어져야 한다. 드레스를 만드는 일은 말할 것도 없고, 심지어 몸을 씻고 옷을 입는 것에 이르기까지 모든 것에 자신만의 규칙이 있다. 누군가가 그 규칙을 깨뜨리거나 자신의 집중력을 흩뜨리면 절대 용서하지 않는다. 심지어 그는 오랜 동료이자 가족인 누나 시릴(레슬리 맨빌 분)에게조차도 냉혹하게 대한다.

그러던 레이놀즈는 시골의 한 식당에서 서빙하는 알마(비키 크리엡스 분)에게 호감을 느낀다. 알마 역시 왠지 모르게 그에게 끌린다. 레이놀즈는 알마를 작업실에 초대해 그녀에게 옷을 만들어 준다. 그 후 알마는 레이놀즈의 의상실에서 일하게 된다. 알마는 레이놀즈의 모든 것을 갖기를 원한다. 그녀는 레이놀즈의 전부가 되기를 원한다. 심지어 레이놀즈에게 웨딩드레스를 부탁하기 위해 찾아온 공주까지도 질투한다. 하지만 레이놀즈는 필요할 때만 알마를 찾는다. 즉 그는 자신이 정해놓은 규칙적인 삶에서 알마를 단지 필요할 때 외로움을 달래주는 부속품 정도로만 대한다. 사실 레이놀즈의 이런 성격 때문에

데이-루이스가 〈팬텀 스레드〉를 자신의 마지막 영화로 선택한 것 같은 느낌이 든다. 왜냐하면 시대의 유행에 영합하지 않고 오직 자신만의 장인정신으로 웨딩드레스를 예술작품으로 승화한 드레스 메이커 레이놀즈에 데이-루이스의 모습이 자꾸 겹쳐지기 때문이다.

이전에 만난 모든 여성들이 그를 떠났다.

하지만 알마는 달랐다. 그녀는 레이놀즈로 하여금 자신을 필요로 하게 만들었다. 그녀가 택한 방법은 레이놀즈에게 독버섯을 먹이는 것이었다. 레이놀즈는 알마가 음식에 넣은 독버섯을 먹고 몸이 좋지 않자 알마를 찾는다. 알마는 아픈 그를 정성껏 간호하고 레이놀즈는 그녀에게 모성애를 느낀다. 그의 청혼으로 둘은 결혼에 이른다. 알마는 레이놀즈와의 행복한 삶을 꿈꾸었지만 레이놀즈에게는 여전히 드레스 만드는 일이 먼저다. 그는 알마가 자신의 규칙적인 생활을 깨뜨리는 것을 불편해했다. 아니 혐오했다. 또한 그는 사람들이 우아하고 고전적인 자신의 드레스보다 최신 유행하는 드레스를 선호하자 이를 받아들이지 못한다. 알마와 세실 등 주변 사람들에게 폭언을 퍼붓는다. 심지어 시릴에게 알마 때문에 이 모든 일이 벌어졌고 그녀와 결혼한 것을 후회한다고까지 말한다.

알마는 다시 독버섯을 꺼내 레이놀즈의 음식에 넣는다. 독버섯이 들어간 음식을 먹은 레이놀즈는 몸이 약해지고 그녀를 찾는다. 하지만 이번에는 그도 알마가 자신을 사랑하는 방식을 어느 정도 알고 있는 것처럼 보인다. 그는 아픈 몸을 알마에게 내려놓고, 알마는 그런 그를 따뜻하게 받아들인다.

사실 레이놀즈에 대한 알마의 사랑 방식은 이해하기 어렵다. 사랑하는 사람을 붙잡기 위해 그런 극단적인 선택을 하는 알마의 행동을 과연 사랑이라 부를 수 있을지 잘 모르겠다. 하지만 그녀의 선택을 레이놀즈도 어느 정도 알았다는 게 중요하다. 그래서 영화 〈팬텀 스레드〉는 레이놀즈와 알마의 사랑 이야기로 읽힌다.

〈팬텀 스레드〉가 데이-루이스의 마지막 영화일 수도 있고, 아닐 수도 있다. 개인적으로는 마지막이 아니기를 바란다. 왜냐하면 그는 아직도 영화를 통해 우리에게 많은 모습을 보여줄 수 있기 때문이다.

이형기 시인은 시 「낙화」(1963)에서 이렇게 말했다. "가야 할 때가 언제인가를 / 분명히 알고 있는 이의 / 뒷모습은 얼마나 아름다운가."

대부분의 사람들은 떠날 때가 되었음에도 떠나지 않으려 발버둥을 친다. 그렇기 때문에 시인은 떠나야 할 때를 아는 사람의 뒷모습이 아름답다고 말한다. 반대로 데이-루이스는 아직 떠날 때가 아닌데도 스스로 떠날 때를 정하고 떠나려 한다. 그렇기 때문에 그를 좋아하는 많은 사람들은 떠나려는 그에게 박수를 보내기보다는 아쉬워한다. 나도 그렇다.

영화, **과거**를 기억하고 기록하다

1.

조금 거창하게 시작하자. 역사 연구 방법은 시대를 바라보는 관점 또는 시각에 따라 크게 '거시사'와 '미시사'로 나뉜다. 역사학자 주경철은 『일요일의 역사가』(2016)에서 다음과 같이 말했다.

"거시사는 이 세상의 큰 줄기를 과학적으로 파악하여 전체적인 세계상을 제시하는 것을 목표로 삼고 있다. 다시 말해서 '거시사'는 이 세상을 설명하는 모델을 구축하는 것이다. 인간과 사회의 여러 측면을 연구하고 그렇게 얻은 성과들을 재료로 삼아 하나의 큰 구조물을 만드는 방식이다. 거시사는 세계의 큰 흐름을 짚어주는 미덕을 가지고 있다. 그러나 그렇게 망원경으로 세계를 바라보는 것만으로 이 세상을 다 이해할 수는 없는 일이다. 인간의 삶은 통계 분석과 거대서사 속에 편입될 정도로 기계적이지 않으며, 이 세상은 법칙으로 이해하기에는 너무나 불확실하다. 우리 주변에서 자주 보듯, 세상에는 정신이 이상한 인간들, 폭력적인 인간들, 고약한 인간들이 넘쳐난다. 온 세상 사람들이 모두 합리적으로 생각하고 선량하게 살아갔다면 이 세상은 벌써 지상천국이 되었을 테지만, 인간은 그런 존재가 아니다. 그러니 차라리 생각을 바꿔 우리가 바라보는 역사의 틀을 확 좁

혀서 정밀하게 읽어보는 것도 한 방법이다. 앵글을 좁히고 보면 거기에 또 다른 종류의 미세한 우주가 나타난다. 이제 하나의 작은 사건, 괴팍한 한 인간, 조그마한 어느 마을처럼 복합적이고 다면적이고도 심층적으로 바라볼 수 있는 대상이 떠오를 것이다."(141~142쪽)

반대로 미시사는 "전체적인 면에서가 아니라 개별적으로 포착하여 아주 작은 사실들을 파헤치는 역사", 혹은 "거시적인 역사적 구조보다는 인간 개인이나 소집단의 삶을 탐색하는, 역사 연구의 방법론 또는 그렇게 탐색되어 기술된 역사"를 가리킨다.

바꿔 말하면 거시사는 세상을 망원경을 통해 바라보는 역사 서술 방식이다. 망원경을 통해서 살펴보면 전체를 구성하는 각각의 부분은 통일성을 이루고 있는 것처럼 보인다. 하지만 가까이 다가가서 보면, 즉 현미경을 통해서 세상을 조금 더 자세히 살펴보면 각각의 부분은 서로 조금씩 다르다. 재료도 다르고 색상도 다르다. 당연히 질감도 다르다. 그런 점에서 역사는 이질적인 요소들의 모자이크(mosaic)라 할 수 있다. 주지하듯 모자이크는 미술에서 여러 가지 빛깔의 돌이나 유리, 금속, 조개껍데기, 타일 따위를 조각조각 붙여서 무늬나 회화를 만드는 기법으로서, 요즈음은 '조각무늬 그림'이라고 순화해서 부른다. 공간도 다르고, 시간도 조금 차이가 있고, 맥락도 다른 별개의 사건들이 역사라는 판에 조각무늬 그림을 구성하기에, 조금 거리를 두고 살필 때 통일성을 갖게 된다.

사실 거시사와 미시사는 완전히 독립적으로 구별되지 않는다. 언뜻 사소하고 무의미해 보이는 세부적인 것들은 전체적인 맥락에서 살펴봐야 비로소 의미가 있다. 그렇다고 모든 것을 미시적인 관점에서 바라보아야 한다는 주장은 결코 아니다. 만일 전체적인 맥락을 고려하지 않고 세부적인 사항에 천착하게 되면 일반화의 오류에 빠질 수 있다. 특정한 한 사건을 일반적인 현상으로 간주해 역사를 단편적으로 혹은 자의적으로 해석하는 방식으로 의도치 않게 자칫 역사 왜곡으로 흐를 수 있다.

역사는 보통 '기념'과 '기억', 두 가지 목적으로 기록된다. 보통 자랑스러웠던 역사적 사건은 기념해야 하고, 반대로 비극적인 역사적 사건은 기억해야 한다. 주지하듯 비극적인 사건을 기억해야 하는 이유는 다시는 그와 같은 비극적인 일이 일어나지 않도록 하기 위해서다. 그런데 인간은 때로는 의도적으로 때로는 의도와 상관없이 지나간 일들을 편집한다. 좋은 일은 더 좋게, 안 좋았던 일은 좋게 말이다. 과거 역사를 폄훼하거나 부정하는 것도 문제지만, 일방적으로 과거 역사를 칭송하거나 기념하는 것도 문제다. 어쩌면 후자가 더 큰 문제일 수 있다. 두 편의 영화를 통해 영화가 과거를 어떻게 기록하는지 살펴보자.

2.

먼저 영화 〈국제시장〉(2014)이다. 〈국제시장〉은 1950년 한국전쟁부터 파란만장했던 대한민국의 역사적·문화적 사건들을 중심으로 이 시대를 살아왔던 우리 아버지들의 삶을 이야기한다. 영화 속에서 다루어지는 사건들은 대체로 역사적 사실을 기반으로 하고 있으며, 각각의 사건들은 영화의 서사 전개에서 대단히 중요하다. 특히 실제 사건과 실존 인물은 영화 속 허구적 재현에 리얼리티를 배가한다. 즉 감독은 〈국제시장〉에서 역사적 사실과 상상적 허구를 아주 매끄럽게 병치해 '진한' 영화적 감동을 불러일으킨다.

〈국제시장〉은 상업적으로 큰 성공을 거두었지만, 비평적인 측면에서 적잖은 논란을 불러일으켰다. 한편에서는 "영화 내내 가족에게 잘해야겠다는 생각이 들었다. 우리 아버지는 날 위해 모든 것을 바치신 사람이다. 효도해야겠다", "이분들이 있었기에 지금의 내가 있고 대한민국이 있는 거지. 존경스럽다"와 같은 찬사가 쏟아졌다. 하지만 다른 한편에서는 이 영화는 "지능적인

시대를 바라보는 감독의 의중은 〈국제시장〉의 영어 제목 '내 아버지에게 바치는 송가'(Ode to My Father)에 잘 나타난다. 송가는 단어 그대로 '공덕을 칭송하는 노래'다. 감독 입장에서 이 영화는 '아버지에게 바치는 노래'다. 그 때문에 적잖은 사람들이 불편해했다.

사기 영화다", "상업적인 역사 왜곡이다"라는 비판도 뒤따랐다. 영화의 호불호, 또는 영화에 대한 상찬과 비판을 가르는 기준점은 아마도 덕수(황정민 분)의 이 대사일 것이다.

"나는 그래 생각한다. 힘든 세월에 태어나, 이 힘든 세상 풍파를 우리 자식이 아니라 우리가 겪은 게 참 다행이라고"다. 혹은 "아버지 내 약속 잘 지켰지예, 이만하면 내 잘 살았지예, 근데 내 진짜 힘들었거든예."

누군가는 덕수의 이 말에 크게 감동했고, 또 다른 누군가는 그만큼 불편해했다.

〈국제시장〉을 비판하는 사람들은 윤제균 감독이 영화에서 과거의 역사를 보여주는 데 그치지 않고, 역사적 평가를 하고 있다고 지적한다. 혹자는 감독이 과거의 특정 사건으로 그 시대를 일반화한다고 지적하기도 한다. 즉 감독이 앞서 말했듯이 역사를 지나치게 미시화한다고 지적한다. 감독은 이런 비판과 지적에 대해 이 영화가 '자신의 일생의 프로젝트'였고, 역사가 아니라 그냥 영화로만 봐 달라고 말한다. 감독의 그 시대를 바라보는 의중은 〈국제시장〉의 영어 제목 '내 아버지에게 바치는 송가'(Ode to My Father)에 잘 나타난다. 송가는 단어 그대로 '공덕을 칭송하는 노래'다. 감독 입장에서 이 영화는 '아버지에게 바치는 노래'다. 그 때문에 적잖은 사람들이 불편해했다. 만일 영화의 영어 제목이 '송가'(ode)가 아니라 그냥 '이야기'(story)였다면 어땠을까? 즉 '우리 아버지 이야기'(A Story of My Father)로서의 〈국제시장〉이었다면 어땠을까? 그랬다면 좀 더 편안하게 받아들여지지 않았을까? 최소한 역사에 대한 논란은 없지 않았을까? 혼자 여러 가지 상상을 해본다.

3.

영화가 다루는 공간은 〈국제시장〉과 완전히 다르지만, 비슷한 시기를 비슷한 방식으로 다룬 영화가 있다. 영화의 느낌도 사뭇 다르다. 바로 알폰소 쿠아론 감독의 〈로마〉(2018)다. 쿠아론 감독은 알레한드로 곤살레스 이냐리투, 기예르모 델 토로와 더불어 멕시코를 대표하는 영화감독이다. 영화 〈로마〉는 쿠아론 감독 자신의 어린 시절을 반영한 자전적 작품으로서, 1970년 전후의 멕시코의 역사적 상황을 '담담하게' 보여준다. 영화는 '멕시코시티 내 로마'라는 지역을 공간적 배경으로, 한 중산층 가족의 젊은 가정부 클레오(얄리차 아파리시오 분)의 시선으로 흘러간다. 클레오는 쿠아론 감독의 어린 시절 가정부였던 리보 로드리게스를 바탕으로 완성된 캐릭터라고 한다. 〈로마〉는 1970년대 멕시코의 정치적 격랑 속에서 주인공들이 겪는 가정 내 불화와 사회적인 억압을 생생히 재현한다. 이 영화는 감독 자신이 "자신을 키운 어떤 여성들에게 보내는 개인적인 러브레터"라고 부를 정도로 여성들에 대한 깊은 애정을 담고 있다.

영화 〈로마〉는 가정부 클레오 또는 클레오와 그녀가 일하는 집주인 소피아(마리나 데 타비라 분)의 이야기다. 클레오는 일곱 식구(안토니오와 소피아, 소피아의 어머니, 안토니오와 소피아의 네 아이)로 구성된 소피아의 가족의 모든 일을 떠맡고 있다. 청소, 세탁, 집안 정리, 음식, 아이들 챙기기에 이르기까지 그녀의 손이 안 가는 데가 없다. 심지어 그녀는 집안의 개까지 돌본다. 그런데도 그녀는 싫은 내색조차 하지 않는다. 그녀는 바쁜 집안일을 하는 중에도 동료 아델라와 수다를 떨기도 하고, 남자친구 페르민과 데이트를 즐기기도 한다.

하지만 클레오의 평온한 일상은 예기치 않은 임신으로 깨진다. 그녀는 무책임한 애인에게 외면당하고, 멕시코시티에서 대규모 시위가 있던 날 '사산'이라는 끔찍한 일을 겪게 된다. 소피아 역시 남편 안토니오의 외도로 점점 신경질적으로 변하더니 클레오에게 짜증을 내고 급기야 아들에게 폭력을 행사한다. 안토니오는 떠나고 소피아와 남은 가족은 비통함에 빠져 있다. 비통함과 슬픔 속에 소피아 가족과 클레오는 함께 바닷가로 여행을 떠난다. 그리고 그 여행에서 클레오와 소피아 가족은 가족보다 더 진한 가족애를 느낀다. 소피아는 클레오의 실연과 사산의 비통함을 달래주고, 클레오는 남편의 외도로 가정이 깨져 비통해하는 소피아와 그녀의 아이들을 위로한다.

영화 〈로마〉는 "혈연은 아니지만 서로의 상처를 보듬고 하나의 가족이 되는 이야기"다. 이 영화는 할리우드 영화나 〈국제시장〉에서처럼 혈연 가족애를 강조하지 않고, 오히려 '정'(情)으로 뭉쳐지는 '유사 가족'의 이야기를 담고 있어서 더 애틋하고 가슴에 더 와 닿는다. 시대적으로는 어둡고 무거운 이야기이지만 이를 따뜻하고 쾌활하게 풀어가기 때문에 더 그럴 수 있다. 희극적인 분위기 반전도 종종 눈에 띈다. 예컨대 감독은 영화 속 영화로서 자신의 영

영화 〈로마〉는 쿠아론 감독 자신의 어린 시절을 반영한 자전적 작품으로서 1970년 전후의 멕시코의 역사적 상황을 '담담하게' 보여준다. 여성들에 대한 깊은 애정을 담은 이 작품은 1970년대 멕시코의 정치적 격랑 속에서 주인공들이 겪는 가정 내 불화와 사회적인 억압을 생생히 재현한다.

화 〈그래비티〉(2013)를 패러디하기도 하고, 임신한 클레오가 페르민을 찾아가는 절망적인 상황에서는 그녀가 차력사의 기예를 쉽게 따라하는 장면을 통해 웃음을 준다. 누군가는 〈로마〉가 고레에다 히로카즈의 가족 영화와 사뭇 닮았다고 말한다. 고레에다 히로카즈의 영화 속 인물들도 계속 슬퍼하거나 비통해하지 않고 소소한 즐거움을 통해 일상을 회복한다.

다른 한편으로 〈로마〉는 1970년대 멕시코의 초상이자 역사적 기록이다. 즉 영화는 멕시코의 한 개인의 미시사이기도 하지만 멕시코라는 한 나라의 거시사이기도 하다. 누군가의 말처럼, 이 영화는 "밀도 높게 채워진 이미지, 구체적인 생활 소음을 입체적으로 쌓아가는 사운드로 구현된 사적 서사가 우익 무장단체에서 시위 학생들을 진압하다 벌어진 '성체축일 대학살' 사건과 만나면서 양쪽 비극의 무게가 함께 배가되는 순간이 인상적이다." 감독은 시대에 대해 역사적인 평가를 하지 않고 그 당시의 상황을 보여주기만 한다.

　전술했듯이 영화 〈로마〉는 감독 "자신을 키운 어떤 여성들에게 보내는 '개인적인 러브레터'"다. 동시에 "가장 극적인 순간 싹을 틔우는 '시스터후드에 관한 영화'"다. 클레오와 소피아 가족의 미시적인 개인사를 다루고 있지만, 시대와 지역을 뛰어넘는 이성적인 깨달음과 정서적인 울림, 즉 '보편성'을 담아낸다. 거시적으로는 1970년을 전후로 한 불안정한 멕시코 사회를 조망한다. 예컨대 멕시코시티의 거리는 1968년 올림픽과 1970년 월드컵을 치르며 미국의 여느 대도시 못지않게 휘황찬란하다. 그러나 멕시코시티 시내를 조금만 벗어나면 상수도 시설을 비롯한 도시 기반 시설이 열악하다. 비포장도로에 빗물이 곳곳에 고일 정도로 도로는 울퉁불퉁하다. 도로변에 위치한 집들 대부분은 판자를 덧대 지은 집들이다. 또 당시는 학생들의 민주화운동이 활발한 시기였는데, 감독은 영화 속에 멕시코 역사상 가장 비극적인 사건 중 하나인 '성체 축일 대학살' 사건을 '무심하게' 담아낸다. 참고로 성체 축일 대학살은 1971년 정부 지원을 받은 우익무장단체 세력 로스 알코네스가 시위대를 무력 진압하며 100여 명을 살해한 사건이다. 무술을 연마한다고 큰소리쳤던 클레오의 전 남자친구 페르민은 사실 성체 축일 대학살 사건에서 시위대를 무력으로 진입한 현대판 '용역 깡패'다. 요컨대 쿠아론 감독은 영화 〈로마〉에서 멕시코의 신산한 근현대사를 미시사와 거시사 두 시각으로 균형 있게 형상화하고 있는데, 이 모든 것은 그의 균형 잡힌 역사 시각에서 비롯된다.

대통령에게 필요한 것은

1.

프랭크와 톰이라는 비슷하면서도 다른 두 명의 미국 대통령이 있다. 먼저 프랭크부터 살펴보자. 프랭크는 하원 의원이자 다수당 원내총무로서 개럿 워커의 대통령 당선에 일등 공신이다. 그는 선거 전 국무장관 자리를 보장받았다. 하지만 막상 선거가 끝나자 대통령은 프랭크에게 국무장관 대신에 원내총무로서 하원에서 입법을 도와달라고 말을 바꾼다. 프랭크는 분개하지만, 곧 이성을 되찾고 자신의 비서 더그, 아내 클레어와 함께 워커를 대통령 자리에서 끌어내릴 음모를 꾸민다. 더 나아가 자신이 대통령이 되려는 야망을 꿈꾼다. 그는 협박과 회유, 살해, 음모 등 온갖 부정한 방법을 동원해 부통령에 지명되고, 부통령이 된 후에는 또다시 음모와 술수로 대통령을 사임하게 만들고 마침내 대통령에 오른다.

하지만 대통령이 되었다고 모든 게 끝난 게 아니다. 선거로 선출된 대통령이 아니기 때문에 의회와 내각으로부터 대통령으로서 인정을 받지 못한다. 선출된 대통령이 되기 위해 재선에 도전하지만, 당내 반발에 부딪혀 어쩔 수 없이 경선을 치르게 된다. 그는 가짜 뉴스와 협박으로 경선 후보를 중도에 사퇴시키고 자신만큼이나 정치적 야심이 큰 클레어를 부통령 후보로 지명한다. 하지만 그는 부통령 시절에 자신이 저지른 전임 대통령 워커에 대한 탄핵 음모와 부패 혐의로 개인적인 위기에 처하고, 또한 테러 단체 ICO와의 외교적 문제에 직면해 있다.

그런 상태에서 프랭크는 현 뉴욕 주지사인 윌 콘웨이라는 강력한 상대와 힘든 대선을 치러야 한다. 그는 대선에서 패배했지만, 술수와 음모라는 자신의 특기를 또다시 발휘해 불공정한 재투표 끝에 선출직 대통령에 오른다. 하지만 온갖 부정한 방법으로 대통령이 되었기 때문에 그는 취임한 지 얼마 못가 탄핵 위기에 처한다. 모든 죄를 비서 더그에게 뒤집어씌우고 반전을 꾀하려 하지만 그마저 뜻대로 되지 않는다. 결국 그는 아내이자 부통령인 클레어에게 대통령직을 넘기고 사임한다. 원래 계획은 사임한 뒤 클레어를 조종해 권력을 유지하는 것이다. 클레어의 뜻과 상관없이 말이다.

또 다른 대통령 톰을 살펴보자. 톰은 프랭크와 마찬가지로 선거로 선출된 대통령이 아니다. 앞서 본 프랭크는 어찌 되었든 간에 정당한 방법은 아니지만, 자신의 의지와 노력으로 부통령으로 지명되었고 대통령이 되었다. 그리고 선출직 대통령까지 올랐다. 하지만 톰은 자신의 의지와 노력과 상관없이 대통령이 되었다. 그는 일명 '지정생존자'(designated survivor)로 대통령이 되었다. 참고로 지정생존자란 미국의 비상시 대통령 비상절차다. 미국의 대통령, 부통령, 정부 각료들이 한자리에 모이는 미국 대통령 취임식이나 국정연설이 진행되는 동안, 비상사태에 대비하여 안전 시절에 대기하고 있는 미국 대통령 계승순위 내 지정된 한 명이다. 지정생존자는 미국에서 총기 난사, 테러, 핵무기 공격, 자연재해 등이 발생해 지정생존자 이외의 대통령 계승 후보자가 전부 사망해도 대통령직을 승계해 연방 정부의 기능이 그대로 유지되도록 하는 일종의 안전장치다.

사실 미국에서 그런 일은 거의 벌어질 가능성은 거의 없다. 그런데 그런 일이 벌어져 그는 얼떨결에 대통령이 되었다. 그것도 대통령 계승 서열 10위 밖의 힘도 없는 주택도시개발부 장관 사임을 앞둔 상황에서 말이다. 주지사들

톰은 '어쩌다 혹은 운 좋게' 대통령이 되었지만 대통령으로서 무엇을 해야 하는지 끊임없이 고민한다. 그는 정책을 실행하는 데 있어 결과보다도 방법의 정당성에 대해 천착한다. 정치적인 고려 없이 그는 상대방을 설득하고 공감하려 노력한다. 그에게는 대통령이 되고 대통령직을 유지하는 게 목적이 아니라 '대통령으로서 무슨 일을 해야 하고 어떻게 해야 하는가'가 최우선이다.

은 톰의 대통령으로서의 능력에 의구심을 갖지만, 톰은 참모들의 도움으로 테러와 음모, 정치적 공작 등 여러 사건을 해결하고 국가적 위기에서 현명하게 대처하고 극복해 나간다. 하지만 위기는 계속 찾아오고 그는 힘겹게 그 위기를 하나씩 해결해 나간다.

2.

프랭크와 톰은 실제 미국 대통령이 아니라 TV 드라마 속 미국 대통령이다. 프랭크는 〈하우스 오브 카드〉(2013~2018) 시리즈의 프랜시스 언더우드(케빈 스페이시 분)고, 톰은 〈지정생존자〉(2016~2019) 시리즈의 톰 커크먼(키퍼 서덜랜드 분)이다. 다시 말하지만 그들은 선출된 대통령이 아니기 때문에 권력 기반이 취약할 수밖에 없다. 프랭크의 경우에는 훨씬 더 취약하고 위험하다. 그는 전임 대통령을 사임하게 했기에, 자신도 언제든지 탄핵당하거나 사임해야 하는 상황에 놓일 수 있다는 불안감에 사로잡혀 있다. 그는 권력에 대한 욕망과 불안감으로 끊임없이 부정한 방법을 사용한다. 자신의 약점을 쥐고 있는 사람들을 끊임없이 회유하고 협박한다. 회유와 협박이 통하지 않을 때는 직접 살해하거나 아니면 살해를 지시한다. 조금이라도 불리할 때는 비서 심지어는 아내마저도 가차 없이 내친다. 그는 대통령으로서 무엇을 해야 하는지에 대한 생각은 조금도 없다. 그에게 중요한 것은 오직 자신의 '권력 유지'뿐이다.

반면 톰은 '어쩌다 혹은 운 좋게' 대통령이 되었지만 대통령으로서 무엇을 해야 하는지 끊임없이 고민한다. 그는 정책을 실행하는 데 있어 결과보다도 방법의 정당성에 대해 천착한다. 참모들이 쉽고 빠른 효과적인 해결책, 예를 들면 정치적 거래나 협박과 회유를 조언해도 그는 절차와 방법의 도덕적 정당성을 최우선 순위에 둔다. 정치적인 고려 없이 그는 상대방을 설득하고 공감하려 노력한다. 그는 점점 정치인이 되어 가지만 그럼에도 초심을 잃지 않는다. 즉 그에게는 대통령이 되고 대통령직을 유지하는 게 목적이 아니라 '대통령으로서 무슨 일을 해야 하고 어떻게 해야 하는가'가 최우선이다.

일찍이 독일의 정치 철학자 막스 베버는 『직업으로서의 정치』(1919)에서 정치인이 갖추어야 할 요건으로 "열정, 책임감, 균형감각"을 꼽았다. 열정은 '권력의지', 책임감은 '도덕적 정당성', 균형감각은 한쪽에 치우치지 않고 객관적으로 판단하고 결정하는 자세로 풀이된다. 프랭크와 톰을 단순하게 비교하면 프랭크에게는 권력의지가, 톰에게는 도덕적 정당성이 최우선이다. 프랭크는 정책의 목적, 절차, 결과, 그 어느 것도 생각하지 않는다. 그의 유일한 관심사는 권력을 획득하고 유지하는 것뿐이다. 그렇기 때문에 그는 수단과 방법을 가리지 않는다. 그의 정치 행위에는 음모와 술수, 협박, 심지어 살인까지 포함된다.

반면 톰에게는 정치 행위의 결과보다도 의도와 절차가 중요하다. 그리고 의도와 절차는 항상 도덕적이어야 한다. 톰의 정치 행위는 마치 임마누엘 칸트의 윤리 사상을 체화하고 있는 듯하다. 참고로 칸트의 윤리사상은 크게 세 가지, 즉 '선의지', '도덕법칙', '정언명령'으로 요약된다. 선의지는 도덕법칙을 따르려는 의지를 의미하고, 도덕법칙은 우리 안의 실천 이성이 세운 것으로 자신에게 부과하는 법칙을 의미하고, 정언 명령의 형태로 되어 있다. 정언 명령은 보편적 관점에서 옳고 그름을 판단하여 행위를 해야 하는 보편주의 원칙과 자신과 다른 사람의 인격을 수단이 아닌 목적으로 대해야 하는 인격주의 원칙으로 압축된다. 한마디로 칸트 철학 또는 윤리에서 방점은 '올바름'에 찍힌다. 톰의 정치 행위의 본령도 '올바름'이다.

정치인(politician)은 원래 공약과 정책으로 유권자로부터 표를 얻고 이를 통해 자신의 정치적 자산을 쌓고 그 능력을 검증받는다. 정치인의 공약과 정책은 대체로 의도와 결과로 구성된다. 그런데 의도와 결과는 서로 독립 변수다. 쉽게 말하면 의도와 결과는 한 동전의 앞뒷면이 아니라 각각 서로 다른 동전이다. 그렇기 때문에 경우의 수는 네 가지다. 의도도 선하고 결과가 좋은 경우, 의도는 선하지만 결과는 좋지 않은 경우, 의도는 선하지 않지만 결과가 좋은 경우, 의도도 선하지 않고 결과도 좋지 않은 경우로 나뉜다. 이 중 가장 좋은 경우는 첫 번째로 의도도 선하고 결과가 좋은 경우다. 가장 안 좋은 경우는 마지막으로 의도도 선하지 않고 결과도 좋지 않은 경우다. 여기까지는 이론의 여지가 없을 것이다. 문제는 두 번째와 세 번째다. 결과를 놓고 판단하면 두 번째보다는 세 번째 경우가 나아 보인다. 하지만 칸트의 윤리에 따르면 이 경우는 의도가 선하지 않기 때문에 아무리 결과가 좋아도 올바른 정책이 아니다. 반면 공리주의 입장으로 보자면 결과가 좋기 때문에 좋은 정치 행위다. 칸트의 윤리와 공리주의는 서로 상충된다. 반대로 의도는 선하지 않지만 결과가 좋은 경우를 보자. 간혹 이런 경우가 있지만 대부분 의도가 선하지 않으면 대체로 결과도 좋지 않다. 정치에서는 그보다는 의도는 선하지만 결과가 좋지 않은 경우가 더 많다. 그럴 경우 정치인은 결과에 대해 사과하고, 해명하고, 때로는 상대방을 설득해야 한다. 그때 정치인에게 필요한 게 책임감, 도덕적 정당성, 윤리 의식 등이다.

〈지정생존자〉에서 톰은 끊임없이 사과하고, 해명하고, 설득한다. 하지만 〈하우스 오브 카드〉의 프랭크는 국민을 위협하고 공포감을 심어 준다. 프랭크와 톰은 선거를 통해 선출된 지도자가 아니다. 즉 그들은 유권자들에게 '표를 요구하지'(ask for votes) 않았지만 대통령이 되었다. 하지만 대통령이 된 후의 두 사람의 행보는 달랐다. 프랭크는 위태로운 권력 기반을 강화하고 권력을 유지하기 위해 음모·술수·위협·공포에 의지했지만, 톰은 결과에 상관없이 끊임없이 대화하고 설득했다. 그런 점에서 톰은 '정치인'이라기보다는 '정치가'(statesman)에 가깝다. 국어사전에는 정치가와 정치인은 똑같이 "나라를 다스리고 국민들의 의견을 조정하여 사회를 유지, 보존시키는 일을 맡아서 하는 사람"이라고 되어 있지만, 정치인은 앞에서 말했듯이 공약이나 정책으로 유권자로부터 표를 얻는 사람이다. 따라서 국어사전의 이 정의는 마땅히 정치가에게만 국한해야 한다. 원래 정치인이라는 단어는 가치 중립적이지만 부정적인 뉘앙스가 있는 담겨 있는 게 사실이다. 그런데 정치인보다도 경멸적인 의미가 담긴 정치꾼이라는 단어가 있다. '꾼'이라는 접미사는 "어떤 일, 특히 자신이 좋아하는 분야의 일에 능숙한 사람을 속되게 일컫는 말"을 가리킨다. 그렇다면 음모와 술수, 협박과 살해에 능숙한 프랭크는 당연히 '정치꾼'이다.

3.

끝으로 이렇게 질문을 해 보자. "프랭크는 처음부터 정치꾼이었고 톰은 정치가였을까?" 이 질문을 "프랭크는 처음부터 도덕의식이 결여되었고 톰은 도덕적으로 단단하게 무장되었을까?"로 바꿀 수도 있다. 드라마를 보면 꼭 그렇지 않다. 〈하우스 오브 카드〉에서 프랭크는 워커 대통령 당선에 기여했고 국무장관 자리를 보장받았다. 하지만 국무장관에 오르지 못하자 음모를 꾸미고,

프랭크는 처음부터 정치꾼이었고 톰은 정치가였을까? 프랭크가 톰이 될 수도 있었고, 반대로 톰이 프랭크가 될 수도 있었다. 결국은 좋은 사람이 좋은 사회와 좋은 국가를 만들고, 좋은 사회와 좋은 국가가 좋은 개인을 낳는다는 평범한 진리를 드라마 속 미국 대통령 톰이 일깨워준다.

자신의 비리를 덮기 위해 죄를 짓고, 그 죄를 덮기 위해 더 큰 죄를 계속해서 저지르면서 도덕적으로 점점 타락해간다. 만일 워커 대통령이 약속대로 그에게 국무장관 자리를 내주었다면, 아니면 좀 더 진정성을 갖고 프랭크를 설득하거나 상황을 설명했더라면 어땠을까, 하는 생각을 하게 된다. 반대로 〈지정생존자〉에서 톰은 원래부터 도덕적으로 윤리적으로 선한 인물인가. 그는 지정생존자가 되기 직전 아내에게 주택도시개발부 장관을 사임해야 하는 상황을 전하며 대통령에 대한 인간적인 서운한 감정을 토로한다. 그러나 대통령이 된 후 그는 철저히 "나라를 다스리고 국민들의 의견을 조정하여 사회를 유지, 보존시키는 일을 맡아서 하는 사람"이라는 정치가의 본령을 충실히 따른다.

처음부터 프랭크는 프랭크로 톰은 톰으로 결정된 것이 아니다. 프랭크가 톰이 될 수도 있었고, 반대로 톰이 프랭크가 될 수도 있었다. 타고난 본성을 무시할 수는 없지만 모든 게 생물학적으로 결정되지는 않는다. 그렇다고 모든 것을 환경 탓으로 돌릴 수도 없다. 프랭크가 프랭크의 길을 가게 된 것은 무엇보다도 자신의 선택과 결정이다. 그의 주변에 있는 인물도 그런 선택과 결정에 영향을 끼쳤다. 즉 그가 그릇된 선택을 할 때 비서 더그나 아내 클레어가 그를 바른길로 이끌었다면 결과는 달라졌을 것이다. 톰 역시 톰의 길을 가게 된 것이 그가 원래 '좋은 사람'이라는 큰 이유도 있었지만, 다양한 의견을 내는 참모진과 그들에 대한 신뢰 덕분이다. 당연히 그에 대한 참모들의 신뢰도 **빼놓을** 수 없다.

종종 톰은 어쩌면 자신의 정적이 될 수 있는 인물까지도 자신의 편으로 끌어들인다. 프랭크는 독일의 정치 철학자 칼 슈미트가 말처럼 "적과 동지는 최종적으로 화해가 불가능"하다고 보았지만, 톰은 적과 동지를 구분하지 않고 끊임없는 대화를 통해서 적과도 양립 가능하다는 것을 입증했다. 그래서 톰의 정적도 최소한 그와 정치적 의견은 달리하지만 그의 진심만큼은 받아들인다. 톰은 정치적으로 잃은 것은 만회할 수 있지만 인간적으로 잃은 것은 만회할 수 없다는 사실을 예거한다.

결론적으로 '결국은 좋은 사람이 좋은 사회와 좋은 국가를 만든다. 반대로 좋은 사회와 좋은 국가가 좋은 개인을 낳는다'는 평범한 진리를 드라마 속 미국 대통령 톰이 일깨워준다. 그런데 다른 한편으로 누군가의 말처럼 "드라마는 드라마일 뿐이다." 판단은 각자의 몫이다.

감정 **통제** 사회

1.

아름답고 이상적인 사회나 국가를 흔히 '유토피아'(utopia)라고 부른다. 그리스어로 '어디에도 없는 곳'(nowhere)을 의미하는 유토피아는 영국의 사상가이자 철학자인 토머스 모어의 저작 『유토피아』(1516)에서 비롯한다. 『유토피아』는 모어가 16세기 영국의 르네상스 시대에 현실에는 존재하지 않는 이상적인 사회를 상상하여 묘사한 정치소설로서 사회사상의 고전이자 '유토피아 문학'의 대표작이다. 그는 아름답고 이상적인 사회의 조건으로 사유재산의 부정, 계획적인 생산과 소비, 인구 배분의 합리화, 사회적 노동의 계획화, 노동 조건의 개선, 소비의 사회화의 실현 등을 들었다. 그가 꿈꾸는 사회에서 개인은 무한한 자유와 평등을 보장받고, 필요한 시간만큼만 일하고, 나머지 시간에는 자신이 원하는 활동을 한다. 그러므로 그곳에서는 원한다면 누구나 인간다운 삶을 영위할 수 있다. 물론 모어의 유토피아 사회에서도 노예가 존재하며, 필요에 따라 전쟁을 하거나 식민지를 만드는 등 제국주의와 유럽 중심적 세계관을 완전히 벗어나지는 못한다. 하지만 그는 『유토피아』를 통해 철학자 슬라보예 지젝의 책 제목처럼 '불가능의 가능성'을 꿈꾸었다. 다시 말해 모어는 『유토피아』를 통해 당시 영국의 현실에 절망하거나 낙담하기보다는 낙관적인 미래를 꿈꾸고 이를 염원했다.

그런데 유토피아와 정반대의 '디스토피아'(dystopia)라는 게 있다. 디스토피아는 사전적으로 '현대 사회의 부정적인 부분이 극단적으로 나타난 가상사회'를 의미한다. 때에 따라 '역-유토피아'(Anti-utopia)를 가리키기도 한다. 디스토피아는 과학소설(SF)이나 이를 바탕으로 한 영화, 만화 등 미래를 배경으로 한 작품의 배경으로 자주 등장한다. 디스토피아를 배경으로 한 작품들은 대체로 전체주의, 사회 계급, 환경 파괴로 인한 재앙, 비인간화 등 현대 사회의 부정적인 측면을 극대화함으로써 현실을 날카롭게 비판한다. 대표적으로 리들리 스콧 감독의 영화 〈블레이드 러너〉(1982)를 들 수 있다. 핵전쟁 이후의 혼돈으로 무질서에 휩싸인 2019년을 배경으로 하는 이 영화는 지구에 침투한 복제인간과 그들을 쫓는 블레이드 러너의 추격과 대결을 그린다. 이 영화에서 묘사되는 미래는 유토피아와는 정반대로 시종일관 암울하고 음산하다. 영화 속에서 과학기술의 발달에 따른 낙관적인 미래는 찾아보기 어렵다.

흔히 디스토피아 3대 소설로 예브게니 자미아틴의 『우리들』(1921), 올더스 헉슬리의 『멋진 신세계』(1932), 조지 오웰의 『1984』(1949)를 꼽는다. 이 가운데 『멋진 신세계』는 과학 문명이 극도로 발달한 가상의 미래를 배경으로 하고 있다. 소설의 시간적 배경을 조금 더 명확히 하면 'A.F. 632년'이다. A.F.는 After Ford의 약자로서 기원후를 가리키는 A.D.의 패러디다. 이 소설에서 포드는 신(God)의 또 다른 이름이다. 아니 더 정확히 말하면 포드가 소설 속 세계의 유일신이다.[23] 작가 헉슬리는 과학기술 발전의 역사를 볼 때, 과학 발전의 기원 원년 A.F.를 기준으로 600년 후의 미래는 정말 '멋진 신세계'와 같은 세상

---

23) '멋진 신세계'에서는 공장제 대량 생산의 창시자인 헨리 포드를 신적 존재로 받들며, 첫 번째 포드 모델 T의 생산 날짜를 A.F.(After Ford)라는 연도의 기준으로 삼는다. 소설 속에서 등장인물들은 신에게 기원하거나 감사를 표할 때 'my Lord' 대신 'my Ford'라고 말한다. 그들에게는 '포드'가 곧 '신'이다. 그리고 그리스도교의 상징인 십자가는 위가 잘린 채 포드 모델 T를 상징하는 'T'자로 남아 있다.

이 올 것으로 생각하고 소설의 시간적 배경으로 삼고 있다. 하지만 디스토피아 소설이라는 명명에서 알 수 있듯이, 『멋진 신세계』에서 묘사되는 미래 세계는 암울하고 음산하다.

2.

헉슬리의 『멋진 신세계』는 종종 오웰의 『1984』와 비교된다. 앞서 말했듯이 두 작품 모두 디스토피아 소설로 분류되지만 조금 더 들어가면 사뭇 다르다. 『멋진 신세계』가 개인의 감정을 통제한다면, 『1984』는 개인의 생각과 행동을 통제한다는 점에서 크게 다르다. 헉슬리가 그리는 디스토피아가 욕망과 말초적인 자극이 지배하는 세계라면, 오웰이 그리는 디스토피아는 공포와 기만이 지배하는 세계다. 다르게 말하면 헉슬리는 아무도 책을 읽고 싶어하지 않기 때문에 굳이 책을 금지할 필요조차 없어질 것을 두려워했다면, 오웰은 반대로 책을 금지하는 것과 책을 금지할 자들을 두려워했다.

미래 사회를 배경으로 하고 있고 암울한 디스토피아를 예견하기에 『멋진 신세계』와 『1984』는 자주 비교된다. 종종 '어느 작품이 미래 사회를 더 정확하게 예측하고 있는가?'라는 기준으로 두 작품의 우열을 판단하는데, 개인적인 생각에 이는 적절치 않아 보인다. 예컨대 『멋진 신세계』의 미래 예측이 『1984』의 미래 예측보다 더 정확하다는 분석이 있다. 하지만 이 분석은 단지 냉전이 종식된 90년대 말부터 현재 시점을 기준으로 했을 때만 유효할 뿐이다. 즉 자유 진영과 공산 진영이 극단적인 대립을 벌이던 냉전 시기만 해도 『1984』의 디스토피아적 세계관 역시 충분히 예언적이었다. 어쩌면 그 당시에는 소비에트 전체주의 사회의 부조리와 모순을 냉철하게 비판한 『1984』가 『멋진 신세계』보다 훨씬 더 예언적이었고 더 많이 사람들이 공감했다. 따라서 『멋진 신세계』가 '기술의 발전이 곧 인간의 행복에 기여한다'는 이전 시대의 절대적 믿음에 대해 의문을 제기하고 인간의 어리석음을 일깨우는 '우화'

에 가깝다면, 『1984』는 '당장 눈앞에서 시작되고 있는 극단적인 적의와 광기, 일상적이고 체계적인 감시'를 고발하는 다큐멘터리에 가깝다고 요약할 수 있다.

오늘날의 과학기술은 『1984』가 예견한 것처럼 인간의 모든 행동과 생각을 완벽하고 완전하게 통제한다. 어쩌면 우리도 모르는 사이 훨씬 오래 전부터 그랬는지 모른다. 곳곳에 설치된 CCTV는 우리의 모든 행동을 감시하고 기록한다. "모든 클릭은 흔적을 남긴다"라는 말은 더는 농담이 아니다. 이미 현실이 되었다. 즉 인터넷에서 이루어진 개인의 모든 활동은 나도 모르게 누군가에 의해 수집되고, 분류되고, 분석되고, 예측된다. 심지어 정보화되어 누군가에게 팔려 이미 사용되고 있을지 모른다. 행동만 그런 게 아니라 우리의 생각 또한 통제한다. 행동과 생각이 외부 시스템에 의해 통제되기 때문에 혹은 그렇게 된다고 믿고 있기 때문에 사람들은 이제 자기 검열을 통해 생각을 내부적으로 통제한다. 다시 말하면 오늘날 과학기술의 발달로 개인의 행동과 생각은 외부 또는 내부 기제에 의해 완벽하게 통제를 받고 있다.

3.

그렇다면 인간의 감정은 어떤가? 우리는 불과 얼마 전까지도 과학기술이 아무리 발달해도 인간의 감정만큼은 통제할 수 없으리라 믿었다. 기계가 인간의 감정을 읽을 수 없을 것이라 생각했다. 그런데 지금은 확신할 수 없다. 아니 그런 확신은 깨졌다. 우리의 예측과 예상은 최근 몇 년 사이에 이루어진 과학기술의 발달로 상당 부분 허물어졌다. 적지 않은 사람들은 인간의 행동과 생각뿐만 아니라 감정까지도 통제받고 있다고 의심하고 불안해한다. 하지만 소설이나 영화 속에서 우리의 감정은 이미 아주 오래전부터 통제되고 있다.

『멋진 신세계』는 이미 아주 오래전에 우리의 감정이 통제될 것이라고 예견

『멋진 신세계』의 '멋진 신세계'는 마치 영화 〈가타카〉(1997)의 그것을 보는 듯하다. 영화 속 주인공 제롬 머로우는 큰 키에 잘생긴 외모, 우주 과학에 대한 뛰어난 지식, 냉철함 등 모든 것을 갖추었다. 하지만 사실 그의 과거는 우주 비행은 꿈도 꾸지 못할 정도의 부적격자 빈센트 프리먼이었다. 하지만 그는 우주 비행사의 꿈을 포기하지 않는다.

했다. 소설 속에서 그려지는 세계는 한마디로 '인간의 감정이 거의 완벽하고 완전하게 통제된 사회'다. 소설 속에서 말하는 '멋진 신세계'는 다음과 같은 모습이다. 대전쟁 이후 거대한 세계정부가 들어서 모든 인간은 인공 수정으로 태어난다. 아이들의 양육과 교육은 전적으로 국가가 책임지고, 그들은 태어나기 이전에 지능에 따라 이미 어떤 삶을 살게 될 것인지 결정되어 있다. 크게 알파, 베타, 감마, 델타, 엡실론 계급으로 분류된다. 대체로 알파 계급은 사회 지도층에 속하는 엘리트 계층이고, 베타 계급은 행정 업무를 맡는 중산층이다. 감마 계급은 하류층에 해당하며, 델타나 엡실론 계급은 유전자 조작에 의해 지적 장애를 안고 있고 단순 노동을 담당한다. '멋진 신세계'에서 모든 인류는 태아 시절부터 조건반사와 수면 암시 교육으로 자신의 계급에 맞는 세

뇌 수준의 교육을 받는다.

『멋진 신세계』의 '멋진 신세계'는 마치 영화 〈가타카〉(1997)의 그것을 보는 듯하다. 영화 속 주인공 제롬 머로우(이선 호크 분)는 큰 키에 잘생긴 외모, 우주 과학에 대한 뛰어난 지식, 냉철함 등 모든 것을 갖추었다. 하지만 사실 그의 과거는 우주 비행은 꿈도 꾸지 못할 정도의 부적격자 빈센트 프리먼이었다. 그의 미래는 태어날 때부터 심장 질환을 갖고 있고, 범죄자의 가능성을 지니고 있고, 서른한 살에 사망하는 것이었다. 하지만 그는 우주 비행사의 꿈을 포기하지 않는다. 그는 최고의 우주 항공 회사 가타카에서 청소부로 일을 하다가 자신의 예견된 미래에 반기를 들고 '유전자 조합'이라는 위험한 도박을 감행한다.

『멋진 신세계』의 그곳에서는 촉감까지도 생생하게 느낄 수 있는 '촉감 영화', 즉 포르노가 주요 오락 수단일 정도로 모든 성애(性愛)가 허용된다. 일곱 살도 안 된 어린아이들도 성 놀이를 통해 성을 학습한다. 그들에게는 결혼을 통해서 정해진 파트너와만 성관계를 갖거나, 성관계를 통해 아이를 낳는다는 인간의 도덕 또는 윤리 관념 자체가 없다. 심지어 그곳에서는 가족 개념도 거의 히스테릭한 비웃음을 일으키는 황당한 것으로 취급받는다. 실제로 소설 속 등장인물 중 한 명은 그것 때문에 사회적으로 매장된다. 또 사람들에게는 '소마'라고 불리는 일종의 마약이 제공된다. 사람들은 이것을 복용하면 그야말로 인간이 느낄 수 있는 최고의 행복과 안정감을 느낄 수 있다. 즉 '멋진 신세계'에서 인간의 감정은 소마에 의해 통제되고 조절된다.

얼핏 보면 소설의 제목대로 진짜 '멋진 신세계'처럼 보인다. 그곳에서는 오늘날 세계 도처에서 벌어지고 있는 그 어떤 문제와 갈등도 발생하지 않는다. 애초에 지능에 맞추어 신분이 설정되고, 그 신분에 맞게 직장이 배분되기 때문에, 개인은 원하는 지위에 오르지 못한다고 하더라도 좌절할 일도 없다. 하위계급이라고 해서 딱히 학대나 착취를 당하지도 않고, 소마도 정해진 시간이 되면 배급되기 때문에 큰 불만이 없다. 소마 배급에 잠시 차질이 생겨 분위기가 험악해진 상황이 딱 한 번 있었지만, 그나마 소마 물대포 세례를 받고 모두가 행복해하는 것으로 문제가 해결된다. 모든 물자는 철저하게 통제되고, 생산되고, 배분된다. 결혼이란 제도도 없고, 섹스는 자유롭다. 모든 오락 수단을 자유롭게 즐길 수 있다. 다시 말하지만 겉으로 보았을 때 모든 게 완벽하고 이상적이다. 디스토피아가 아니라 유토피아처럼 보이기에, 혹자는 『멋진 신세계』가 스탈린의 공산주의 사회를 기본 모델로 삼은 『1984』와 결정적인 차이를 보인다고 말한다.

하지만 개인의 통제라는 측면에서 보면 『멋진 신세계』와 『1984』의 사회는 크게 다르지 않다. 다만 개인을 언제 그리고 어떻게 통제하느냐, 바로 그 점이 다를 뿐이다. 『1984』는 처음부터 개인을 개조하는 게 아니라 선택권을 준 뒤 일거수일투족을 감시한다. 개인에게 강령과 목표를 주고 그것을 제대로 따르고 있는지 '절대적인 통제자'인 빅 브라더(Big Brother)가 감시하고 통제한다. 각 개인이 서로를 감시하도록 조직화한다. 한마디로 『1984』의 미래 사회는 '눈에 보이는' 통제 사회다. 반면 『멋진 신세계』는 처음부터 통제되었기 때문에, 아니 처음부터 인간을 시스템에 맞게 개조했기 때문에, 사후 통제할 필요가 없다. 개인은 자신이 처음부터 통제되었다는 사실조차 모른다. 그들은 단지 주어진 매뉴얼대로 살아갈 뿐이다. 따라서 『멋진 신세계』의 '멋진 신세계'는 '통제하지 않는 것처럼 보이지만, 실제로는 『1984』보다 더 철저한' 통제된 사회이다.

그런데 완벽하게 통제되었다고 생각한 '멋진 신세계'에 불만을 가진 사람들이 하나둘씩 나타난다. 버나드 마르크스는 '문명사회'로 진입하지 못한 야만인 거주 구역으로 나갔다가 그곳에서 야만인 존을 만나게 되고 그를 문명사회로 데리고 온다. 존은 문명사회에서는 이미 사라져버린 셰익스피어를 비롯한 여러 문학 작품을 읽었다. 그는 아버지의 나라인 문명사회를 동경하여

버나드를 따라왔다. 하지만 그는 문명사회에 적응하지 못하고, 자기가 원래 살던 곳의 방식으로 고행을 하다가 결국 생을 마감한다. 존을 따라 문명사회에 온 야만인의 어머니 린다는 오랜만에 문명 세계로 돌아왔다는 기쁨과 자신의 잃어버린 세월에 대한 비탄 등이 섞인 '위험한 감정'을 누그러뜨리기 위해 소마를 복용한다. 하지만 그녀는 소마 과다복용의 부작용으로 몇 달간을 마약에 취해 누워 지내다가 결국 생을 마감한다. 그녀는 죽은 뒤 영안실에 들어가 아이들의 '사회화'를 위한 교재가 되어 버리는데, 여기서 받은 문화 충격이 결국 존이 '문명사회'에 환멸을 느끼게 되는 중요한 이유 중 하나가 된다. '멋진 신세계'에 불만을 가진 이들은 등장하지만, 그들의 시도는 대부분 실패로 끝나고 '멋진 신세계'는 균열되지 않는다.

4.
『멋진 신세계』를 읽으면서 앞서 언급한 〈블레이드 러너〉와 〈가타카〉 뿐만 아니라 예전에 보았던 미래 세계를 소재로 한 영화들이 생각났다. 먼저 〈이퀼리브리엄〉(2002)이다. 이 영화에서 정부는 인간의 변덕스러움이 전쟁을 일으킨다고 생각하고 감정을 느끼는 자들을 찾아내 박멸하려 한다. 영화 속 국민들은 『멋진 신세계』에서 '소마'에 의해서 그랬던 것처럼 '프로지움'이라는 약물에 의해 통제된다. 그들은 프로지움을 정기적으로 투약함으로써 어떤 감정도 느끼지 못한다. 하지만 아무리 완벽하게 통제한다고 하더라도 틈이 있기 마련이다. 몇몇은 정부의 지시를 따르지 않는다. 즉 그들은 자신들의 감정을 되찾고 느끼려 한다. 그들은 반역자로 규정된다. 정부 최고의 요원 존 프레스톤(크리스천 베일 분)의 역할은 그런 반역자를 색출하고 처단하는 것이다. 처음에 그는 감정을 느끼는 반역자를 색출하고 처단하며 정부의 신임을 두텁게 받지만, 동료의 자살과 아내의 숙청 등 여러 가지 힘든 일을 겪으며 괴로워한다. 그는 프로지움의 투약을 중단하며 통제되었던 인간적인 감정을 서서히 느끼

영화 〈아일랜드〉는 지구의 재앙으로 일부만이 살아남은 21세기 중반을 배경으로 한다. 자신들을 지구 종말의 생존자로 믿고 있는 링컨 6-에코와 조던 2-델타는 수백 명의 주민들과 함께 부족한 것 없는 유토피아에서 빈틈없는 통제를 받으며 살고 있다. 하지만 링컨은 언젠가부터 제한되고 규격화된 생활에 의문을 품게 되고, 자신이 믿고 있던 모든 것들이 거짓이었음을 알게 된다.

며 결국 정부에 대항한다.

다음은 〈아일랜드〉(2005)다. 이 영화는 지구의 재앙으로 일부만이 살아남은 21세기 중반을 배경으로 한다. 자신들을 지구 종말의 생존자로 믿고 있는 링컨 6-에코(이완 맥그리거 분)와 조던 2-델타(스칼릿 조핸슨 분)는 수백 명의 주민들과 함께 부족한 것 없는 유토피아에서 빈틈없는 통제를 받으며 살고 있다. 잠자리에서 일어나면서부터 몸 상태를 점검받고 먹는 음식과 인간관계까지 격리된 환경 속에서 사는 그들은 모두 지구에서 유일하게 오염되지 않은 희망의 땅 '아일랜드'에 추첨이 되어 뽑혀 가기를 바라고 있다. 하지만 링컨은 언젠가부터 제한되고 규격화된 생활에 의문을 품게 되고, 자신이 믿고 있던 모든 것들이 거짓이었음을 알게 된다. 심지어 자기를 포함한 그곳의 모든 사람들이 사실은 스폰서, 즉 인간에게 장기와 신체 부위를 제공할 복제인간이라는 것을 알게 된다. 그들이 '아일랜드'로 뽑혀 간다는 것은 곧 인간에게 신체 부위를 제공하기 위해 무참히 죽음을 맞이하게 되는 것을 의미한다. 결국 링컨은 살고 싶다고 절규하는 동료의 모습을 목격하고 아일랜드로 떠날 준비를 하던 조던과 탈출을 시도한다. 그들은 자신들의 스폰서를 찾아 나서고 살고 싶다는 본능으로 탈주를 이어간다.

결론적으로 헉슬리는 『멋진 신세계』에서 '세뇌를 통한 자기만족과 과학기술을 이용한 육체적·정신적 쾌락이 과연 인간을 행복하게 만들 수 있는가?'라는 근원적인 질문을 던진다. 그 질문은 '조작된 만족과 선택된 결핍 가운데 무엇이 더 행복하고 인간적인가'로 치환할 수도 있다. 끝으로 『멋진 신세계』를 덮으면서 "이상적인 국가가 되기 위해서는 사람들이 각자 타고난 적성과 성향에 따라 가장 잘할 수 있는 일을 그 목적에 따라 해야 한다"라는 플라톤의 생각을 곱씹어본다.

'미안하다'와 '죄송합니다' 사이

1.

얼마 전 윤대녕의 소설집 『누가 고양이를 죽였나』(2019)를 읽다가 유독 한 작품이 눈길이 갔다. 「총」이라는 작품인데, 이 작품은 부모와 자식 간의 갈등, 조금 더 구체적으로는 아들 명기와 그의 아버지 사이의 갈등을 그리고 있다. 소설의 내용은 이렇다. 어느 날 명기는 누나 영란으로부터 전화를 받는다. 그녀는 아버지가 당신의 생일에 맞추어 가족 모임을 하고 싶다는, 아니 하려 한다는 전갈을 명기에게 전한다. 사실 그는 아버지에 대해 극도의 반감이 있는 데다가 별거 중인(혹은 이혼한) 아내 형숙과 사춘기에 접어든 딸 수연의 일로 심경이 복잡하다. 그는 참석하지 않으려 하지만 영란의 간곡한 부탁 때문에 어쩔 수 없이 참석한다.

아버지는 육군사관학교를 졸업하고 자원해서 베트남전쟁에 참전에 여러 차례 무공훈장을 받은 직업 군인이다. 그는 집안에서 절대자로 군림해 왔다. 가족과 거의 대화를 하지 않을뿐더러, 어쩌다 입에서 튀어나오는 말은 명령조의 전달 사항이 전부였다. 그의 억압적인 태도와 음울한 침묵은 늘 주위를 질식시켰다. 그의 얼굴에서는 뭐라 말할 수 없이 복잡한 느낌들이 숨어서 꿈틀거리고 있었는데, 이를테면 분노와 경멸, 자기기만과 권태, 비루한 욕망과 위악들이 온통 뒤범벅돼 있었다. 그는 철저히 자기라는 감옥에 갇혀 사는 사람이었고, 주변이 자신의 의지와 다르게 흘러간다 싶으면 괴로운 듯 침묵했고, 참을 수 없는 상태가 되면 손에 무언가를 집어 들었다. 그것은 다름 아닌 '총'이었다.

아버지의 삶은 '정상'과는 너무나 동떨어져 있다. 그는 전방 부대에 있을 때는 내연녀와 살림을 차려 살았고, 베트남에서는 무수히 많은 사람을 죽였고, 국방부에 근무할 당시에는 직속 부하의 부인을 상습적으로 성추행했고, 군수 물품 구매 자금을 횡령해 상부로부터 면책을 당했다는 소문이 돌았다. 그런 소문들 때문인지 그는 장군으로 진급하지 못하고 대령 근무 연한을 채우고 예편했다. 예편한 뒤에는 영관급 장교 출신의 국가 유공자에게 주어지는 혜택으로 고속버스 회사의 상무가 되었다. 그는 국가로부터 배신을 당했다고 생각하면서도 스스로 골수 국가주의자임을 자처했다. 텔레비전 뉴스에서 노동자 파업이나 대정부 시위 장면이 나오면 어김없이 "개돼지만도 못한 것들! 저 중에 분명 간첩이 끼어 있을 텐데 색출해내서 모조리 사살해버려야 해! 도대체 국가 없이 개인이 존재했느냐 이 말이야! 누가 지들을 이만큼이나 먹여 살렸는데"라고 욕설을 퍼부었다. 식구들은 그의 언저리에 가는 것조차 극도로 피했다.

어머니의 조언 또는 간곡한 부탁대로 영란과 명기, 그리고 여동생 금란은 차례로 집을 떠났고, 집에는 막내아들 홍기만 남게 되었다. 아버지는 말을 더듬고, 태어날 때부터 구루병으로 등이 심하게 굽은 홍기를 늘 눈엣가시처럼 여겼다. 어느 날 홍기가 키우던 강아지에게 손을 물리자 아버지는 마루에 놓여 있던 다듬잇방망이를 집어 들고 홍기가 보는 앞에서 강아지를 두들겨 패 죽음에 이르게 한다. 그 일을 겪고 난 뒤 홍기는 그 누구의 관심도 거부한 채 마음을 완전히 닫아버리고, '집에서 홀연히 사라진다.' 명기는 사라진 홍기를 찾느라고 전국 방방곡곡을 헤매고 다녔다. 그는 지금도 틈만 나면 홍기를 찾기 위해 전국을 떠돌고 있다.

오래전 어머니가 옆집 남자와 동네 시장 근처에서 몇 번 만난 적이 있었다. 아버지는 이를 눈치채고 어머니를 이층 방에 가둬놓고 분이 풀릴 때까지 매질했다. 자식들 모두 아래층에서 벌벌 떨었다. 명기는 특히나 마음이 여리고 약한 홍기가 극심한 정신적 스트레스를 겪었고, 그 때문에 결국 집을 떠났다고 생각하고 있다. 그가 생각하기에 홍기의 가출을 비롯해 가족의 모든 불행의 원인은 '아버지'다.

명기는 오랜만에 만나지만 아버지의 눈길을 의식적으로 피하고, 아버지 또한 명기를 외면하고 시종일관 적대감으로 대한다. 명기가 느끼기에는 겉모습은 초라하게 야위었으나 '아비'의 말투는 여전히 거침없고 고압적이다.(명기가 아버지를 만나는 바로 이 순간부터 소설에서 '아버지'는 '아비'로 지칭된다.) 그는 명기를 포함해 자식들에게 다음과 같이 말한다.

"너희들도 이제 웬만큼 나이가 들었으니 똑똑히 알아둘 필요가 있다. 과거에 부모 세대가 어떻게 살아왔는지, 어떤 희생을 치르면서 여기까지 왔는지를 말이다. 다들 굶주리고 헐벗은 채 무릎으로 땅바닥을 기다시피 하여 여기까지 온 것이다. 다른 나라라면 몰라도 이 나라에서 그들에 대해 함부로 말해선 안 된다. 극소수 반동 세력을 제외하면 그들은 다들 애국자였다."

명기는 누나 영란이 옆에서 만류하지만 어려서부터 들어온 그 말에 짐짓 진저리를 친다. 그가 생각하기에 아비가 단지 늙고 병들었을 뿐 결코 변한 게 없다.

어색하고 불안한 식사를 마치고 차로 추모공원으로 이동하지만 그곳에서도 분위기는 별반 다르지 않다. 아비는 "죽어서 기껏 나 하나 편하고자 이러는 게 아니다. 묘를 잘 못 써서 혹여라도 후손들에게 좋잖은 영향을 미칠까 싶어 그런다"라고 자신의 행위를 정당화한다. 그러면서 "한데 내가 죽으면 막상 여기까지 와볼 자식이 있기는 할까"라고 덧붙인다. 차로 내려올 때는 오히려 자식들에게 서운함을 토로한다.

"너희가 나한테 서운한 점이 있을 걸로 짐작한다. 그러나 세상사가 그렇듯 부모 자식 간도 서로 뜻대로 되는 건 아니다. 간혹 불합리하거나 잘못된 일이 있었겠지. 하지만 이제 와 어쩌겠느냐 (…) 굳이 할 말은 아니다만, 내 나름으론 한다고 하며 살아왔다. 평생 국가를 위해 헌신했고 아닌 게 아니라 젊어서는 남의 나라 전쟁에 참전하기도 했다. 그게 아무것도 아니라고 말하면 안 된다. (…) 그런데도 너희는 아무도 나를 공경하지 않더구나."

아비는 추모공원에서 내려와서는 마저 할 이야기가 남아 있으니 식당으로 들어가자고 한다. 명기는 차 안에서 아비와 대화를 나누는 동안 새삼 홍기가 그리웠고, 평소에는 잊고 살았던 어머니의 얼굴이 떠오르자 왈칵 눈물이 나오려는 것을 참기 위해 이를 악문다. 그러나 아비가 "근래 내 몸이 썩 좋지 않다. 이대로라면 너희 에미가 먼저 갈지 내가 먼저 갈지 모르겠다. 그런 말이다. 이런 마당에 야속한 생각 따위는 그만 버리도록 해라. 부모 입장에서 생각하면 제대로 효도 한번 받아보질 못했지 않느냐"라고 말하자 명기는 결국 폭발하고 만다.

아비는 추모공원으로 오기 전에는 자식들에게 유산을 나누어주면서 효도도 받고 아버지로서의 권위를 되찾으려 했지만, 자식들은 그의 뜻대로 움직이지 않는다. 명기뿐만 아니라 영란과 금란 모두 아비의 유산을 거절한다. 명기는 아비에게 돌려줄 게 있다며 '총'을 꺼내 든다. 이 총은 아비가 군대에 있을 때 자신의 의지와 다르게 주변이 흘러간다 싶으면 괴로운 듯 침묵하다 이윽고 참을 수 없는 상태가 되면 집어 들었던 바로 그 총이다. 명기가 총을 들어 아비에게 겨눈다. 영란과 금란은 총을 둔 명기를 만류하지만 명기는 총을 거두지 않는다.

명기는 아비로부터 단 한 번이라도 '미안하다'는 말을 듣고 싶어 한다. 하지만 아비의 생각은 다르다. 그는 "네 놈이 바라는 것과 달리 나는 이때껏 살아오면서 후회하는 바가 조금치도 없다. 너란 놈은 그새 후회할 게 많은 것 같지만 말이다"라고 말하며 명기의 마지막 희망을 꺾는다. 명기는 여전히 증오와 분노, 수치와 모멸의 감정들이 숯불처럼 타오르지만 결국 제풀에 쓰러지고 만다. 영란과 금란은 떠나고 이제 아비와 명기만이 남았다. 명기가 운전석에 앉아 시동을 걸고 이윽고 아비가 뒷좌석에 자리를 잡는다. 둘 사이에는 긴 침묵이 흐른다.

2.

너무 극단적인 설정이기는 하지만 소설 「총」에서의 명기와 그의 아비는 현재 우리 사회의 마흔이 넘은 자식과 일흔이 넘은 아버지의 한 초상으로 읽힐 수 있다. 영화와 드라마, 혹은 TV 광고에서는 대체로 다정하고 훈훈한 아버지와 아들의 모습을 보여주지만, 사실 명기 세대의 아들과 그의 아버지 세대의 아버지는 서로에게 무덤덤하다. 그들 사이에는 소설에서처럼 긴장감이 흐르기도 한다. 아들은 아들대로 아버지에 대한 서운함이 있고, 아버지는 아버지대로 아들에 대한 서운함이 있다.

소설을 읽는 내내, 소설을 다 읽은 뒤에도 서로 간에 '죄송합니다'와 '미안하다'는 말이 오갔다면 둘의 관계가 완전히 회복되지는 않는다고 하더라도, 최소한 그런 극단적인 상황만큼은 피할 수 있을 텐데, 라는 생각이 머릿속에 맴돌았다. '미안하다'와 '죄송합니다'라는 말이 그렇게 하기 어려운 말인지 몰랐다. 소설 속 이야기를 그냥 재미로 웃고 넘어갈 수 있는 이야기라면 좋았겠지만 그럴 수 없었기 때문에 소설을 읽고 난 뒤 마음이 무거웠다.

「총」을 읽은 전후로 소설 속 '아비'와 비슷한 사람들을 자주 발견했다. 사실 그때까지 눈여겨보지 않다가 소설을 읽은 뒤 그들을 유심히 살펴보았다. 시내버스 정류장이나 시외버스 터미널에서 그들이 하는 이야기들을 우연히 들었다. 들으려 해서 들은 것이 아니라 그들의 대화 소리가 너무나 커서 자연스럽게 듣게 되었다. 그들의 이야기를 거칠게 정리하면 이렇다.

"요즘 것들은 우리가 얼마나 고생했는지 그걸 몰라. 지들이 다 잘난 줄 알아. 집에 있는 자식들도 똑같아. 내 말을 도통 듣지를 않아."

더 나아가 그들은 이런 말도 덧붙인다.

"데모하는 것들은 예전처럼 다 잡아가 감옥에 쳐 넣어야 해, 밥도 아까워. 하긴 데모꾼들이 지금 정치를 하고 있으니."

소설 속 '아비'의 말과 맥락상 큰 차이가 없다.
많은 사람들이 불편한 기색을 보이며 자리를 피했다. 그런데도 그들은 아랑곳하지 않고 오히려 더 큰 소리로 자기들만의 이야기를 계속한다. 그들이 하는 말 대부분은 출처도 알 수 없고, 조금만 생각해봐도 이치에 닿지 않는다. 그중에는 차마 글로 옮길 수도 없는 이야기도 있다. 그들이 하는 말 그 어디에서도 '미안하다'는 말은 들리지 않았다. 즉 그들로부터 "자식에게 해 준 게 없어 미안하다"라는 말은 결코 들을 수 없었다.
혹시나 해서 말하는데, 세대 간 갈등의 모든 책임을 부모 세대에게 돌리려는 게 절대 아니다. 분명 자식 세대도 부모 세대에게 서운하게 했을 수 있다. 아니 그랬다. 누군가는 "해 드린 게 없어 늘 부모님께 죄송하다"라는 말 대신 "부모가 해 준 게 뭐 있어"라고 푸념하거나 비난한다. 부모 세대는 자식들이

'죄송합니다'라는 말도 없는데 우리가 뭐가 미안해'라고 생각하고, 자식 세대는 부모들이 '미안하다'라는 말도 없는데 우리가 뭐가 죄송해'라고 생각한다. 이러면 시쳇말로 정말 '답이 없다.'

3.

'죄송합니다'와 '미안하다'는 말은 뭐가 먼저고 뭐가 나중이 아니다. 둘은 원인과 결과 관계도 아니고, 함수 관계도 아니다. 즉 자식 입장에서는 부모로부터 '미안하다'라는 말을 듣지 못해도 '죄송합니다'라는 말을 할 수 있고, 부모 입장에서는 자식으로부터 '죄송합니다'라는 말을 듣지 못해도 '미안하다'라는 말을 할 수 있다. 아니 마땅히 그렇게 해야 한다. 하지만 소설 「총」에서는 끝내 이 말을 들을 수 없었다. 그런데 다행스럽게도 이 말을 최근에 본 한 영화, 바로 클린트 이스트우드가 감독하고 직접 출연한 〈라스트 미션〉(The Mule, 2018)에서 들을 수 있었다.

〈라스트 미션〉은 제2차 세계대전 참전 용사이자 멕시코 카르텔을 위해 택배로 마약을 공급한 실존 인물 레오 샤프(1924~2016)의 실화를 바탕으로 하고 있다. 영화의 내용은 이렇다. 일리노이주에서 잘 나가는 꽃 농장을 운영하는 한국전쟁 참전용사 얼 스톤(클린트 이스트우드 분)은 백합 박람회에 참석하여 메달을 차지하고 주변 사람들의 축하를 받는다. 그는 여든 살이 넘었음에도 매력적이며 항상 주변 사람들로부터 환영을 받는다. 하지만 일에만 매달려 정작 가족들을 제대로 돌보지 않는다. 심지어 박람회 때문에 딸의 결혼식에도 참석하지 않는다. 그가 바에서 사람들로부터 축하를 받는 동안 딸 아이리스는 자신의 결혼식에 아버지가 나타나지 않았다는 사실에 울음을 터트린다. 결국 결혼식장 분위기는 초상집처럼 변한다.

한참의 시간이 흐른다. 인터넷을 외면하고 오프라인 판매만 고집하던 얼의 농장은 결국 망해서 은행에 압류를 당한다. 그는 멕시코인 일꾼들에게 퇴직

일리노이주에서 잘 나가는 꽃 농장을 운영하는 한국전쟁 참전용사 얼 스톤은 백합 박람회에 참석하여 메달을 차지하고 주변 사람들의 축하를 받는다. 그는 여든 살이 넘었음에도 매력적이며 항상 주변 사람들로부터 환영을 받는다. 하지만 일에만 매달려 정작 가족들을 제대로 돌보지 않는다. 심지어 박람회 때문에 딸의 결혼식에도 참석하지 않는다.

금을 주어 돌려보낸 후 남은 세간을 챙겨 손녀 지니의 약혼식을 찾아간다. 지니는 "다른 가족들은 뭐라고 하든 간에 자신은 할아버지 편"이라고 말하며 하객들을 소개해주려 하지만, 아내 메리와 딸 아이리스는 그를 보자마자 표정이 굳어진다. 아이리스는 심지어 "저 작자와는 한순간도 같이 있지 않겠다"라고 말하며 자리를 떠난다. 메리도 "당신이 언제 가족 노릇을 제대로 한 적이 있냐"라고 비난을 퍼붓는다.

얼은 지니에게 작별을 고하고 약혼식장을 떠나려 한다. 그때 그 모습을 유심히 지켜보던 하객 중 한 명이 그에게 접근한다. 차에 가득 붙은 주의 스티커를 본 그 하객은 지난 수십 년간 운전하면서 단 한 번도 딱지를 떼인 적이 없다는 얼의 말을 듣고 그에게 운전만 하면 쉽게 돈을 벌 수 있다는 일자리를 제안한다. 돈이 궁한 얼은 그의 제안을 받아들여 장거리 운전을 시작한다.

얼은 운전으로 번 돈으로 지니의 결혼식 비용도 치르고, 압류당한 집도 되

얼은 마약 운반을 하다가 지니로부터 메리가 위독하다는 전화를 받는다. 약속된 시각에 마약 운송을 못 하면 죽을 수도 있지만, 위험을 무릅쓰고 가족에게 돌아간다. 그는 메리와 화해를 하고 그녀의 임종을 지킨다. 딸 아이리스로부터는 추수감사절에 오라는 초대를 받는다. 마침내 그는 오랜 시간 끝에 가족과 화해를 한다.

찾고, 화재로 타 버린 참전용사회 건물을 재건하는 일에도 도움을 준다. 처음에는 자신이 무슨 일을 하는지 몰랐지만, 나중에는 자신이 국경을 넘나드는 '마약 운반책'(mule)이라는 사실을 알게 된다. 마약수사국 요원들에 의해 요주의 인물로 추적당하고 있다는 사실 또한 알게 된다. 그런데도 그는 '가족을 위해' 마약 운반을 계속한다. 그는 자신을 쫓는 마약단속국 요원 콜린(브래들리 쿠퍼 분)에게 "가족에 소홀했던 자신을 닮지 말라"고 따뜻한 조언을 건넨다.

얼은 마약 운반을 하다가 지니로부터 메리가 위독하다는 전화를 받는다. 약속된 시각에 마약 운송을 못 하면 죽을 수도 있지만, 위험을 무릅쓰고 가족에게 돌아간다. 그는 메리와 화해를 하고 그녀의 임종을 지킨다. 딸 아이리스로부터는 추수감사절에 오라는 초대를 받는다. 마침내 그는 오랜 시간 끝에 가족과 화해를 한다.

결국 그는 마약 운송을 하다가 콜린에게 붙잡힌다. 재판에서 얼의 변호사는 마약 카르텔이 '선량한' 노령의 참전용사를 속인 거라고 변호하지만, 얼은 자신의 죄를 모두 인정한다. 그는 교도소에 수감되고 그 안에서 자신의 특기인 원예를 살려 꽃을 가꾸는 장면으로 영화는 끝난다.

얼은 교도소에 수감되었지만 아내의 임종을 지켰고 가족과 화해를 했기에 최소한 마음의 짐은 덜었다. 그가 가족과 화해 할 수 있었던 이유는 아주 간단하다. 가족들에게 진심으로 '미안하다'는 말을 건넸고, 그에게 서운함을 갖고 있던 가족들도 그의 진심을 받아들여 그를 용서했기 때문이다. 특히 자신의 잘못을 인정하고 재판장을 나서는 그의 뒷모습을 보면서 아이리스는 마음속으로 그에게 '죄송합니다'라는 말을 건넨다.

4.

앞에서 말한 것처럼 '미안하다'와 '죄송합니다'는 선후의 문제가 아니다. 즉 누가 먼저 해야 하고 누가 나중에 하는 게 아니라 누가 먼저 하면 되는 '아주 간단한' 문제다. 「총」의 마지막 장면이 다시 생각난다. 소설의 마지막 장면이 영화 〈라스트 미션〉의 마지막 장면이라면 얼마나 좋을까. 만일 할 수만 있다면 그렇게 고쳐 쓰고 싶다. 이렇게 말하고 보니 영화 〈걸어도 걸어도〉(2008)가 생각난다. 끝으로 예전에 썼던 글 한 조각을 옮기며 두서없는 이 글을 마무리 지으려 한다.

"어렸을 때는 부모님이 세상에서 가장 훌륭한 분들이고 가족이 가장 중요한 가치라고 믿지만, 커가면서 새로운 세상을 만날수록 '가족'이 차지하는 세계가 줄어들고 가족 간의 틈은 '이해'라는 단어만으로 쉽게 매워지지 않기 시작한다. 가족이기에 누구보다 믿을 수 있고 마음속 깊은 이야기들을 나눌 수 있을 것 같지만, 점점 시간이 흐를수록 가족이기 때문에 진짜 속마음을 털어놓지 못한다. 너무나 가까이 있기 때문에 서로에게 더 다가가지 못한다. 아니 다가가지 않으려 한다. 영화의 영어 제목처럼, 마음이 닿을 때까지 '계속 걸어가야'(still walking) 할 대상, 그게 바로 가족이다."

체코를 바라보는 두 개의 시선, 스토파드와 쿤데라

1.

해럴드 핀터, 케릴 처칠과 함께 현대 영국 희곡을 대표하는 극작가인 톰 스토파드는 연극뿐만 아니라 영화, TV 드라마 등 여러 방면에서 탁월한 역량을 발휘하고 있다. 즉 그는 『로젠크란츠와 길덴스턴은 죽었다』(1966), 『곡예사들』(1972), 『희작』(1974), 『진짜』(1982)를 비롯한 극작품으로 주요 연극상을 수상했고, 영화 〈셰익스피어 인 러브〉(1998)의 시나리오를 써서 아카데미영화상 각본상과 베를린 영화제에서 은곰상을 수상했다. 그보다 앞서 1990년에는 자신의 동명 희곡을 직접 각색하고 연출한 영화 〈로젠크란츠와 길덴스턴은 죽었다〉(1990)로 베니스 영화제에서 황금사자상을 수상했다.

다시 말하지만 스토파드는 현대 영국 연극을 대표하는 극작가다. 또한 그는 뛰어난 연극 평론가이자 영화 평론가이기도 하다. 원래 그는 연극 평론가로 연극 경력을 시작했다. 그런데 그의 프로필을 보면 알 수 있듯이, 그는 '체코 출신의 영국 극작가'로 소개된다. 그는 체코에서 태어났지만, 어머니가 제2차 세계대전 중 영국 장교와 결혼하면서 자연스럽게 영국인이 되었다. 스토파드는 법적으로는 영국인이지만 그의 몸에는 체코인의 피가 흐른다.

스토파드는 극작 초기에는 사무엘 베케트의 부조리극 전통을 계승하면서도 그에 머물지 않고 셰익스피어를 비롯한 고전 극작가의 작품을 패러디하면서 '사상희극'(Comedy of Ideas)이라는 자신만의 독창적인 극작 세계를 창조했다. 그의 극작 세계를 두고 한편에서는 "연극성을 능란하게 이용한다"는 찬사가 따랐지만, 다른 한편에서는 "정치의식이 결여되었고 소극적(farcial) 기교가 철학적 진술을 방해한다"고 비판했다. 그런 비판 때문인지 스토파드는 자신의 극작 세계를 사상희극에서 정치극으로 확장해 간다. 그러면서 자신은 원래부터 정치에 관심을 갖고 있었다고 밝힌다. 그리고 그의 몸에 흐르는 체코인의 피 때문인지 그는 체코의 정치적 상황을 자신의 정치극의 주요 소재로 삼는다.

스토파드가 본격적으로 정치극을 쓰기 시작한 시기는 『모든 착한 아이는 칭찬을 받을 만하다』(1977)와 『의도적인 반칙』(1977)을 쓴 1970년대 후반이다. 『도그의 햄릿, 캐홋의 맥베스』(1979)를 거치면서 그는 체코의 정치적인 상황에 대한 비판의 수위를 더욱 높인다. 『모든 착한 아이는 칭찬을 받을 만하다』는 특이하게도 연극 공연과 오케스트라 연주라는 협연으로 구성되었다. 작품의 두 주인공인 알렉산더와 이바노프는 각각 정치적인 이유와 정신병으로 수용되어 있다. 그들은 사회에서 요구하는 질서에 편입되지 못하거나 편입되기를 거부하는 인물들이다. 사실 이 작품에서 펼쳐지는 오케스트라 연주는 실제 연주가 아니라 극중 정신병자 이바노프가 머릿속에서 상상하는 가상의 연주다.

알렉산더와 이바노프는 각각 반체제 인사와 정신병자로 당시 획일적인 가치가 지배하는 체코 사회에서 위험인물로 간주된다. 반면 질서에 순응하기를 요구하며 경직된 가치를 주장하는 사회에 현명하게 대처하는 인물은 알렉산더의 어린 아들 샤샤다. 그는 나이는 어리지만 조율된 사회에서 불협화음을 내지 않고 살아가는 방법을 이미 체득하고 있다. 그렇기 때문에 그는 불협화음을 일으키며 세상에서 배제된 상태로 살아가는 아버지를 설득한다. 하지만 알렉산더는 자신의 도덕적·정치적 양심을 끝까지 지킨다. 그가 견지하는 양심은 사회가 그에게 요구하는 가치보다 더 고상하다. 그렇다고 그가 자신의 도덕적·정치적 행위에 확고한 신념을 갖고 있는 것은 아니다. 그는 단지 자신의 도덕적 판단에 따라 자신이 하고 싶은 행동을 하겠다는 용기를 가졌을 뿐이다. 요컨대 알렉산더는 자신의 도덕적·정치적 신념이 다른 어떤 가치보다도 우선하기 때문에, 비록 사회가 요구하는 기준에서 볼 때는 불협화음을 일으킬지언정 쉽게 타협하지 않고 자신의 신념을 끝까지 견지하는 것이다.

2.
스토파드의 『모든 착한 아이는 칭찬을 받을 만하다』에서 자신이 옳다고 믿는 신념을 견지하고 이를 지키기 위해 분투하는 알렉산더는 그의 또 다른 희곡 『록 앤드 롤』(2006)의 얀으로 이어진다. 『록 앤드 롤』은 1968년 '프라하의 봄'부터 1989년 '벨벳혁명'까지 약 20년의 세월을 주인공 얀의 인생을 통해 돌아본다. 이 작품은 체코 민주화 운동의 주변부에 있던 한 남자가 자신의 자유를 억압당하고 부당한 정부의 탄압을 목격한 후 민주화 운동의 중심부로 뛰어드는 과정을 담아내고 있다.

『록 앤드 롤』에서 주인공 얀은 체코에서 태어나 영국 케임브리지 대학교에서 공부한 엘리트 청년이다. 자유롭고 열정적인 그는 거침없는 노래가사와 반항 정신으로 가득 찬 '록 앤드 롤'에 심취해 있다. 체코에 공산주의 정권이 들어설 무렵 얀은 영국에서 공부를 끝내고 귀국한다. 그는 귀국하는 과정에서 록 앤드 롤을 좋아한다는 이유로 심문을 받았고 갖고 있던 레코드판을 압수당한다. 사실 그는 정치적인 문제에 큰 관심이 없다. 그렇기 때문에 친구이자 반체제인사인 페르디난드가 요청한 정부 대항 운동 서명에도 시큰둥하다. 그의 유일한 관심사는 압수당한 레코드판을 돌려받을 수 있는지 여부다. 하지만 얀도 체코에 부는 새로운 변화의 바람을 피할 수는 없었다. 그저 록 앤드 롤일 뿐인 음악을 정부가 탄압하고 그들의 신봉자들을 감시하기 시작하면서 얀

『록 앤드 롤』은 1968년 '프라하의 봄'부터 1989년 '벨벳혁명'까지 약 20년의 세월을 주인공 얀의 인생을 통해 돌아본다. 이 작품은 체코 민주화 운동의 주변부에 있던 한 남자가 자신의 자유를 억압당하고 부당한 정부의 탄압을 목격한 후 민주화 운동의 중심부로 뛰어드는 과정을 담아내고 있다. 사진은 연극 〈록앤롤〉의 한 장면.

의 삶은 예상치 못한 방향으로 흘러간다. 그는 자신의 스승 막스, 그리고 엘레나와 토론하고 논쟁하면서 인간의 본성에 대해 깨닫기 시작한다. 얀을 포함해 『록 앤드 롤』에 나오는 등장인물들은 대체로 당대의 모순적이고 비합리적인 현실을 거스르는 반항아들이다. 그들은 지나온 과거를 다시 살피고, 현재 직면한 문제를 직시하고, 미래를 바꾸기 위해 노력한다. 결과에 상관없이 말이다.

스토파드는 정치극에서 에드워드 본드, 데이비드 헤어 등 동시대의 좌파 극작가들처럼 정치적인 쟁점만을 강조하지 않는다. 그는 도덕적인 신념을 바탕으로 전체적인 틀을 잡고, 그 위에 정치적인 문제를 올려놓는다. 다르게 말하면 그는 도덕극과 정치극이라는 두 축을 맞물리게 함으로써 정치극이 노정하는 특수성을 한계를 극복하고 보편성을 획득한다.

체코의 수도 프라하의 바츨라프 광장 근처 거리를 걷다 보면 꽃이 수북이

쌓인 곳을 발견할 수 있다고 한다. 그곳은 다름 아닌 1969년 프라하의 봄이 결국 실패로 끝나자 얀 팔라흐가 분신한 곳이다. 공교롭게도 그의 이름이 『록앤드 롤』의 얀과 똑 같다. 1968년 미국이 베트남 전쟁으로 곤욕을 치르고 있을 당시 서유럽에서는 자유주의 신좌파 학생운동이 활발하게 전개되었다. 정치적으로는 1950년대 이후 계속된 소련 내 스탈린 체제에 대한 비판 속에 공산주의 블록 내부에서도 새로운 분위기가 형성되었다. 체코에서는 오랜 민주화 운동 끝에 시민들의 지지를 받고 온건한 정치인 알렉산드르 둡체크가 서기장에 올랐다. 또 공교롭게도 그의 이름이 『모든 착한 아이는 칭찬을 받을 만하다』에서 도덕적·정치적 신념을 끝까지 굽히지 않은 알렉산더와 이름이 같다. 둡체크가 내세운 정책은 한마디로 "인간의 얼굴을 한 사회주의"다. 『록 앤드 롤』에서 막스에게 "서로 의견이 다르고 생각이 다른 게 바로 인간입니다"라고 역설한 얀의 대사와 공명한다. 두브체크는 시민들에게 언론, 출판, 집회의 자유를 보장하고, 해외여행과 이주의 자유를 보장하고, 경제개혁을 추진하고, 정치에 대한 비판을 보장했다.

하지만 너무 기대가 컸기 때문인지, 아니면 시기적으로 너무 일렀기 때문인지, '프라하의 봄'은 결국 실패로 끝나고 만다. 소련이 주도하는 바르샤바조약기구 군대가 탱크를 몰고 프라하를 덮친다. 시민들은 도시 한복판을 메운 소련의 탱크에 맨 몸으로 저항했지만 탱크를 움직일 수 없었다. 둡체크는 결국 강제 해임되고 슬로바키아의 한 삼림 공무원으로 은둔생활을 하게 된다. 프라하의 봄 이후 체코의 수많은 지식인과 관료들은 유배형에 처해지거나, 아니면 두브체크처럼 허드렛일을 하며 은둔 생활을 해야만 했다. 어떤 이들은 소련의 점령과 탄압을 피해 어쩔 수 없이 망명길에 올랐다.

3.

『참을 수 없는 존재의 가벼움』(1984)의 작가 밀란 쿤데라는 그 중 한 명이다.

그는 스토파드와 달리 프라하의 봄을 몸으로 직접 겪었다. 그래서인지 소설에는 프라하의 봄을 직접 겪은 체코 지식인들의 고뇌와 갈등이 잘 드러나 있다. 예컨대 테레자는 체코 사태 당시 카메라를 들고 거리고 나가 사진을 찍고, 프라하의 봄이 결국 실패로 끝나자 토마시는 동료의 권유로 테레자와 함께 스위스 취리히로 망명을 떠난다.

『참을 수 없는 존재의 가벼움』은 삶의 무게와 획일성에서 벗어나 자유로움을 추구하는 외과 의사 토마시, 진지한 삶의 자세로 운명적인 사랑을 믿는 테레자, 자신을 둘러싼 정치적·사회적 속박으로부터 철저히 자유롭기를 원하는 화가 사비나, 그리고 사비나를 연모하는 대학교수 프란츠 등 네 명의 남녀를 통해 펼쳐지는 서로 다른 색깔의 사랑 이야기가 메인 플롯이다.

형식적인 측면에서 보았을 때『참을 수 없는 존재의 가벼움』은 시간적 순서에 따라 사건이 전개되지 않는다. 그렇다고 역순으로 전개되는 것도 아니다. 한마디로 뒤죽박죽인 시간의 흐름을 따른다. 총 7부로 구성되어 있는데, 제1부와 제5부, 제2부와 제4부의 소제목이 각각 「가벼움과 무거움」과 「영혼과 육체」로 같고, 내용은 각각 토마시의 이야기와 테레자의 이야기를 다룬다. 제3부 「이해받지 못한 말들」은 사비나와 프란츠의 이야기를 다루고 있다. 제6부 「대장정」은 사비나와 프란츠의 결말, 제7부 「카레닌의 미소」는 토마시와 테레자의 결말을 다루고 있다.

토마시가 '가벼움'을 지향하는 반면, 테레자는 '무거움'을 갈망한다. 그렇기 때문에 토마시는 끊임없이 에로틱한 육체적 우정을 탐닉하고, 테레자는 영혼의 사랑이 수반되는 육체적 사랑을 갈망한다. 결국 둘의 사랑은 갈등을 계속한다. 사비나는 토마시와 마찬가지로 가벼움을 지향한다. 그녀는 체코가 소련에 점령당하자 미련 없이 스위스와 프랑스를 거쳐 미국으로 떠난다. 사랑에 있어서 그녀는 순결 혹은 정조보다는 불륜과 배신에 익숙하다. 그녀는 토마시와 더 잘 맞았지만 지고지순한 스타일의 프란츠의 구애를 받아들이고 또 그로부터 도망친다. 프란츠는 무거움을 지향한다. 그는 부유한 가문 출신으로 좋은 교육을 받은 전도유망한 과학자이고 아내와 딸이 있다. 그에게는 안정된 삶이 보장되어 있다. 하지만 그는 체코, 혁명, 망명 등 무거움의 매력에 빠진다. 그는 모든 것을 버리고 사비나에게 '올인'한다. 심지어 그는 그녀에게 버림을 받은 뒤 새로운 여학생과 사랑에 빠진 후에도 그녀를 잊지 못한다.

키치는 『참을 수 없는 존재의 가벼움』의 주요 개념 중 하나로서 '무거움'을 상징한다. 키치는 '얼핏 보았을 때 고고하고 거창해 보이지만 실제로는 너무나 저렴하고, 쉽게 복제할 수 있고, 폭넓게 공유될 수 있는 대중적인 양식이나 사상'을 일컫는다. 그렇기 때문에 누군가의 말처럼 "우리가 아무리 키치를 경멸해도 키치는 인간 조건의 한 부분이다." 사비나는 그토록 키치를 버리려 했다. 하지만 그럼에도 불구하고 모든 존재가 소멸한 뒤 남는 것은 역시나 키치다. 즉 존재가 사라진 후 남는 것은 오로지 진실과는 전혀 상관없는, 다시 말하면 결코 진실하지 않은 키치일 뿐이다. 그렇다면 프란츠가 사비나를 진정으로 사랑했다기보다는 그녀의 삶을 '키치'로 받아들이고 그녀의 세계를 동경했다고 말할 수 있다.

인간은 존재의 가벼움을 참지 못하기 때문에 가상의 무거움을 만든다. 하지만 그렇게 만든 무거움은 다시 존재를 짓누르고, 그 무거움에서 벗어나기 위해 인간은 또 다른 가벼움을 추구한다. 인간의 삶은 한마디로 이 과정의 순환 반복이다. 즉 인간의 삶, 다시 말하면 존재는 언제나 '참을 수 없는 가벼움'(unbearable lightness)으로 귀결된다.[24]

---

24) 이 소설의 영어 제목은 'The Unbearable Lightness of Being'이다. 우리말로 번역하면 '존재의 참을 수 없는 가벼움'이다. 하지만 번역 과정에서 '참을 수 없는 존재의 가벼움'이 되었다. 엄밀히 말해서 이 소설에서 등장인물들은 '참을 수 없는 존재의 가벼움'을 견디지 못하는 것이 아니라 '존재의 참을 수 없는 가벼움'을 견디지 못하는 것이다. 즉 그들이 참을 수 없는 것은 '존재'가 아니라 '가벼움'이다.

4.

'복잡하고 무거운 소설'인 『참을 수 없는 존재의 가벼움』은 영화 〈프라하의 봄〉(1988)으로 '단순하고 가볍게' 탈바꿈한다. 감독 필립 카우프만은 영화로 만들기도 어렵고, 만들었다 하더라도 실효성을 거둘 수 있는지 의구심이 드는, 『참을 수 없는 존재의 가벼움』을 〈프라하의 봄〉으로 영화화했다. 그는 〈프라하의 봄〉 뿐만 아니라 〈북회귀선〉(1995), 〈퀼스〉(2000), 〈헤밍웨이 & 겔혼〉(2012)을 통해 할리우드 시스템에서 벗어나 자신만의 독특한 영화 세계를 개척했다. 특히 '성'(sexuality)과 '인간의 욕망'을 다채롭게 변주한다.

전술했듯이 소설 『참을 수 없는 존재의 가벼움』은 복잡한 구조를 취하고 있다. 반면 영화 〈프라하의 봄〉의 구조는 비교적 단순하다. 내용 면에서도 영화는 소설의 무겁고 진지한 주제를 철학적으로 다루기보다는 남녀 간의 사랑으로 단순화시킨다. 그런데도 영화는 원작 소설에서 크게 벗어나지 않는다. 원작 소설을 읽고 영화를 본 관객이라면 "영화 〈프라하의 봄〉은 쿤데라의 소설을 영화화하며 이보다 더 잘할 수는 없을 정도로 잘 만들었다"는 영화 리뷰를 반박하기 어렵다.

영화 〈프라하의 봄〉의 줄거리는 이렇다. 잘 나가는 외과 의사 토마스(다니엘 데이-루이스 분)는 섹스 중독자다. 그는 '우연히' 한 시골마을을 방문하고, 그곳에서 '우연히' 지고지순한 테레사(줄리엣 비노쉬 분)를 만난다.[25] 하룻밤의 인연으로 테레사와 토마스는 연인이 되어 함께 산다. 테레사는 토마스의 섹스가 사랑과는 별개인 줄 알면서도 그를 떠나지 못하고 혼자 괴로워한다. 그러던 중 소련군은 체코를 침공하고 테레사는 소련군에 저항하는 체코인들의 모습

---

25) 소설 『참을 수 없는 존재의 가벼움』에서는 남녀 주인공의 이름이 각각 토마시와 테레자로 명명되고, 영화 〈프라하의 봄〉에서는 각각 토마스와 테레사로 명명된다. 이 글에서도 그 표기 방식을 따른다.

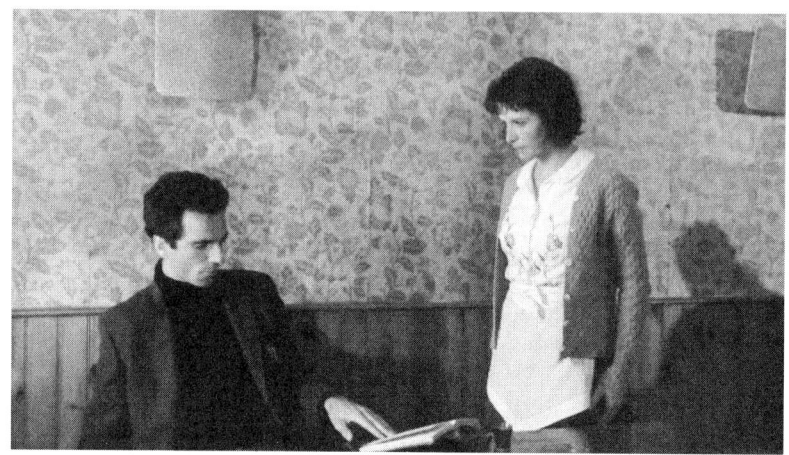

소설 『참을 수 없는 존재의 가벼움』은 복잡한 구조를 취하고 있다. 반면 영화 〈프라하의 봄〉의 구조는 비교적 단순하다. 내용 면에서도 영화는 소설의 무겁고 진지한 주제를 철학적으로 다루기보다는 남녀 간의 사랑으로 단순화시킨다. 그런데도 영화는 원작 소설에서 크게 벗어나지 않는다.

을 사진으로 찍어 세계에 알린다. 두 사람은 가까스로 스위스로 탈출한다. 하지만 그곳에는 토마스의 옛 연인 또는 오래된 파트너 사비나(레나 올린 분)가 있다. 테레사는 토마스와 사비나의 관계에 괴로워하며 다시 체코로 돌아가고, 토마스 역시 테레사를 따라 한번 들어가면 다시는 빠져나올 수 없는 체코로 들어간다. 공산화된 체코에서 두 사람은 새로운 직업을 갖는다. 엄밀히 말하면 테레사는 예전에 하던 식당 종업원이 되고, 의사였던 토마스는 배관공이라는 새로운 직업을 갖게 된다. 하지만 토마스의 섹스 중독은 여전하다. 그는 배관 수리를 위해 가정집을 방문하고 그 집의 안주인과 섹스를 즐긴다. 테레사도 토마스처럼 외도해보려 하지만 뜻대로 되지 않고, 결국 자책하며 괴로워한다. 토마스는 도시 생활에 지친 테레사에게 시골에 가서 살자고 제안하고, 둘은 나름 행복한 시골 생활을 즐긴다. 어느 날 그들은 트럭 사고로 죽고 사비나는 그들의 사망 소식을 편지로 듣는다.

영화 〈프라하의 봄〉은 소설 『참을 수 없는 존재의 가벼움』에서 그랬던 것처럼 '무거움'과 '가벼움'이라는 철학적 주제를 전면적으로 드러내지 않지만, 소설만큼 주제를 잘 형상화하고 있다. 인간은 규율과 질서, 책임과 의무, 고정관념과 체면 등 '무거움'에서 벗어날 때 얼마나 한없이 가벼워질 수 있고 인생을 즐길 수 있는지 잘 알고 있다. 그런데도 인간은 한없이 가벼움을 추구하지 못한다. 왜냐하면 인생이 한없이 가벼워지면 한없이 불안하기 때문이다. 다시 무거움을 추구한다. 가벼움의 인간 토마스는 가벼움을 추구하면서도 무거움의 인간 테레사의 존재를 지우지 못한다. 무거움의 인간 테레사는 토마스와 사비나의 가벼움을 동경하고 그에 대한 열등감으로 괴로워하지만 그를 떠나지 못한다. 나중에는 자신이 토마스나 사비나처럼 결코 가벼워질 수는 없다는 것을 깨닫는다.

영화 〈프라하의 봄〉과 소설 『참을 수 없는 존재의 가벼움』에서 인간의 삶 또는 인간이라는 존재는 '가벼움과 무거움의 합주'로 정식화된다. 그런데 그 합주는 대체로 협화음(harmony)보다는 불협화음(disharmony)에 가깝다. 인간은 그런 불협화음을 참을 수 없으면서도 포기하거나 버리지 못한다. 바로 그게 인간이고 인간의 삶이다.

마무리하자. 스토파드가 '프라하의 봄'이 실패로 끝난 뒤의 체코의 정치적 상황에 초점에 맞추었다면, 쿤데라는 '프라하의 봄'이라는 정치적 사건을 겪은 사람들의 '인간의 존재와 인간의 삶에 대한 인식'에 보다 천착했다. 모든 일이 그렇겠지만 체코의 역사 '프라하의 봄'을 어느 하나의 시선으로 바라볼 때보다는 서로 다른 두 개의 시선으로 바라볼 때 더 잘 보이고 더 잘 알 수 있다. 체코의 정치적 상황을 '타자'의 입장에서 객관적으로 바라본 스토파드의 시선과 당사자의 입장에서 프라하의 봄의 실패와 좌절을 눈으로 본 쿤데라의 시선은 영화 〈프라하의 봄〉에서 묘하게 공명한다.

조르바, 영원한 **자유인**으로 남다

1.

 소설이나 영화 속 인물임에도 인상이 너무나 강렬해 간혹 실제 인물처럼 느껴지는 경우가 있다. 그들은 쉽게 잊히지 않는다. 개인적으로는 니코스 카잔차키스의 『그리스인 조르바』(1946)의 '조르바'가 그렇다. 동명의 영화에서 앤서니 퀸이 분한 조르바는 너무나 강렬해 소설을 읽을 때마다 영화 속 장면이 머릿속에서 떠나지 않는다. 특히 마지막 장면에서 해변에서 바실과 함께 춤을 추는 장면은 더 이상 설명이 필요 없을 정도다. 조르바는 낙천적인 인물의 전형이다. 누군가는 조르바를 "대책 없는 낙천주의자"라고 말했다. 그 말은 결코 조르바에 대한 비아냥이 아니다. 다시 말하지만 그 정도로 조르바는 소설 주인공이지만 실제 인물처럼 느껴진다.

 『그리스인 조르바』는 크게 '나'(바실)라는 주인공이 조르바를 만나는 이야기, '나'가 조르바와 크레타섬에서 겪는 여러 일들, 그리고 '나'가 조르바와 헤어진 이후의 이야기로 구성되어 있다. 소설을 원작으로 한 영화에서는 주로 '나'가 조르바와 함께 크레타섬에서 겪는 여러 사건들이 중심 서사다. '나'가 처음에는 조르바의 방종 또는 무질서를 못 견뎌 하지만, 조르바와 함께 지내면서 점점 그의 자유로운 기상을 이해하고, 마침내 그에게 동화된다는 점에서 보았을 때 소설과 영화는 크게 다르지 않다.[26]

먼저 소설 『그리스인 조르바』부터 살펴보자. 주인공 '나'는 한편으로는 친한 친구를 잊기 위해, 다른 한편으로는 아버지가 소유하고 있는 갈탄 광산 개발을 위해 크레타섬으로 들어가려 한다. 그는 크레타섬으로 향하는 배에 오르기 전 우연히 조르바를 만난다. 처음에 그는 조르바를 귀찮아하지만, 그가 광산에서 일한 경험이 있다는 것을 알고 난 뒤에는, 그를 광산에서 인부들을 관리하는 십장으로 삼기로 한다. 조르바와 함께 크레타섬에 도착해서 오르탕스 부인 집에서 첫날밤을 보내게 된다. 그는 모든 게 낯설고 부자연스럽다. 하지만 조르바는 그의 특유의 낙천적인 기질과 자유분방함으로 오르탕스 부인에게 호감을 사고 그녀와 함께 밤을 보낸다.

갈탄 광산에서 갈탄 채굴 작업을 시도하지만 갱도가 계속 무너지는 사고가 발생한다. 조르바가 작업을 위해 도르래가 꼭 필요하다고 말하자, 그는 조르바에게 돈을 주며 도르래를 만드는데 필요한 재료를 사오라고 칸디아로 보낸다. 하지만 조르바는 그 돈을 유흥에 탕진하고 한참 있다가 돌아온다. '나'는 화가 나서 오르탕스 부인에게 조르바가 그녀와 결혼하고 싶어 한다고 거짓말을 한다. 나중에 조르바는 이 사실에 곤혹스러워하지만 결국 오르탕스 부인과 약혼한다.

우여곡절 끝에 공사를 재개한다. 하지만 철탑 케이블 기공식 때 모든 것이 다 무너지고 수도사들과 마을 사람들은 놀라서 모두 도망친다. 설상가상으로 오르탕스 부인 또한 죽는다. 조르바와 '나'는 슬픔을 뒤로하고 처음으로 마음을 터놓고 이야기를 나눈다.

---

26) 소설 『그리스인 조르바』은 1인칭 소설로서 주인공은 '나' 또는 '바실'로 명명된다. 하지만 영화 〈그리스인 조르바〉는 대체로 3인칭 시점으로 주인공은 버질로 명명된다. 이 글에서 소설과 영화에서 주인공을 언급할 때는 각각 '나'와 버질로 표기한다. 참고로 조르바는 '나'를 두목이라고 부른다.

소설이나 영화 속 인물임에도 인상이 너무나 강렬해 간혹 실제 인물처럼 느껴지는 경우가 있다. 그들은 쉽게 잊혀 지지 않는다. 개인적으로는 니코스 카잔차키스의 『그리스인 조르바』의 '조르바'가 그렇다. 동명의 영화에서 앤서니 퀸이 분한 조르바는 너무나 강렬해 소설을 읽을 때마다 영화 속 장면이 머릿속에서 떠나지 않는다.

그 뒤 '나'와 조르바는 헤어져서 각자의 길을 나선다. 중간에 조르바와 몇 번 편지를 주고받다가 끊기고, 마지막에 누군가로부터 조르바가 죽었다는 편지를 받는다. 조르바는 신부의 종부성사를 완강히 거부하고 산투르를 '나'에게 유품으로 남긴다. 그는 삶이 끝나는 순간까지 종부성사를 거부하며 "자유를 원하는 자만이 진정한 인간"이라고 역설한다.

2.
영화 〈그리스인 조르바〉(1964)는 소설 『그리스인 조르바』와 거의 비슷하면서도 조금 다르다. 주인공 버질(앨런 베이츠 분)은 그리스계 영국인 혼혈 작가다. 그는 아테네 항구에서 크레타섬에 가는 배를 기다리다가 열정적인 일꾼이자 음악가인 알렉시스 조르바(앤서니 퀸 분)를 우연히 만난다. 먼저 말을 걸어온 조르바에게 그는 아버지의 갈탄 광산 개발 때문에 크레타섬에 간다고 말한다.

그 말을 들은 조르바는 광산 경험이 있다며 자신을 데려가 달라고 간청한다. 버질은 조르바에 대한 개인적인 호기심 또는 자포자기의 심정으로 조르바와 동행한다.

크레타섬에 도착한 조르바와 버질은 한 노부인이 운영하는 호텔 리츠에 머문다. 조르바는 버질에게 그녀와 춤을 출 것을 권하지만 그는 '체면' 때문에 머뭇거린다. 대신 조르바가 그녀와 춤을 추며 그녀에게 호감을 산다. 어느 날 버질과 조르바는 우연히 한 젊은 여인을 발견한다. 버질은 그녀를 마음에 두고 있고 그녀에게 우산을 건넨다. 남편을 잃은 그녀가 마을의 수많은 남성들로부터 희롱을 당하고 있다는 것을 알게 된 후에는 그녀를 안타까워한다. 그런데도 그는 그녀에게 더 이상 가까이 다가가지 못한다. 그의 마음을 알아챈 조르바는 그에게 그녀에게 고백하라고 권하지만 버질은 체면 또는 수줍음 때문에 망설인다.

갈탄 광산은 갱도가 자꾸 무너져 작업이 진척되지 않는다. 조르바는 우연히 넓은 땅을 소유하고 있는 수도원을 발견하고 버질에게 그 땅의 나무들을 이용할 것을 제안한다. 버질은 조르바의 생각에 동의해 그에게 돈을 주고 케이블과 기타 부속품을 사오라고 니아로 보낸다. 하지만 조르바는 니아에서 버질이 준 돈을 탕진하며 카바레에서 만난 젊은 댄서와 눈이 맞는다. 버질은 분노해 호텔 마담에게 조르바가 그녀에게 곧 청혼할 것이라고 거짓말을 한다. 조르바는 돌아와서 처음에는 화를 내지만 늘 그렇듯이 낙천적인 태도로 웃어넘긴다.

조르바의 영향 덕분인지 버질도 용기를 내서 자신이 마음에 두고 있던 여성에게 조금씩 다가간다. 하지만 그와 그녀를 둘러싼 소문이 마을에 퍼지고 그녀를 짝사랑하던 동네 청년이 자살하면서 둘의 관계는 더 이상 발전하지 못한다. 그녀는 장례식에 참석하려 하지만 마을 사람들의 방해로 참석하지 못한다. 그녀는 안뜰에 갇혀 마을 사람들에게 돌팔매질을 당한다. 버질은 선뜻

나서지 못하고 조르바에게 도움을 청한다. 조르바는 자살한 청년의 친구가 칼을 들고 그녀를 죽이려 하자 그를 저지한다. 하지만 그때 자살한 청년의 아버지가 칼로 그녀를 찌른다. 버질은 자신의 비겁함과 무능력을 한탄하고 조르바는 그에게 죽음의 공허함에 대해 읊조린다.

조르바는 버질이 홧김에 한 말 때문이지만 그래도 좋은 마음으로 호텔 마담과 결혼한다. 하지만 그녀는 폐렴에 걸려 죽음을 앞두고 있다. 버질과 조르바는 그녀를 정성껏 간호한다. 마을 사람들도 그녀의 집에 찾아온다. 그러나 그들의 방문 목적은 따로 있다. 그들은 그녀를 문병하기 위해서가 아니라 그녀가 갖고 있는 물건이 탐이 나서 그녀의 집을 방문한 것이다. 마침내 그녀가 죽자 그들은 소리를 지르며 그녀의 물건들을 훔쳐가기 시작한다. 심지어 그들은 그녀의 방에까지 들어온다. 텅 빈 방에서 조르바는 홀로 한숨을 내쉰다.

조르바의 계획대로 갈탄 광산 공사가 마무리되어 마을은 축제 분위기다. 수도사들의 축복에 이어 조르바는 공기총을 쏘면서 시작을 알렸다. 계획대로다면 통나무는 케이블을 타고 해변까지 내려와야 한다. 하지만 통나무는 빠른 속도로 케이블을 타고 내려오다가 박살이 난다. 조르바는 당황하지 않고 두 번째로 공기총을 쏘았고 다음 통나무가 내려왔다. 하지만 통나무는 엄청난 속도로 바다로 향한다. 조르바는 다시 공기총을 쏘고 통나무는 또다시 무서운 속도로 내려와 무대를 강타한다. 수도사들과 마을 사람들은 겁에 질려 허둥대며 모두 도망친다. 버질은 모든 것을 잃었지만 뜻밖의 해방감을 느낀다.

모든 사람들이 떠난 텅 빈 해변에서 버질과 조르바는 해변에서 구운 양고기를 먹는다. 버질이 계획을 묻자 조르바는 큰 도시를 여행할 계획이라고 말한다. 그는 버질에게 함께 떠나자고 말한다. 하지만 버질은 그의 제안을 정중히 거절하고 조르바는 못내 아쉬워한다. 버질은 조르바에게 춤을 가르쳐달라고 요청하고 조르바는 반색하며 그에게 춤을 가르쳐준다. 둘은 크게 웃으며 해변에서 그 유명한 미키스 테오도라키스의 '정열'적인 선율에 맞추어 '열정'

적으로 춤을 추면서 영화는 끝이 난다.

3.
　소설과 영화 속 조르바는 인간의 영혼을 묶고 있는 족쇄를 잘라낼 수 있는 '용기' 또는 '광기'의 힘을 보여주는 인물이다. 소설의 '나'가 말하듯이 "그[조르바]는 살아 있는 가슴과 커다랗고 푸짐한 언어를 쏟아내는 입과 위대한 야성의 영혼을 가진 사나이, 아직 모태인 대지에서 탯줄이 떨어지지 않은 사나이였다." 그는 광기의 춤을 추면서 자기 자신을 믿고 자신만의 삶을 산다. 그는 세상의 질서가 아닌 자신만의 감각으로 자기 세상을 일구고 사회 제도의 구속에서 벗어날 수 있는 자존감을 지니고 있다.
　사실 인간이 소위 '중력의 악령'에 시달리는 이유는 불확실성을 두려워하고 행운을 기대하며 삶에 집착하기 때문이다. 조르바는 춤을 통해 격정 체계 전체를 자극하고 고조시킨다. 또한 증오를 사랑으로, 슬픔을 생의 찬가로 바꾼다. 조르바에게 춤은 감정의 찌꺼기를 날려버리고, 중력의 악령에게 먹이를 제공하지 않는 방법이다. 음악은 피상적인 재미를 위한 유희가 아니라 열정이며 도취다. 육욕은 죄가 아니라 열정이다. 그렇기 때문에 조르바는 도덕, 윤리, 종교 등을 거부하고 실제 삶에 보다 충실해야 한다고 역설한다. 심지어 신에게 "더 이상 당신은 필요 없어요!"라고 불경스럽게 외친다.
　반면 '나'/버질은 조르바와 정반대다. 그는 자신을 이렇게 설명한다. "나 혼자만 발기 불능의 이성을 갖춘 인간이었다. 내 피는 끓어오르지도, 정열적으로 사랑하지도, 미워하지도 못했다." 하지만 그는 조르바를 만나면서 변화를 겪는다. 그는 모든 것을 잃고 절망의 나락에 떨어진 순간 조르바와 함께 술을 마시고 춤을 추면서 그가 평생 찾아다녔어도 찾을 수 없었던 정신의 자유와 해방감을 느낀다. 이는 소유에 대한 집착을 버리고 무소유의 삶을 설파한 붓다의 가르침이기도 하다. 버질의 정신적 자유와 해방감은 전적으로 조르바에게서 비롯한다.

다시 말하면 버질은 조르바를 만나서 프리드리히 니체가 일찍이 『비극의 탄생』(1872)에서 말했듯이 '아폴론적 인간'에서 '디오니소스적 인간'으로 변모했다. 조르바와 버질은 각각 디오니소스적 인간형과 아폴론적 인간형을 대표한다. 주지하듯 아폴론적 인간형에서 핵심은 "합리"와 "질서"이다. 아폴론적 인간은 합리적으로 사고하고, 논리적으로 문제를 해결하고, 질서 있는 생활을 강조한다. 반면 디오니소스적 인간에게는 "비합리"와 "무질서"가 핵심이다. 그는 무언가에 도취되어 의도치 않게 그 일을 해낸다. 그렇기 때문에 "조르바는 모든 사물을 매일 처음 보는 듯이 대하는 것이다." 그 바탕에는 이성보다는 직관이 자리한다. 요컨대 아폴론적 인간형인 버질은 조르바를 통해 디오니소스적 인간형으로 탈바꿈했다.

그렇다면 디오니소스적 인간형의 핵심은 무엇인가? 바로 "능동적이고 주체적인 삶"이다. 능동적이고 주체적인 삶은 영화 〈죽은 시인의 사회〉에서 키팅 선생이 학생들에게 하는 말들, 즉 "너희들의 삶을 특별하게 만들어라"(make your life extraordinary), "이 순간을 즐겨라"(seize the day)와도 일맥상통한다. 영화 속에서 키팅 선생은 학생들에게 "인생은 너무나 즐겁고 행복하기 때문에 지금 이 순간에 충실해야 하고, 또한 능동적이고 주체적으로 살아야 한다"라고 역설한다. 거의 그렇게 될 뻔했지만, 영화 속에서 학생들 대부분은 실패했다. 하지만 조르바는 실제로 그렇게 살고 있고, 버질에게 그렇게 살라고 말한다. 버질은 처음에는 망설였지만 점점 그에게 동화되어 간다. 조르바를 보면서 그런 삶을 동경하고 꿈꾼다.

조르바의 삶의 태도는 『그리스인 조르바』의 작가 카잔차키스의 삶의 태도와도 조응한다. 카잔차키스의 삶을 한마디로 요약하면 '자유와 행복에 대한 끊임없는 갈망의 연속'이다. 예수 그리스도와 함께 그에게 가장 큰 영향을 끼친 사상가는 다름 아닌 니체다. 니체와 예수 그리스도는 그에게 영혼을 가진

많은 사람들이 조르바의 삶에 관심과 흥미를 느끼는 까닭은 그가 욕망에서 벗어나 욕구에 충실하기 때문이다. 그런 조르바'의 삶은 욕망의 굴레를 완전하게 극복한 초인의 그것으로 규정될 수 있다. 자유분방하고 낙천주의적인 조르바는 의도치 않았지만 동서양의 철학 또는 사상을 초월하고 초극하며 니체의 초인사상을 몸소 실천한 인물이라고 할 수 있다.

존재다. 십자가에 못 박힌 예수의 위대함은 자신의 운명을 회피하지 않고 자신의 고통을 자발적으로 받아들였다는 데 있다. 니체 역시 결코 자신의 비극적인 삶을 외면하지도 부정하지도 않았다. 질병으로 점철된 니체의 그 절망적인 삶은 그의 사상의 정수이자 본령이다. 카잔차키스에 따르면, "그[니체]의 사상은 (…) 가장 절망적인 순간에 의기양양하게 울려 퍼지는 찬가 같은 디오니소스의 춤이었다." 그는 니체를 통해 "종교와 도덕과 위대한 사상은 비겁한 자나 백치들에게나 어울리는 무가치한 위안"이라는 사실을 깨닫는다.

"삶을 사랑하고 죽음을 두려워하지 말라"는 조르바의 가르침은 곧 신의 죽음을 선언하고 초인을 통해 대지, 육체, 삶에 대한 사랑을 주장한 니체의 사상과 맞닿아 있다. 니체는 20세기 유럽 문학에 지대한 영향을 끼친 철학자 중의 한 명이다. 그의 사상은 카잔차키스 외에도 토마스 만, 알베르 카뮈, 밀란 쿤데라 등을 비롯한 수많은 작가들에게서 찾을 수 있다. 니체의 사상을 논할 때

빼놓을 수 없는 키워드는 다름 아닌 '초인'(Ubermensch)이다. 그런데 니체의 '초인'이란 단순히 '능력이 뛰어난 사람'만을 의미하지 않는다. 그보다는 '자기를 초극하고자 하는 사람, 인간 속에 남아있는 짐승을 초극하고 짐승과는 다른 보다 높은 존재를 창조하고자 투쟁하는 사람'을 일컫는다. 니체에게 삶의 의미는 적당히 향락하면서 연명하는데 존재하는 것이 아니라 자신을 고양하고 강화하는 데에 있다. 그가 생각하기에 "영혼과 육체는 분리된 것이 아니"고 "신, 즉 초감각적인 이데아의 세계 같은 것은 존재하지 않는다." 삶의 목적은 달성이 아니라 '오름' 그 자체이며, 그것이 삶에 숭고함과 단일성을 부여한다. 촛불이 꺼지는 순간까지 지상에서 주어진 삶을 열정적으로 사는 것이야말로 진정한 삶이라는 조르바의 인생관은 '대지(육체)에 충실하라'는 초인사상과 일맥상통한다. 게다가 삶을 "미래에 대한 무관심과 주어진 모든 것을 남김없이 소진하겠다는 열정 이외의 아무것도" 아닌 것으로 정의한 카뮈의 실존철학 또는 부조리철학과도 맥을 같이 한다. 조르바의 인생관, 니체의 초인사상, 그리고 카뮈의 부조리적 인간관이 예거하듯 인간은 본질은 자유에 있다. 그리고 이 자유는 "이성이나 지식의 문제가 아니라 의지와 결단의 문제"이다.

조르바의 인생관은 여기에서 그치지 않는다. 불교와 플라톤 철학까지도 넘어선다. 불교에서는 일체의 현상은 모두 부질없는 것이다. 욕망은 곧 고통이기에 모든 욕망에서 벗어나야 비로소 해탈의 경지에 이를 수 있다. 그러나 육체적 욕망에 충실하고 소중히 하라는 조르바의 가르침은 현세의 삶을 덧없는 것으로 간주하는 불교의 가르침을 넘어선다. 게다가 조르바는 이데아로 상징되는 영원한 진리만이 실재고 이 지상의 것, 즉 생성하고 소멸하는 일체를 경멸했던 플라톤적인 사유도 초월한다. 요컨대 자유분방하고 낙천주의적인 조르바는 의도치 않았지만 동서양의 철학 또는 사상을 초월하고 초극하며 니체의 초인사상을 몸소 실천한 인물이라고 할 수 있다.

4.

대부분의 인간은 불쌍하고 불행한 시시포스와 같이 똑같은 일상의 쳇바퀴에서 헤어나지 못한다. 무엇이 중요한지도 모르고 삶의 굴레를 벗어나지도 못하고 일상을 마감한다. 작가 카잔차키스는 인간이 이러한 보편적인 삶에 회의를 느끼고 이렇게 일생을 어떠한 틀에 가둔 채 사육되는 삶을 사는 것이 과연 옳은가, 라는 질문을 끊임없이 제기한다. 그는 조르바를 통해 인간의 삶은 근본적으로 행복을 추구해야 마땅하다고 역설한다. 바로 그런 조르바는 '나'가 "내가 오랫동안 찾아다녔으나 만날 수 없었던 바로 그 사람"이다. '나'가 생각하기에 조르바는 "세상을 훨씬 앞질러 가고 있었던" 사람이다. 하지만 사실 그는 인간의 가장 기본적인 욕구에 충실한 인물이다.

욕구가 현재라면 욕망은 미래다. 인간이 어떤 대상을 욕망할 때 그것은 진정으로 갈구하는 게 아니다. 단지 많은 사람들이 원하기 때문에 그것을 추구하는 것일 뿐이다. 그렇기 때문에 욕망은 결코 채워질 수 없다. 라캉의 말처럼 욕망이 크면 클수록 자유로부터 멀어진다. 아니 미끄러진다. 욕망의 노예인 인간에게 두 가지 선택지가 남는다. 인생을 욕망의 굴레에서 허덕이며 생을 마감할 것인가, 아니면 욕망을 덜어내거나 극복하면서 초인적인 입장에서 자유롭게 살 것인가. 선택은 전적으로 개인의 몫으로 남는다.

많은 사람들이 조르바의 삶에 관심과 흥미를 느끼는 까닭은 그가 욕망에서 벗어나 욕구에 충실하기 때문이다. 그런 조르바'의 삶은 욕망의 굴레를 완전하게 극복한 초인의 그것으로 규정될 수 있다. 조르바는 육신의 쾌락을 업신여기며 먹는 것조차 부끄러움을 느끼는 '나'에게 "육체란 짐은 진 짐승과 같아요. 육체를 먹이지 않으면 언젠가는 길바닥에다 영혼을 팽개치고 말 거라고요"라고 일갈한다. 조르바는 자신의 욕구대로 거침없이 행동한다. 조르바의 거침없는 행동은 이성의 굴레 속에만 묻혀 있었던 '나'가 절대로 넘어서지 못하는 사고와 행동의 한계였다.

    그러나 마침내 '나'는 조르바에게 경도된다. 사실 '나'가 조르바에게 경도되는 이유는 그때까지 겪어온 수많은 실패에서 기인한다. 그는 조르바를 만나기 전까지는 자신이 꿈꾸는 이상이 여지없이 무너진 뒤에 오는 허무 혹은 끝없는 방황의 원인을 찾지 못했다. 하지만 조르바를 만나면서 그가 경쾌하게 해명해주기 때문에 조르바를 흠모하고 그에게 경도된다. 조르바는 스스로 아무도 믿지 않음으로써 세상과 거리를 두지만 역설적으로 그 때문에 세상과 더 가까워진다. 반면 '나'는 지속해서 세상과 화해를 모색하면서 가까워지려 하지만 세상과는 점점 멀어질 뿐이다. 그는 조르바를 통해 자신의 문제점과 그에 대한 해결책도 찾게 된다.

    결국 진정한 삶이란 신이 우리에게 내려주신 축복을 소중히 여기면서 삶의 의미를 음미하고 즐기는 삶이다. 조금 더 덧붙이자면 지나친 물욕과 탐욕에 연연하다가 삶의 더 중요한 것을 놓치고 나중에 후회하지 말고, 사랑할 수 있을 때 마음껏 사랑하고, 육체의 쾌락을 누릴 수 있을 때 맘껏 즐기고, 식욕이 동할 때 맛있게 음식을 먹고 즐겁게 마시고, 하루의 노고로 인한 피로가 몰려들 때는 숙면을 하고, 가족과 친구 동료, 그리고 이웃들과 사랑과 우정을 나누면서 즐겁고 행복하게 살아야 한다고 역설한다. 작가 카잔차키스는 조르바를 통해 이 점을 역설한다.

    진정으로 인간다운 삶이란 목적에 의해 지배당하지 않고 '자유의지'로 진정으로 원하는 일을 하면서 만족과 행복을 느끼는 삶이다. 행복이란 무엇이고, 행복한 인간이 되려면 어떠한 조건을 갖추어야 하는가, 라는 근원적이고 철학적인 질문에 조르바는 "내게 중요한 것은 오늘, 이 순간에 일어나는 일이다"라고 짧고 간결하게 답한다. 그는 어제 일도 '후회'하지 않고, 내일 일도 '걱정'하지 않는다. 오직 지금 하는 일에만 '몰두'한다. 그는 행복한 삶을 추구한다. 그가 생각하기에 행복한 삶의 조건과 방법은 그렇게 거창하지 않다. 그렇게 멀리 있지도 않다. 어쩌면 행복은 생각보다 더 간단하고 가까운 곳에 있을 수 있다. 문제는 실천이다. 행복한 삶 또는 자유는 머리로 생각하고 꿈꾸는 게 아니라 몸으로 직접 실천하는 것에서 비롯된다. 조르바는 이 단순하고 중요한 삶의 가르침을 일찍이 깨달았다. 그리고 우리에게 일깨워준다. 말이나 글이 아닌 몸의 언어인 '춤'으로서 말이다. 그런데 그의 언어를 수신하는 데 오랜 시간이 걸렸다. 어쩌면 누군가는 아직도 수신 중이다.

가족의 초상 또는 가족의 이면

1.

몇 년 전에 '미국 단편 소설의 대가'라고 불리는 레이먼드 카버의 『대성당』(1983)을 벼르고 벼르다가 마침내 읽었다. 많은 사람들이 카버의 글쓰기 스타일을 헤밍웨이의 그것과 비교하기에 읽기 전 내심 흥분, 기대, 그리고 약간의 설렘이 있었다. 그런데 막상 책을 읽으면서는 적잖이 실망했다. 헤밍웨이의 여느 단편소설과 달리 표제작 「대성당」을 비롯한 『대성당』에 실린 카버의 여러 단편들은 대체로 밋밋했기 때문이다. 결정적인 '특별한 사건'이 일어나지 않는다. 그렇다고 등장인물들이 헤밍웨이의 등장인물들만큼 매력적인 것도 아니다. 전체적으로 『대성당』에 실린 카버의 단편들은 헤밍웨이의 단편들처럼 손에 땀을 나게 하지도 않고 시선을 확 사로잡지도 않는다. 여러모로 카버에 대해 실망이 컸다. 그렇게 카버는 '책 읽기 목록'에서 사라졌다. 최근에 우연히 「대성당」을 다시 읽게 되었다. 그런데 조금 과장해서 말하면 엄청난 충격을 받았다. 앉은 자리에서 두 번을 내리읽었다. 몇 년밖에 안 지났는데, 처음 읽었을 때와 느낌이 전혀 달랐다. 읽고 난 뒤에도 등장인물들의 몇몇 대사가 머릿속에서 계속 맴돌았다.

「대성당」은 카버의 여느 단편들처럼 특별한 사건도 없고, 등장인물도 그다지 매력적이지도 않고, 줄거리도 아주 간단하다. 1970년대 뉴욕주의 교외에

사는 한 남자가 소설의 주인공이다. 그는 좋아할 수도 때려치울 수도 없는 직장에 다니며, 늘 아내의 눈치를 보고, 저녁에는 TV 앞에 홀로 앉아 대마초를 피운다. 어느 날 그의 아내는 자신과 오랫동안 함께 일을 한 직장 동료인 로버트를 초대하려 한다고 통보한다. 그녀는 10년 동안 동료로 함께 일했고 그만큼 교감이 통하기 때문에 로버트를 각별하게 생각한다. 당연히 그는 로버트의 방문이 달갑지 않다. 아주 극단적일 정도라고 할 수는 없지만 어느 정도 로버트에 대해 반감과 경계심도 갖고 있다.

「대성당」은 1인칭 주인공 시점 소설인데, 소설의 시점은 로버트에 대한 주인공의 반감과 경계심을 증폭시킨다. 그는 대놓고 반감을 드러낼 정도로 용감하지 못하다. 대신 로버트가 하는 말에 계속해서 딴지를 건다. 그러나 로버트는 크게 개의치 않는다. 주인공과 로버트는 아내가 먹을거리를 준비하는 사이 TV를 함께 본다. 세계 각지의 대성당을 다루는 내용의 다큐멘터리다.

사실 로버트는 시각 장애인이기에 소리만 들을 뿐 화면을 볼 수가 없다. 주인공은 로버트에게 다큐멘터리의 영상을 설명해준다. 로버트는 그의 설명을 듣고 "수백 명의 일꾼들이 오십 년이나 백 년 동안 일해야 대성당 하나를 짓는다는 것은 알겠어. 물론 저 남자가 그렇게 말하는 걸 들은 거야. 한 집안이 대대로 대성당 하나에 매달린다는 것도 알겠어. 이것도 방금 저 사람에게 들은 거고. 대성당을 짓는 데 한평생을 바친 사람들이 그 작업의 완성을 보지 못하고 죽는다더군. 그런 식이라면 이보게, 우리도 그들과 별반 다르지 않은 게 아닐까?"라며 질문 같기도 하고 아닌 것 같기도 한 애매한 말을 한다.

로버트는 주인공에게 대성당을 손으로 그려달라고 부탁한다. 그는 로버트의 부탁대로 두꺼운 종이에 대성당을 그린다. 로버트는 주인공의 손을 잡고 선의 윤곽을 따라간다. 그런 뒤 주인공에게 눈을 감고 그려보라고 한다. 그는 로버트의 명령 또는 부탁대로 눈을 감고 성당을 그리기 시작하고 마침내 성당 하나를 그린다. 로버트는 주인공에게 이제 눈을 뜨라고 얘기했지만, 그는 뜨지 않는다. 아니 뜰 수가 없다. 대신 예상치 못한 감동이 조금씩 밀려온다. 놀라움과 함께 말이다. 로버트는 주인공에게 삶에 대해 이렇게 말한다. "자네 인생에 이런 일을 하리라고는 한 번도 생각해보지 못했겠지. 그렇지 않나 이 사람아? 그러기에 삶이란 희한한 걸세. 잘 알다시피. 계속해. 멈추지 말고." 「대성당」은 특별한 사건 없이 주인공과 로버트 사이에 벌어지는 대화가 주요 서사지만, 삶의 본질에 대해 묵직한 울림을 준다.

그런데 개인적으로는 이 작품에서 주인공과 그의 아내의 관계가 무척 궁금했다. 주인공과 로버트 사이의 긴장감은 시간이 지나면서 일종의 연대 또는 공감으로 바뀐다. 그러나 주인공과 그의 아내 사이에는 '적대감'(antipathy)은 아닐지라도 시종일관 '무심함'(apathy)의 정서가 감지된다. 그들 사이에 더는 인간관계에서 있을 법한 어떤 사소한 감정도 발생하지 않는다. 소설에서는 분명하지 않지만 그들의 관계가 처음부터 그랬을 것 같지는 않다. 아마도 그들은 어떤 특별한 사건을 계기로 서로에게 적대감을 드러내다가 결국은 서로를 무심하게 대하게 되지 않았을까, 라고 막연하게 상상해본다. 그들은 카버 소설의 전형적 인물이다. 그들은 겉으로만 부부일 뿐 서로에게 '호명되지 않는' 타인이나 다름없다.

2.

카버의 또 다른 단편 소설집 『사랑을 말할 때 우리가 이야기하는 것』(1981)을 읽으며 「대성당」의 부부에 대한 막연한 상상이 터무니없지 않다는 것을 확인했다. 「정자」에서 남편 드웨인에게는 "키가 크고 긴 머리칼에 초록색 눈을 지"닌 매력적인 아내 홀리가 있다. 그러나 그는 청소부 후아니타와 바람이 났다. 홀리는 그 때문에 자신에 대한 통제력도 잃고 자존심도 잃었다. 그녀는 자신이 더 이상 쓸모없다고 생각해 자학하고 자책한다. 드웨인은 겉으로는 홀리에게 끊임없이 "사랑한다"고 말하며 용서를 구하지만 속으로는 여전히 후

『사랑을 말할 때 우리가 이야기하는 것』은 카버가 오랜 알코올 중독에서 벗어나 쓴 단편 소설집이다. 로버트 알트만 감독이 이 소설집의 몇몇 단편소설을 오려 붙여 영화 〈숏컷〉(1993)을 만들었다는 것은 잘 알려진 사실이다. 영화 〈버드맨〉(2014)에도 카버의 영향이 짙게 배어 있다. 사진은 영화 〈버드맨〉의 한 장면.

아니타를 생각하고 있다. 그 때문에 홀리는 드웨인뿐만 아니라 후아니타에게도 욕설을 퍼붓는다.

  사실 드웨인은 후아니타와 어쩌다 한번 불륜을 저지른 게 아니다. 그는 수시로 그녀가 일하는 방으로 들어가 그 일을 저질렀다. 드웨인의 말에 따르면 "그 일을 해치웠다." 그럼에도 드웨인은 홀리와의 파국적인 관계를 대수롭지 않게 생각한다. 그는 홀리가 위기를 헤쳐 나갈 것이라고 생각한다. 그러나 그의 생각과 달리 홀리는 힘겨워한다. 그녀는 생계인 모텔 운영을 제대로 하지 못한다. 손님을 제대로 받지 못할 뿐만 아니라 액수를 너무 많이 부르거나 받아야 할 돈을 제대로 받지 못한다. 결론적으로 드웨인과 홀리 부부에게는 희망이 없다. 드웨인은 홀리에게 진심으로 사과하지도 않는다. 사실 그럴 생각도 없다. 홀리는 그런 드웨인을 절대로 용서할 수 없다. 그렇다면 이제 그녀에게 남은 것은 오직 그에 대한 증오뿐이다. 하지만 그를 증오하면 증오할수록 그녀는 고통스럽다. 두 사람의 관계는 점점 '지리멸렬'해진다.

「봉지」의 주요 서사는 책 판매업자 레스와 그의 아버지의 오래간만의 만남이다. 레스는 부모의 이혼 후 아버지를 한 번도 만나지 못했다. 그의 아버지는 쉰다섯 살 때 "자신의 나이 반밖에 되지 않는" 여자와 바람이 났고 그것 때문에 이혼했다. 「정자」에서 드웨인의 불륜이 그랬던 것처럼 그의 불륜 역시 한 번으로 끝나지 않고 오랫동안 지속되었다. 시작은 사소했다. 그녀가 아내에게 줄 물건을 가져왔다고 해서 그는 물건값을 치르기 위해 집에 들였다. 이야기를 나누다가 결국 일이 벌어졌다. 그런데 그는 아들에게 자신의 불륜 이야기를 하면서도 크게 양심의 가책을 느끼지 않는다. 그렇다고 사랑이라고 우길 만큼 뻔뻔하지도 않다. 그는 뭔가 말하려 하는 듯했지만 이내 말을 멈추고 고개를 젓는다. 결국 레스는 아버지와 그렇게 헤어졌다. 잠시 뒤 그는 아버지가 준 '봉지'를 가게에 두고 왔다는 것을 떠올린다. 하지만 그는 봉지를 찾으러 다시 가게로 발길을 돌리지 않는다.

「심각한 이야기」에서 버트와 베라는 이혼 또는 별거한 상태다. 그는 크리스마스 때마다 아내와 아이들을 보러 온다. 사실 그는 그녀와 다시 잘해 보고 싶지만 그녀의 태도는 완강하다. 그에게 조금의 틈도 내주지 않는다. 자신의 남자친구와 그의 아이들이 저녁을 먹으러 오기 때문에 여섯 시 전에 가야 한다고 경고한다. 버트는 그녀가 다른 사람을 만나는 것을 절대로 용납할 수 없기 때문에 그녀에게 온 전화를 그녀가 받기 전에 전화선을 칼로 자른다. 결국 그녀는 분노를 터뜨린다. 그는 그렇게 해서라도 그녀의 관심을 끌려고 애쓴다.

「한 마디 더」는 맥신과 그녀의 남편 L. D., 그리고 그들의 딸 레이의 이야기다. 밤에 직장에서 돌아온 맥신은 집에서 나가라고 얘기했음에도 불구하고 나가지 않고 오히려 딸 레이에게 욕을 하는 L. D.를 보고 폭발한다. L. D.는 레이가 몇 주 동안 학교에 가지 않고 점성술에 빠져 있다고 힐난한다. L. D.와 레이가 말다툼을 벌이자 맥신은 진저리를 내며 맥신에게 당장 집에서 나가라고 말한다. L. D.는 항아리를 집어 들어 창문에 던진다. 맥신이 레이에게 경찰에 신고하라고 말하자 L. D.는 그제야 집을 나가겠다고 말한다. 그러면서 "이 정신병원에서 나가는 게 좋을 거야"라고 덧붙인다. 맥신은 오히려 L. D.에게 "이 집을 정신병원으로 만든 건 당신이야"라고 반격한다. L. D.는 뭔가 말하려 하지만 아무 말도 하지 못하고 집을 나선다.

『사랑을 말할 때 우리가 이야기하는 것』에 나오는 몇몇 부부들은 「대성당」의 부부와 크게 다르지 않다. 아니 어쩌면 그들의 이야기는 「대성당」의 부부의 전사(前史)일 수도 있다. 앞에서 이야기한 대로 「대성당」의 부부는 이미 무심함의 상태에 접어들었다. 반면 『사랑을 말할 때 우리가 이야기하는 것』의 부부들은 서로에게 욕을 하며 감정을 할퀸다. 분노와 적대감을 직접적으로 표출한다. 아마도 이 단계를 지나면 그들도 「대성당」의 부부처럼 서로에게 '무감'해질 것이다. 「대성당」의 부부는 분노나 적대감 같은 뜨거운 열정이 차갑게 식어버린 상태다. 화를 내거나 분노하지 않는다. 대신 상대방을 조롱하고 경멸한다. 그런데 그 감정은 고스란히 자신에게 돌아온다. 결국 남는 것은 우울과 자기모멸과 같은 부정적인 감정이다.

많은 미국 작가들이 그러했듯이, 카버 역시 헤밍웨이의 삶과 문학을 사랑했다. 그도 헤밍웨이의 간결한 문체와 터프한 인물을 모방하려 했다. 하지만 그가 처한 현실은 이를 허락하지 않았다. 노동자 계급 출신이었던 카버는 자신의 소설 속 주인공의 모델을 주로 노동자 계층에서 찾았다. 즉 그는 자신이 직접 경험한 평범한 노동계급 가정에서 일어나는 온갖 불화와 비열한 일들, 소소한 일상들을 사실적으로 그리는 데 전념했다. 다시 말하면 헤밍웨이와 피츠제럴드가 상류층의 삶을 재현했다면, 카버는 자신이 속한 노동자 계층의 신산한 삶의 모습, 예컨대 경제적 실패와 알코올 중독 등을 생생히 묘사했다. 그 결과 그는 '미국의 안톤 체호프', '미니멀리즘 소설의 정점'이라는 극찬을 받는다. 누군가의 말처럼, 그는 현대인의 일상을 스냅사진처럼 날카롭게 포착하고 현미경처럼 예리하게 해부하여 미국 중산층의 기이하고 진실한 모습을 그린다.

3.
 거짓과 위선, 불륜과 불화 등으로 점철된 카버의 소설을 읽으면서 예전에 보았던 영화 〈어거스트: 가족의 초상〉(2013)이 떠올랐다. 이 영화는 퓰리처상을 수상한 트레이시 레츠의 동명의 희곡을 원작으로 하고 있고, 레츠가 직접 시나리오를 썼다. 영화의 주요 공간은 비벌리(샘 셰퍼드 분)와 바이올렛(메릴 스트리프 분)의 집이고, 영화 속 등장인물들은 그들과 그들의 딸들 가족, 그리고 그녀의 여동생 가족이다. 비벌리의 실종으로 오랫동안 흩어져 살던 세 딸과 바이올렛의 여동생 부부 등 온 가족이 오랜만에 모인다. 결국 실종된 비벌리는 자살한 시체가 되어 돌아오고 오랜만에 재회한 가족들은 그의 장례를 치르게 된다.
 구강암으로 인해 약물중독에 빠져 있는 바이올렛은 온 가족들에게 독설을 퍼붓는다. 오랫동안 엄마를 외면하며 자신의 삶을 살아온 첫째 바바라는 추한 모습을 보이는 엄마와 맞서며 계속 갈등한다. 그녀는 엄마의 약을 뺏으려 몸싸움을 벌인다. 그녀는 집안에 모든 약물을 폐기한다. 사실 바바라는 부모를 버리듯 떠나면서 결혼을 시작했다. 하지만 그녀의 결혼은 남편의 외도와 별거, 어린 딸의 마약중독 등으로 절망적인 상태다. 가족은 붕괴 직전이다. 둘째 아이비에게는 남모르는 비밀이 있다. 사람들은 그녀가 남자에게 관심이 없다고 생각하지만 사실 그녀는 이종사촌 찰스와 사랑에 빠져 뉴욕으로 떠날 계획이다. 바바라는 아이비를 말리지만 아이비는 언니 바바라와 동생 캐런이 그

영화 〈어거스트: 가족의 초상〉과 카버의 단편들에서 드러나는 가족의 모습을 보면 가족에 대해 많은 것을 생각하게 된다. 누군가의 말처럼 가족은 때로는 "남들이 안 볼 때 내다 버리고 싶은 존재"다. 하지만 "잊을 수도 없고 버릴 수도 없는 존재"다. 다른 글에서도 여러 차례 말했듯이 미국인들이 가장 중요하게 여기는 가치를 꼽으라면 '가족'이다.

동안 자신에게 부모를 떠맡긴 것을 원망하고, 이제는 자신의 행복을 찾아 떠나겠다며 고집을 꺾지 않는다. 셋째 캐런은 두 번의 이혼을 겪었지만 여전히 결혼에 대해 환상을 갖고 있다. 그녀는 새로운 약혼자라며 나이가 한참 많은 남자를 아버지의 장례식에 데려온다. 그 호색한 약혼자는 바바라의 어린 딸에게 마약을 권하며 추근거리다가 가정부에게 얻어맞는다. 그런데도 캐런은 행복한 결혼의 환상에서 벗어나지 못하며 호색한 약혼자를 감싼다.

소위 이 '막장' 가족의 '막장' 비밀은 이게 끝이 아니다. 아이비는 우연히 자신과 찰스가 이종사촌이 아니라 이복 남매라는 것을 알게 된 후 큰 충격에 빠져 집을 떠난다. 사실 바이올렛은 자신의 남편과 동생이 불륜 관계이고, 그들 사이에서 찰스가 태어났다는 것을 이미 오래전부터 알고 있었다. 알면서도 동생에게는 모르는 척했다. 대신 평생 남편을 괴롭혔다. 그녀는 남편이 실종한 게 아니라 사실은 자살하려 했다는 것을 이미 알고 있었지만 그를 만류하지 않았다. 이 모든 사실을 알게 된 바바라는 잠옷 차림으로 차를 타고 무작정 집을 떠난다.

혼자 남은 바이올렛은 고통으로 도움을 요청하지만 아무도 대답하지 않는다. 집에 가족이 아무도 없어서 사실은 그 누구도 대답할 수 없다. 대신 남편이 고용했지만 자신은 못마땅하게 여겼던 가정부만이 그녀를 안아주며 위로한다. 영화는 정말 가족이 꼭 필요한 순간 아무도 없다는 희극적 상황으로 끝난다. 영어로 막장 드라마를 "네 아빠가 내 엄마야"(Your father is my mother)라고 한다는데, 이 영화만큼 이 표현에 어울리는 영화는 아마도 없을 것 같다.

4.

영화 〈어거스트: 가족의 초상〉과 카버의 단편들에서 드러나는 가족의 모습을 보면 가족에 대해 많은 것을 생각하게 된다. 가족은 때로는 남들이 안 볼 때 내다버리고 싶은 존재다. 하지만 잊을 수도 없고 버릴 수도 없는 존재다. 다른 글에서도 여러 차례 말했듯이 미국인들이 가장 중요하게 여기는 가치를 꼽으라면 '가족'이다. 할리우드 영화를 보면 장르와 관계없이 가족애를 강조한다. 서부 영화는 말할 것도 없다. 〈나 홀로 집에〉(1991), 〈다이 하드〉(1988), 〈라이언 일병 구하기〉(1988) 등 수많은 영화들이 '가족의 화해' 또는 '가족의 복원'을 이야기한다. 가족은 그 무엇보다 중요하고 그 무엇과도 바꿀 수가 없다. 하지만 가족은 그 어떤 것보다도 약하고 깨지기 쉽다. 한번 깨지면 원래 상태로 되돌리기가 어렵다. 아무리 성능 좋은 접착제로 붙여도 흔적은 남기 마련이다. 한번 깨지면 훨씬 더 약한 충격으로도 또 깨질 수 있다.

살아가면서 '앞모습'만을 중요하게 생각한다. 앞모습을 통해 타인에 의해 판단된다고 여기기 때문이다. 하지만 삶을 단단하게 만들고 성찰하게 하는 것은 뒷모습, 즉 '이면'이다. 사실은 뒷모습을 통해 타인에 의해 판단되고 평가된다. 살아가면서 자신의 뒷모습을 직접 볼 수 없다. 하지만 가족은 그 누구보다도 뒷모습을 많이 보았고 누구보다도 잘 알고 있다. 그렇다면 뒷모습에 대해 말해 줄 수 있는 사람 역시 가족이다. 가족에 의해 뒷모습이 만들어진다.

앞에서 살펴본 것처럼 〈어거스트: 가족의 초상〉에서 바이올렛 가족은 가족의 해체 또는 붕괴, 한마디로 '지리멸렬'의 상태로 끝난다. 에드워드 양의 〈하나 그리고 둘〉(2000)도 가족의 초상 또는 가족의 이면을 잘 보여준다. 〈어거스트: 가족의 초상〉만큼은 아니지만, 이 영화에서도 가족은 수많은 우여곡절을 겪으며 해체 또는 붕괴 직전까지 간다. 영화는 가족이 더 단단해질 것이라는 희망을 암시하며 끝난다. 그런데 이 영화는 그런 희망이 그냥 오는 것은 아니고 당연히 구성원 모두가 노력을 기울여야 한다는 '당위'에 방점을 찍는다. 결론적으로 가족이 단단해지려면 자신의 삶을 마주하고 자신을 돌아볼 시간을 가져야 한다. 또한 서로에게 뒷모습을 진솔하게 말해주고 그 말에 진솔하게 귀를 기울여야 한다. 언제나 그렇고, 모든 문제가 그렇듯이, 답은 멀리 있지 않다.

홍상수의 남자들 and/or 여자들

1.

누군가 '한국 영화 속 인물 중 특별히 눈길이 가고 오래 남는 인물이 누구인가?', 라는 질문을 한다면 크게 망설이지 않고 '홍상수의 남자들'이라고 대답할 것이다. 실제로 얼마 전 한 '북 콘서트'에서 그와 비슷한 질문을 받았다. 영화 평론가 정성일의 화법을 빌리자면, "이 질문에 대해 최소한 두 시간 이상은 떠들 수 있다." 그러나 안타깝게도 그 자리에서는 여러 가지 사정상 채 십분도 떠들지 못했다. 너무나 아쉬웠다. 그 아쉬운 마음을 이 글로 달래 보려 한다.

조금 거창하게 시작하자. 뤼미에르 형제의 〈기차의 도착〉(1895)으로 영화가 시작된 후 막 100년이 넘어가는 1996년은 필자 개인적인 생각에 한국 영화의 기념비적인 해이다. 바로 그 해에 홍상수의 〈돼지가 우물에 빠진 날〉과 김기덕의 〈악어〉가 시차를 두고 각각 개봉했다. 물론 '예상대로' 두 영화는 상업적인 흥행에는 처절하게 실패했다. 하지만 흥행의 실패가 곧 영화의 실패는 아니었다. 서로 비슷하면서도 많이 다른 두 감독은 그 후 각자 자신들만의 독특한 영화 세계를 구축했다. 다시 말하면 그들은 한국 영화에 일찍이 없었던 새로운 영화 문법을 보여주며 '새로운 물결'(new wave)을 일으켰고, 그 후 많은 포스트 홍상수, 포스트 김기덕에게 큰 영향을 끼쳤다. 지면 관계상 이 글에서는 주로 홍상수 영화, 특히 그의 영화를 설명하면서 결코 빼놓을 수 없는 그의 영화 속 등장인물에 대해 살펴보려 한다.

많은 기자들과 영화 평론가들은 홍상수 영화를 이야기하면서 언제나 감독이 '찌질남'의 전형을 보여준다고 평한다. 주지하듯 홍상수 영화는 평범하지 않은 관계에서 오는 또 다른 층위의 '불꽃 같은' 사랑, 그리고 그들의 독특한 연애 방식과 얽혀 한 남자와 한 여자가 겪는 감정 변화를 이야기한다. 누군가는 그의 영화가 "남자의 동물적 본능과 사회, 제도 속에서의 짝짓기 사이에서 겪는 갈등을 여실히 보여준다"라고 논평했는데, 시쳇말로 '격하게' 공감한다.

결은 사뭇 다르지만, 홍상수 영화는 김기덕 영화가 그렇듯이 주로 사랑 또는 연애 이야기다. 하지만 영화 속 남녀 관계는 김기덕 영화와 다르게 그 가닥이 쉽게 잡히진 않는다. 조금 거칠고 투박하기는 하지만 김기덕 영화에서 남녀 관계는 비교적 선명하다. 하지만 홍상수 영화에서는 "어떤 지점에서 감정의 변화가 생겨 이르는지도 명확하지 않다. 그리고 그의 영화에서 남녀 관계 또는 그들의 사랑에서 균열과 파열이 발생했을 때 그에 대한 책임은 대체로 '찌질한' 남자에게 전가된다." 많은 이들이 홍상수 영화에 대해 그렇게 말했다. 물론 책임의 크기로 보면 남녀 간의 파국에서 남자의 책임이 훨씬 크다. 때로는 혹은 아니 거의 대부분 전적으로 남자 책임이다.

그런데 그의 영화에서 여자는 '찌질한' 남자 때문에 괴로워하고 고통스러워하는 피해자일까, 혹시 '의뭉스럽게' 피해자 코스프레를 하는 것은 아닐까, 하는 엉뚱하고 나쁜 상상을 해 본다. 꼭 그런 이유 때문은 아니지만 또한 그런 이유로 홍상수의 최근 영화들을 보면서는 찌질한 남자들보다도 의뭉스러운 여자들을 좀 더 유심히 보았다. 그리고 필자의 그런 나쁜 상상이 괜한 '딴지걸기'가 아닐 수도 있다는 생각에 다다랐다. 물론 그렇다고 해서 남자에게 책임이 없거나 책임이 상쇄된다는 말은 절대 아니다. 따라서 이 글에서는 먼저 익히 잘 알고 있는 홍상수의 '찌질한 남자들'과 그의 최근작에서 두드러지는 '의뭉스러운 여자들'을 살펴보고, 이런 등장인물의 성격화를 통해 감독이 무엇을 말하려 하는지 생각해보고자 한다.

2.

시간적인 순서에 따라 먼저 〈돼지가 우물에 빠진 날〉에서 시작하자. 이 영화에는 크게 두 명의 '찌질남' 효섭과 동우가 등장한다.[27] 둘 다 보경과 엮여 있다. 효섭은 보경의 내연남이고 동우는 보경의 남편이다. 효섭은 소설가라고 하지만 변변한 작품 하나 출간하지 못했다. 그는 후배의 출판사로 갔다가 자신의 원고가 먼지만 쌓이고 있다는 사실에 자괴감을 느낀다. 저녁 술자리에서 평론가와 한바탕 싸움을 벌이다가 결국은 철창신세를 진다. 한식집 종업원과 시비로 즉결 심판을 받는 자리에서 그는 검사에게 "고기 굽는 사람이 문학 토론에 끼어드는 걸 참지 못했다"라고 말도 안 되는 변명을 늘어놓는다. 한마디로 그는 찌질하고, 비겁하고, 교활하다. 그는 한편으로는 삼류 소설가로 취급받는 것에 열등감과 피해 의식에 시달리고 있고, 다른 한편으로는 유부녀 보경과 불륜 관계이면서 자신을 흠모하는 민재의 짝사랑을 악용한다. 그는 민재에게 돈을 빌려 보경과 모텔에 가면서도 양심에 가책을 전혀 느끼지 않는다.

'찌질'하기로는 동우도 효섭 못지않다. 그는 결벽증이 심하고 약간의 의처증도 있다. 그는 회사 업무로 출장을 갔지만 일이 잘못되어 어쩔 수 없이 그곳에서 1박을 하게 된다. 그는 여관에서 다방 아가씨를 부른다. 그녀와 섹스 도중 콘돔이 찢어지자 그는 크게 화를 낸다. 서울로 돌아와서 성병에 대한 강박

---

27) 이 글에서 언급되는 홍상수 영화의 모든 등장인물은 성은 빼고 이름으로만 지칭한다. 그리고 통상적으로는 등장인물의 이름과 출연한 배우의 이름을 병기하지만 이 글에서는 배우의 이름은 표기하지 않는다.

관념에 비뇨기과를 다닌다. 그리고 아내 보경에게 그 사실을 들킨다.

홍상수의 '찌질남' 효섭과 동우는 〈강원도의 힘〉(1998)의 상권과 〈오! 수정〉(2000)의 재훈 또는 영수를 거쳐 〈생활의 발견〉(2002)의 경수로 발전한다. 아니 경수에 이르러 홍상수의 찌질남이 비로소 '완성'된다. 참고로 상권, 재훈, 영수가 찌질한 것에 더해 위선적이고 속물적이라면 경수는 그냥 완전 '찌질하다'. 다시 말하지만 경수는 홍상수 '찌질남'의 전형적 모습을 보여준다. 연극배우인 그는 자신의 팬인 명숙을 만나 관계를 맺고 경주행 기차에서 만난 선영에게 끌린다. 그는 만난 지 몇 시간도 되지 않은 선영에게 이렇게 고백한다.

"정말로 이런 식으로 행동하는 거 처음입니다. (…) 선영 씨가 얼마나 예쁜 사람인지 얘기하고 싶었습니다. 선영 씨는요, 저에게 정말 예쁩니다."

그의 사랑 고백에서 보통 연애 영화에서 찾아볼 수 있는 '운명적인 사랑'의 설렘이나 낭만은 결코 찾아볼 수가 없다. 오히려 그의 고백을 보는 관객이 더 창피하고 부끄러울 지경이다.

사실 경수는 명숙과 헤어진 지 얼마 되지도 않았다. 선영을 만나기 바로 직전까지 명숙이 건넨 편지를 읽고 있었다. 기차에서 내려 선영의 집까지 따라갔다가 마주친 남편에게 그는 제대로 말 한마디 하지 못하고 비겁하게 돌아온다. 대신 그는 소심하게 선영이 자신에게 보낸 쪽지와 함께 쪽지를 보내며 그에게 복수한다. 쪽지의 내용은 이렇다.

"당신의 위선과 기만과 비겁을 여기 심심하게 고발한다. 당신의 이름과 직업과 겉모습이 당신이 아님을 눈치를 챈 당신의 처가 당신 아닌 다른 남자에게 쓴 편지를 붙여둔다."

사실 쪽지의 내용으로 보면 이 쪽지의 수신자는 마땅히 경수 자신이어야 한다. 홍상수의 남자들 중 위선과 기만과 비겁함으로는 그 누구도 경수를 넘어설 수 없기 때문이다.

남녀 관계에서 '말로 형용할 수 없을' 찌질함과 비겁함의 끝을 보여주었던 〈생활의 발견〉의 경수는 홍상수의 이후 영화에서 다양하게 변주된다. 어쩌면 경수에서 이미 '찌질함'의 끝을 보여주었기 때문에 홍상수의 찌질남은 이제 더 이상 놀랍지도 않고 창피할 것 같지 않지만 그렇지 않다. 보면 볼수록 놀랍고 창피하다. 그런데 신기하게도 영화 속 인물은 개의치 않는다. 시쳇말로 '부끄러움은 관객의 몫'으로 남는다. 〈여자는 남자의 미래다〉(2004)에서 대학 강사 문호는 선배 헌준의 애인이었던 선화를 짝사랑하면서도 제대로 고백도 못한 소심남이지만 학생들 앞에서는 호기를 부린다. 하지만 홍상수의 남자들이 늘 그렇듯이 같은 자리에 있던 여학생과 부적절한 관계가 탄로 나자 도망치듯 비겁하게 그 자리를 빠져나온다. 〈극장전〉(2005)에서 동수는 선배 감독의 회고전을 보러 갔다가 우연히 마주친 배우 영실에게 느닷없이 사랑을 고백한다. 그는 영실에게 "술 한 잔만 사주실래요. 부탁드릴게요. 네, 영실 씨가 정말 천사 같아서요. 왜 웃으세요. 정말 이상형입니다"라는 말을 아무렇지 않게 한다. 이후 그의 행동으로 보았을 때 이 말이 그의 진심이라고 생각하기 어렵다.

〈해변의 여인〉(2006)의 영화감독 중래는 후배 스태프 창욱의 친구 문숙과 여행 중 서로 호감을 느끼지만 바로 또 여행지에서 만난 선희에게 반한다. 불과 얼마 전까지만 해도 그는 문숙에게 "쟤[창욱]하고 나하고 둘 다 문숙 씨를 원하고 있는 것 같은데 혹시 둘 다 마음에 있으시면 어느 쪽을 선택하실 거예요? 이런 문제 때문에 쟤하고 사이가 이상해져가지고. 클리어하게 되면 도움이 될 거 같거든요. 어떤 사람이 좋으세요?"라고 무례하고 유치하게 굴었다. 그러나 문숙이 자신과 선희의 관계를 의심하자 이번에는 "계속 시선이 가면 환기되는 이미지가 생기거든"이라며 말도 안 되는 말을 늘어놓으며 자신의 행동을 합리화한다.

〈잘 알지도 못하면서〉(2009)는 〈해변의 여인〉과 상황이 한편으로는 비슷하고 또 다른 한편으로는 완전히 다르다. 〈해변의 여인〉에서 애인을 '빼앗긴'(?) 창욱 역할의 배우(김태우)가 〈잘 알지도 못하면서〉(2009)에서는 애인을 빼앗는 경남의 역할을 한다. 영화감독인 경남은 제천의 '구경남영화제' 심사위원 자격으로 초청받았지만, 심사는 뒷전이다. 그는 우연히 만난 옛 친구 상용을 만나고 그의 집으로 향한다. 어김없이 벌어진 술자리에서 상용의 아내 유신 때문에 분위기는 묘하게 흘러간다. 그는 유신에 의해 뜬금없이 파렴치한으로 몰린다. 그는 '모르는 척' 도망치듯 제천을 떠나 제주도에 이른다. 경남은 그곳에서 과거 자신이 좋아했던 후배이며, 지금은 자신의 선배의 아내가 된 고순을 만난다. 그는 고순에게 "어쩌면 이렇게 예뻐요? 믿을 수가 없어. 당신이 세상에서 제일 예쁜 여자야. (…) 당신이 세상에서 제일 예뻐. 정말 보고 싶었어요. 당신이랑 안 된 것 때문에 내가 마음이 너무 안 좋았는데. 당신 내 짝이니까. 당신이랑 결혼했으면 내가 이렇게 살지 않았어요"라고 절절하게 사랑을 고백한다. 하지만 두 사람의 관계는 우연히 들른 동네 주민 조씨에 의해 발각된다. 그는 제천에서 그랬듯이 제주도에서도 황급히 도망친다.

홍상수의 남자들은 모든 일에서 그렇듯이 사랑에서도 지극히 무책임하다. 그러므로 그들은 "사랑한다", "예쁘다"라는 말을 아무렇지도 않게 뜬금없이 남발한다. 따라서 그들의 입에서 나오는 "사랑한다", "예쁘다"라는 말 따위는 절대 신뢰할 수가 없다. 그들은 무언가가 필요할 때, 특히 사랑을 갈구할 때 그 말들을 쏟아낸다. 하지만 자신들에게 어떤 위기가 닥치면, 언제 그랬냐는 듯이 예쁘고 사랑스러운 말들의 수신자였던 그들을 내팽개치고 도망친다.

홍상수의 남자 주인공들은 대개 대학교수, 영화감독, 대학 강사, 영화평론가 등 소위 '먹물' 혹은 '지식인들'이다. 그들은 영화 속에서 한없이 가볍고, 속물적이고, 이기적인 모습으로 그려진다. 한때는 홍상수가 그렇게 그려낸 '찌질한' 남자들의 속물과 위선을 보며 한편으로는 부끄럽고 창피했지만, 다른 한편으로는 조용하게 환호한 적이 있었다. 그때는 나름 그의 영화가 지식인의 속물근성과 허위의식을 신랄하게 비판하고 조롱한다고 믿었는데, 지금은 잘 모르겠다. 언젠가부터 그의 영화를 관통하는 키워드가 비판과 조롱이 아니라 '남자들은 원래 그런 동물이야, 그러니 어쩔래'라는 '뻔뻔함' 혹은 '자기연민'일지도 모른다는 의심이 들기 시작했다. 이제는 점점 후자의 가능성에 무게를 더 두게 된다.[28]

3.

홍상수 영화는 나름 '연애 영화'다. 더 정확히 말하면 남녀 간의 사랑을 믿지 않는 연애 영화다. 그렇기 때문에 그의 영화에서 남녀 간의 관계는 멜로드라마의 '관습'(convention)을 따르지 않는다. 첫눈에 반하는 운명적인 사랑, 주변의 반대와 수많은 어려움을 견뎌내고 마침내 사랑을 이루는 동화 따위는 없다. 오히려 그의 영화는 세속적이고 현실적인 일상을 다룬다. 살펴본 것처럼 홍상수의 남자들은 한없이 찌질하고 비겁하고 소심하다. 그렇다면 그런 찌질한 남자들과 관계를 맺는 여성들은 어떤 모습일까?

〈돼지가 우물에 빠진 날〉로 돌아가서, 이번에는 효섭이 아닌 보경을 중심

---

[28] 문화평론가 위근우는 홍상수 영화의 남자들을 가리켜 '홍상수의 한심한 남자들'이라고 불렀다. 그는 "홍상수가 지식인 남성들의 속물성을 보며 환호한 적이 있었다. (…) 홍상수 본인과 저 가상의 남성들을 구분하기 어려워진 지금, 저것은 과연 지식인 남성들을 고발하는 풍자인지 아니면 자기 연민을 담아 그 해악성을 희석해 '모에화'한 것인지 의문이 생긴다. 현재로선 후자의 가능성을 더 많이 의심하고 있다"고 논평했다. 필자는 그의 의견에 전적으로 동의한다. 참고로 이 글의 논의의 출발은 위근우의 글에서 시작되었고, 이 글에서 홍상수 영화에 대한 설명은 위근우의 글을 상당 부분 원용했음을 밝힌다. 위근우, 『다른 게 아니라 틀린 겁니다』, 시대의창, 2019, 208~219쪽.

〈돼지가 우물에 빠진 날〉에는 크게 두 명의 '찌질남' 효섭과 동우가 등장한다. 그들은 각각 보경의 내연남과 남편이다. 효섭은 소설가라고 하지만 변변한 작품 하나 출간하지 못할 정도로 무능력하다. 게다가 찌질하고, 비겁하고, 교활하다. 동우 또한 '찌질'하기는 마찬가지다. 그는 결벽증이 심하고 약간의 의처증도 있다. 찌질한 효섭과 동우는 이후 홍상수 영화에서 다양하게 변주한다.

으로 살펴보자. 효섭이 유부녀인 보경, 자신을 짝사랑하는 민재 사이에서 양다리를 걸치고 있는 것처럼 보경 또한 남편 동우와 효섭 사이에서 방황하고 있다. 효섭은 위선적이고 허위의식에 가득 찬 인물로서 보경에게 일방적인 사랑을 요구한다. 그는 보경에게 그녀가 남편과 섹스를 하는 것을 참을 수 없다고 말한다. 결국 보경은 효섭의 바람대로 그와 함께 떠나기로 한다. 하지만 떠나기로 한 날 효섭은 나오지 않고 보경은 그를 기다리다가 결국 돌아간다. 그런데 그녀는 효섭이 왜 약속 장소에 나오지 않았는지 그를 걱정하기보다는 오히려 자신이 소매치기를 당했다는 사실에 더 속상해한다. 그녀는 남편이 비뇨기과에 드나든다는 사실에 배신과 실망감을 느낀다. 그러면서도 그날 밤 그녀는 남편과 영혼 없는 섹스를 한다. 다음 날 그녀는 효섭과 연락이 되지 않자 쓸쓸하고 불안해한다. 하지만 다른 한편으로는 불륜과 일탈(시도)로 일상이 붕괴할 수도 있었던 아찔한 상황이 아무 일 없이 원래 상태로 되돌아간 것에 대해 약간의 안도감을 느낀다. 요컨대 〈돼지가 우물에 빠진 날〉에서 효섭이 '찌질하다'라면 보경은 '의뭉스럽다'고 요약된다. 이런 남녀의 성격화는 비단 이 영화에만 국한되지 않고 이후의 영화에서도 어느 정도 적용된다.

〈오! 수정〉의 수정은 같은 프로그램 담당 PD인 영수와 연인 관계다. 하지만 그녀는 무능력한 영수에게 점점 실망한다. 대신 그의 후배이자 능력 있는 재훈이 자신에게 관심을 보이자 그에게 관심을 보인다. 수정과 재훈은 크고 작은 사건을 겪으며 조금씩 가까워지고 마침내 연인이 된다. 〈오! 수정〉은 나름 해피 엔딩이다. 확실하게 말할 수는 없지만 재훈은 마침내 처녀인 수정을 만나 섹스를 하고, 수정은 재훈을 통해 경제적 안정과 예측 가능한 미래를 얻고, 영수는 재훈으로부터 투자를 받는다. 요컨대 〈오! 수정〉에서 재훈이 여자의 처녀성에 집착할 정도로 순진하다면, 수정은 처녀성이 무기가 될 수 있다는 것을 알아차릴 정도로 의뭉스럽다. 물론 영수는 수정과 재훈의 관계를 알면서도 자신의 이익을 위해 모르는 척하는 찌질하고 비겁한 인물이다.

〈누구의 딸도 아닌 해원〉(2013)에서 영화과 학생 해원은 영화과 강사 성준과 불륜 관계다. 그녀는 성준과의 관계가 드러나는 것에 대해 극도로 경계한다. 하지만 우연히 같은 과 학생들을 만나며 둘의 관계가 드러나게 된다. 그녀는 성준과의 관계를 정리하고 나름의 탈출구를 찾으려 했는데, 그 탈출구는 다름 아닌 카페에서 우연히 만난 '미국 대학교수'다. 그녀는 카페에서 젊은 남성으로부터 유혹을 받는데 담배에 대한 극도의 혐오감으로 담배를 피우는 그의 유혹을 차갑게 거절한다. 하지만 그와 똑같이 담배를 피우지만 사회적 배경이 좋은 대학교수의 유혹은 받아들인다. 심지어 그녀는 지인 연주와 중식을 만나 결혼하고 싶은 사람이 생겼다고 은근히 자랑한다.

홍상수의 영화에서 남녀 관계는 정상적인 관계보다는 특수한 관계, 즉 대체로 유부남과 젊은 여자의 조합이다. 둘의 관계에서 주도권은 언제나 남자에게 있다. 여자는 남자와의 관계가 결국은 좋지 않게 끝나리라는 것을 알면서도 그를 포기하지 못한다. 〈강원도의 힘〉에서 상권과 지숙이 잘 보여주듯이, 여자는 남자 때문에 아파하고, 남자가 찾아오면 받아주고, 남자가 떠나면 또다시 아파하고 무작정 그를 기다린다. 그런데 〈지금은 맞고 그때는 틀리다〉(2015)에서는 그런 남녀 관계의 구도가 달라진다. 영화감독 춘수는 홍상수의 여느 영화에서처럼 우연히 만난 희정에게 수작을 건다. 수작도 이전 영화들과 크게 다르지 않다.

"너무 예쁘세요. 눈이 어우 눈이 부셔요. (…) 나의 친구. 나의 너무너무 예쁜 친구. (…) 진짜 왜 이렇게 예쁘세요, 당신?"

하지만 희정은 춘수의 일방적으로 끌려가지 않는다. 춘수가 자신의 그림을 비판하자 그녀는 기분나빠한다. 그리고 그가 담배를 피워도 되냐고 묻자, "안 된다"라고 단호하게 말하며 그를 작업실 옥상으로 데려간다. 그가 유부남이라는 사실을 알게 된 후에는 마음을 정리한다. 남자는 어차피 집으로 돌아가고, 둘은 헤어질 것이라는 영화적 결론은 예전의 영화들과 별반 다르지 않다. 그러나 이 영화에서 최소한 희정은 춘수의 기만에 의해 상처받지 않는다. 비록 그의 마음이 어느 정도 진심이었다고 하더라도 말이다.

홍상수 영화는 대체로 남성적인 시선으로 전개된다. 그런데 최근 들어 그 시선의 무게 중심이 남성에서 여성으로 바뀌었다. 〈지금은 맞고 그때는 틀리다〉에서도 그랬지만 〈당신자신과 당신의 것〉(2016)에서는 시선의 이동이 더욱 분명해진다. 화가인 영수는 여자 친구 민정이 어느 남자와 술을 마시다 크게 싸웠다는 말을 전해 듣고 그 일로 그녀와 크게 싸운다. 다음날부터 영수는 민정을 찾아다니지만 민정을 만날 수 없다. 민정 혹은 민정을 닮은 여자는 "한

홍상수의 영화에서 남녀 관계는 정상적인 관계보다는 특수한 관계, 즉 대체로 유부남과 젊은 여자의 조합이다. 둘의 관계에서 주도권은 언제나 남자에게 있다. 그런데 〈지금은 맞고 그때는 틀리다〉에서는 그런 남녀 관계의 구도가 달라진다. 최근의 홍상수 영화에서 여성 인물들은 적극적으로 자신들의 목소리를 낸다. 상대적으로 남성 인물들의 존재감은 약해졌다. 그 이유가 뭘까? 홍상수의 영화의 무게 중심이 남성에서 여성으로 옮겨졌기 때문이라는 설명이 설득력이 있어 보인다.

번도 만나지 못한 그 좋은 남자"를 찾아 헤맨다. 민정은 자신을 알고 있다는 남자들에게 자신을 알고 있느냐고 묻는다. 그들은 한결같이 "알죠"라고 대답하고, 민정은 자신은 "당신이 아는 그 사람이 아니다"라고 대답한다. 그녀가 정말 모르는 것인지 아니면 의뭉스럽게 거짓말을 하는 것인지 분명하지는 않다. 결국 영수는 민정 또는 민정이 아닌 여자를 만난다. 하지만 그녀는 자신이 아는 사람일 수도 있고 아닐 수 있다. 하지만 영수는 이전과 달리 그녀에 대한 주변 사람들의 말에 개의치 않는다. 그는 자신 앞에 있는 여성을 그대로 받아들이려고 노력한다. 만일 이 모든 게 처음부터 영수를 길들이기 위한 민정의 계획이었다면 민정은 그 누구보다도 '의뭉스럽다'라고 말할 수 있다. 참고로 국어사전에 의뭉스럽다는 '겉으로는 어리석어 보이나 속으로는 엉큼한 데가 있다'고 뜻풀이가 되어 있다. 〈지금은 맞고 그때는 틀리다〉의 희정과 〈당신자신과 당신의 것〉의 민정의 성격은 한마디로 '의뭉스럽다.'

주지하듯 홍상수 감독과 배우 김민희는 '사회적으로 인정받을 수 없는' 연인 관계다. 그녀는 〈지금은 맞고 그때는 틀리다〉를 시작으로 가장 최근의 〈강변호텔〉(2018)에 이르기까지 총 여섯 편의 홍상수의 영화에 출연했다. 그래서 혹자는 그녀를 홍상수의 '뮤즈'라고 부르기도 한다. 그런데 〈그 후〉(2017)의 아름을 제외하면 〈밤의 해변에서 혼자〉(2017)에서 영희, 〈클레어의 카메라〉(2017)의 만희, 〈풀잎들〉(2018)의 아름, 〈강변호텔〉(2018)의 상희는 이름도 성격도 비슷비슷하다. 마치 〈지금은 맞고 그때는 틀리다〉의 희정이 반복되고 변주되는 느낌이다.

앞에서 여러 차례 설명한 것처럼, 홍상수의 초기 영화에서 여성 인물들은 위선적이고 속물적인 남성 인물들에게 일방적으로 끌려간다. 하지만 최근의 홍상수 영화에서 여성 인물들은 목소리와 행동이 예전과 비교할 때 훨씬 분명하다. 〈밤의 해변에서 혼자〉에서 영희는 유부남 감독과의 만남에서 받은 스트레스 때문에 잠시 한국을 떠나 낯선 곳에 왔다. 하지만 여전히 혼란스럽다. 그녀는 자신이 그를 생각하는 것만큼 그도 자신을 생각할까, 상상한다. 이내 그녀는 그렇지 않을 것이라고 확신한다. 그녀는 오랜만에 만난 남자 선배 명수에게 "남자들은 다 병신 같아요"라고 말한다. 이제 그녀는 자신을 감싸고 있던 '의뭉스러움'을 벗어던진다. 그녀는 이제 대놓고 사람들을 놀라게 하고, 초연한 척하고, 거친 척한다. 즉 그녀는 이전의 홍상수 영화에서 남성 인물들이 했던 행동을 대놓고 한다. 그런데도 주변 사람들은 그녀를 좋아한다. 그녀는 '사랑이 삶에서 얼마나 중요한 것이어야 할까'라고 자문한다.

4.

　나름 '연애 영화'인 홍상수의 영화에서 처음에는 사랑의 본질에 대한 질문은 주로 남자들이 했다. 그런데 그 질문은 대답을 요구하거나 원하지 않기에는 대체로 그냥 질문으로 끝났다. 여자들은 그런 남자들 곁을 지키거나, 단지 그들을 바라보는 일종의 주변부 인물에 지나지 않았다. 그러므로 그의 영화는 남성 중심적인 영화라는 비판이 따랐다. 그런데 앞에서 살펴보았듯이 최근의 홍상수 영화에서 여성 인물들은 적극적으로 자신들의 목소리를 낸다. 다시 말하면 그들은 사랑의 본질에 대한 자신들의 의견을 적극적으로 개진하고, 남자와의 관계에서도 주도권을 갖기 시작했다.

　상대적으로 남성 인물들의 존재감은 약해졌다. 예전처럼 술 먹고 진상을 부리거나 억지를 부리는 모습은 찾기 어려워졌다. 그 이유가 뭘까? 그들이 개과천선했기 때문일까? 그보다는 홍상수의 영화의 무게 중심이 남성에서 여성으로 옮겨졌기 때문이라는 설명이 더 설득력이 있어 보인다. 최근의 홍상수 영화에서는 남성의 비중이 작을 뿐만 아니라 등장한다고 하더라도 등장 횟수가 적다. 따라서 그들이 인간적으로 나아진 게 아니라 자신들의 우둔함과 위선, 그리고 속물근성을 드러낼 기회 자체가 적어졌다. 그리고 여성들도 그들의 진상 짓을 더 이상 받아주지 않는다.

　이제 여성들은 〈밤의 해변에서 혼자〉의 영희처럼 못난 남자들에게 "남자들은 다 병신 같아요."라고 일갈한다. 남성들은 이 말에 뭐라고 대답할까. 만일 말풍선을 채우거나 카톡 대화창에 답을 해야 한다면 두 가지 대답이 떠오른다. "아냐, 나 병신 아냐. 니가 오해한 거야." 혹은 "그래, 나 병신이야. 어쩌라고." 이 짧은 가상의 대화는 '홍상수의 남자들 그리고/또는 여자들'의 뒤바뀐 관계를 단적으로 보여준다.

　장황하고 두서없는 글을 마무리하자. 홍상수 영화에 대한 비판과 호불호는 어제오늘의 일이 아니다. 그럼에도 그의 영화를 지지하는 많은 이들은 그의 다음 영화를 기대했고 기다렸다. 그런데 이 글을 마무리하는 바로 이 순간 홍상수의 다음 영화가 예전만큼 그렇게 기다려지지 않는다. 대신 영화 안팎에서 불거지는 홍상수의 '윤리'와 그의 '영화'의 상관관계에 대해 곰곰이 생각해 보게 된다. 그리고 그 생각은 꼬리에 꼬리를 물어 '좋은 영화 혹은 좋은 예술이란 무엇일까?', 라는 보다 거창한 질문으로 커져간다.

매혹적인 영화인문학

2019년 11월 20일 초판 1쇄 발행

지은이   윤정용
펴낸이   유정환
펴낸곳   도서출판 고두미
        등록 2001년 5월 22일(제2001-000011호)
        충북 청주시 상당구 꽃산서로8번길 90
        Tel. 043-257-2224 / Fax. 070-7016-0823
        E-mail. godumi@naver.com

ⓒ윤정용, 2019
ISBN 979-11-86060-81-3   03680

이 도서의 국립중앙도서관 출판예정도서목록(CIP)은
서지정보유통지원시스템 홈페이지(http://seoji.nl.go.kr)와
국가자료공동목록시스템(http://www.nl.go.kr/kolisnet)에서
이용하실 수 있습니다.(CIP제어번호: CIP2019045715)

※ 이 책의 제작비 일부는 2019년 충청북도 문화재단 기금을 지원받았습니다.
※ 지은이와 협약에 따라 인지를 붙이지 않습니다.
※ 책값은 뒤표지에 표시하였습니다.
※ 잘못 된 책은 구입한 곳에서 바꾸어 드립니다.